水下地形匹配导航系统初始定位理论与方法

王汝鹏　等著

东北大学出版社
·沈　阳·

ⓒ 王汝鹏等　2021

图书在版编目（CIP）数据

水下地形匹配导航系统初始定位理论与方法 / 王汝
鹏等著． — 沈阳：东北大学出版社，2021.10
ISBN 978-7-5517-2798-3

Ⅰ．①水…　Ⅱ．①王…　Ⅲ．①海底地貌—航海导航—
导航系统　Ⅳ．①U675.79

中国版本图书馆 CIP 数据核字（2021）第 215273 号

出　版　者：东北大学出版社
　　　　　　地址：沈阳市和平区文化路三号巷 11 号
　　　　　　邮编：110819
　　　　　　电话：024-83680176（总编室）　83687331（营销部）
　　　　　　传真：024-83680176（总编室）　83680180（营销部）
　　　　　　网址：http: // www.neupress.com
　　　　　　E-mail: neuph@neupress.com
印　刷　者：沈阳市第二市政建设工程公司印刷厂
发　行　者：东北大学出版社
幅面尺寸：185 mm×260 mm
印　　张：13.25
字　　数：258 千字
出版时间：2021 年 10 月第 1 版
印刷时间：2021 年 10 月第 1 次印刷
策划编辑：汪子珺
责任编辑：李　佳
责任校对：汪子珺
封面设计：潘正一

ISBN　978-7-5517-2798-3　　　　　　　　　　定　价：86.00 元

作 者

王汝鹏　马　腾　丛　正

徐　硕　凌　宇　张　强　李　晔

前 言

    纵观历史，人类对于探索深海、开发深海的热情从未消减，并且伴随着海洋科学与技术、海洋探测与开发装备的进步，以及人类对于海洋空间及其重要性的认知提升而越发高涨。一方面，我们渴望了解海洋，渴望从海洋空间获得更多的资源，但另一方面，我们渴望保护海洋，与海洋和谐共处，从而确保人类社会的可持续发展。因此，无论人类处于哪一发展阶段，探索和认知海洋都是永不过时的话题，这不仅因为深海空间的深邃、未知且与人类命运息息相关，加之探索和认知海洋过程的艰难，以至于在人类历史的大部分时间里我们只能望洋兴叹。一直以来，提升海洋装备自主、智能作业能力，获得更加先进的深海探测与开发装备，始终都是深海探测领域十分紧迫的需求，而"探索海洋世界"与"人类科学技术发展"从来都是相辅相成、相互促进的过程。

    随着计算机硬件技术、自动化技术、通信技术等领域的发展，集成现代先进传感设备和智能化算法的水下无人航行器成为深海探测的主力军，而基于无人载体的深海空间自主化、智能化探测也成为当前深海探测的主要发展方向。水下高精度导航技术是水下航行器自主、智能作业的基础，其技术水平直接决定了水下无人航行器的自主化、智能化程。目前，常用的水下导航技术包括声学定位、推算导航、光源引导、地球物理信息匹配导航。其中，声学定位的作用距离有限，定位信号存在时间延迟、定位分辨率低、跳点等问题，推算导航定位误差随时间无限累积，光源引导方法的作用范围十分有限。随着深海探测前沿向深远海空间，以及深海长期化、精细化探测与作业方向发展，水下导航技术将更多地面临深远海环境下的长期、远距离及精细化作业任务，目前的导航技术已经无法满足未来发展需求，亟须突破深海空间长期、远距离高精度定位技术。本书所研究的水下地形匹配导航初始定位问题属地形匹配导航方向，而地形匹配导航属于地球物理信息匹配导航领域。此外，从导航技术的应用领域而言，水下地形匹配导航还可以归属水下导航领域。

地形匹配导航技术最早出现在航空领域，其中最为有名的应属装载于美国战俘巡航导弹上的地形辅助导航系统。战斧巡航导弹的中段制导采用地形匹配导航制导，末端采用景象匹配，而该导弹的一大优点就是长距离、高精度打击能力，而且可以在通信拒止环境下使用。此外，在航天领域的探月、火星探测领域等通信受限和拒止环境下的探测任务中，地形匹配导航也是极其重要的导航方法，例如，火星探测过程的探测器着陆过程就采用了地形匹配导航方法，火星着陆器通过地形探测传感器和地图配准算法定位和引导探测器在指定区域着陆。

深海空间是典型的通信受限环境，甚至存在通信拒止环境，而高精度导航一直是水下航行器长期、远距离潜航和精细化作业领域需要突破的技术瓶颈。20世纪80年代，挪威国防研究中心（Forsvarets forskningsinstitutt，FFI）研究人员将地形匹配导航技术引入水下导航领域，并成功开发了首套水下地形匹配导航系统TerrNav和试验平台TerrLab，至此，水下地形匹配导航研究的序幕拉开。但到目前为止，对于水下地形匹配导航理论与技术的研究仍然存在一个很大的误区："地形匹配导航系统是非线性系统，因此地形匹配导航问题主要是非线性滤波器设计问题"。因此，有关地形匹配导航技术的理论研究和试验研究大多数都是围绕非线性滤波器在地形匹配导航系统上的应用和改进两个问题展开，以至于忽略了地形匹配导航系统与声学定位、推算导航的本质区别，以及地形匹配导航系统的系统动力学特性。因此，目前有关水下地形匹配导航的相关系统运行架构和算法设计很难适应具有强非线性和非高斯性质的水下地形匹配导航系统，即便已经有了近30年的研究积累，水下地形匹配导航技术在实际应用方面仍然还有很大的差距。水下地形匹配导航属于特征跟踪导航，系统具有非高斯输入和强非线性，且系统状态转移方程不可解析。与现有的其他导航方法（如推算导航、声学定位等）相比较，地形匹配导航除了与之有共性问题（定位信息融合、定位信息递推估计等），还存在因系统本身的特殊性导致的特性问题。具体到地形匹配导航系统，那就是由于系统状态方程不可解析、系统输入误差非高斯、地形匹配定位点之间的弱相关性等因素引起的地形匹配导航系统运行初始阶段不稳定性。

针对水下地形匹配导航系统初始定位误差引起的系统不稳定问题，哈尔滨工程大学水下机器人技术重点试验室李晔教授团队率先开展了水下地形匹配导航系统的初始定位理论和技术研究，提出了地形匹配定位置信区间估计、多点融合初始定位等最新理论和方法，相关成果发表在 *ISA Transactions*、*IEEE Journal of Oceanic Engineering*、武汉大学学报等权威期刊。本书对地形匹配导航系统初始定位问题进行了全面深入的研究，详细介绍了地形匹配导航系统初始定位的相关新理论和新方法。

全书内容分为5章。第1章为绪论，全面介绍了常用的水下导航技术，分析了目前水下导航技术发展趋势和面临的技术难点，简要介绍了地形匹配导航技术原理、基础算法及研究进展；第2章详细介绍了水下地形匹配定位的精度分析方法；第3章详细介绍了水下地形测量数据的有效性判别和筛选及基于有效节点筛选的二次匹配定位方法；第4章和第5章主要介绍了地形匹配导航系统粒子滤波器初始化的相关理论和试验，其中，第4章主要介绍了基于地形匹配定位置信区间约束方法的地形匹配导航系统粒子滤波器初始化相关理论和方法，第5章内容主要介绍了基于多匹配点融合方法的水下地形匹配导航系统初始定位及粒子滤波器初始化，重点介绍了伪波峰干扰情况下的初始定位理论与方法。

本书所涉及的研究成果均是在哈尔滨工程大学水下机器人技术重点试验室李晔教授指导下完成的，张强、马腾、丛正、贡雨森等老师和研究生参与了全书的试验设计、数据采集与数据处理、算法设计与程序编写等工作。此外，本书出版得到了国家自然科学基金青年科学基金（52101353、52001093）和中央高校自由探索专项（B210202021）等项目的支持，在此一并表示感谢。

由于著者的学识有限，对于水下地形匹配导航系统初始定位理论与方法的研究难免存在不足之处，望读者批评指正。也希望更多的读者参与到水下地形匹配导航研究领域中，共同完善水下地形匹配导航理论与技术体系，为我国水下探测与开发事业贡献力量。

王汝鹏

2021年6月2日

江苏省　南京市　河海大学　严恺馆

参考文献

[1] MELO J, MATOS A. Survey on advances on terrain based navigation for autonomous underwater vehicles [J]. Ocean engineering, 2017, 139: 250-264.

[2] 王汝鹏. AUV地形匹配导航初始定位研究 [D]. 哈尔滨: 哈尔滨工程大学, 2019.

[3] RIEDELF, HALL S M, BARTON J, et al. Guidance and Navigation in the global

engagement department [J]. Johns hopkins apl echnical digest, 2010, 29(2): 118-132.

[4] JOHNSON A E, MONTGOMERY J F. Overview of terrain relative navigation approaches for precise lunar landing [C] // IEEE Aerospace Conference, 2008: 1-10.

[5] ANDREW A. Feature relative navigation for automous underwater vehicles [D]. Cambridge: Massachusetts Institute of Technology, 1997.

[6] ANONSEN K B, HAGEN O K. Terrain aided underwater navigation using pock-marks [C]. IEEE Ocean, 2009: 2216-2221.

[7] HAGEN O K, ÅNONSEN K B, MANDT M. The HUGIN real-time terrain naviga-tion system [C]. Oceans 2010 MTS, 2010: 1-7.

[8] ANONSEN K B, HALLINGSTAD O. Terrain aided underwater navigation using point mass and particle filters [C]. IEEE/ION Position, Location, and Navigation Symposium, 2006: 1027-1035.

目 录

第1章

绪　论

1.1　深海探测

海洋是地球的生命之源，它不仅为人类提供了最基本的生存需求，而且还提供了人类社会发展所必需的能源、矿产、医药资源等。地球上的海洋覆盖了地球表面积三分之二以上，储存了地球上97%的水，其中深海（深度大于200米）覆盖了约60%的地球表面。尽管我们依赖海洋，但这个广阔的水下领域仍有超过80%的地方尚未测绘、观测和探索，只有约10%的海底被舰载声呐系统调查过，而这些系统提供的平均分辨率只有约100平方米。目前，只有不到5%的海洋被现代方法探测和了解，与对于相距地球54.6百万千米之外的火星的探知相比，我们对于深海空间的探测能力和了解程度还相差甚远。

事实上，并非我们对探索深海缺乏兴趣，而是因为海洋环境的特殊性和复杂性使我们难以轻易接近和了解。众所周知，海水介质与大气和太空环境迥异，全球海洋覆盖面积的75%是深度超过200米的深海，其中，大部分深海空间处于黑暗、高压、低温、通信受限等极端环境下。因此，深海探测必须以先进的科学技术发展水平为支撑，以先进的探测装备为载体。从某种程度上看，科学技术发展水平直接决定了深海探测设备与探测技术的发展水平，从而影响着人类对于深海空间的探测能力和认知能力。人类探索和认知海洋的过程伴随着海洋科学与技术的发展，促进了先进探测装备的研发和升级，而先进的技术装备又进一步提升了人类对于深海的探测和认知能力，这一过程交替递进。但相较于人类对于太空的探索和认知，我们对于深海空间的探索和认知过程仍然是缓慢的。深海探索始于150多年前，最初是由19世纪关于300米以下是否有生命存在的争论而兴起。1872—1876年挑战者号开始了为期三年半的深海考察，期间发现了4417个新的海洋物种，并拉开了国家深海探测的序幕。这场海洋探测活动一直持续到1950—

1952年的加拉西亚探险，该探险表明动物生活在各种深度，包括海洋的最深处。然而，这一时期我们对深海的认知仍然是生物多样性低，没有初级生产，没有季节性，始终是寒冷、食物匮乏、黑暗、宁静和不变的环境。由于当时探测手段和探测技术的限制，人类对于深海空间的探测能力和认知能力十分有限，科学家们从深海获得的探测资料也是十分粗略且有限的，因此，也导致了我们对深海的认知充满偏见。1960年1月14日，瑞士物理学家雅克·皮卡德（Jacques Piccard）和美国海军人员沃尔什（Don Walsh），乘深海潜水船"的里雅斯特号（Trieste）"下潜到马里亚纳海沟的底部，人类成功潜入万米深海。20世纪60年代初，世界上第一艘载人潜水器阿尔文号（Alvin）问世，1977年阿尔文号探测加拉帕戈斯裂谷（Galápagos Rift）并发现了热液喷口和深海生物群，实现了对深海近海底空间的近距离探测和直接观察。自阿尔文号问世以来，其他载人潜水器陆续建成并成功地用于探索深海海底，载人潜水器可以搭载各种传感器，近距离观测深海并获取精细化观测数据，人类逐步实现了从深海进入时代向深海探测与开发时代的跨越。但基于载人潜水器的深海探测仍然是短期的、小范围的，无法满足人类日益发展的深海空间活动。20世纪50年代发展起来的无人航行器技术将深海探测带入了自主化、无人化时代，大范围、长期化的深海探测成为可能。

近年来，随着世界人口激增及生产力的快速发展，人类社会对资源的消耗量逐年增加。为应对未来可能到来的资源危机，越来越多的国家将目光投向深海空间，深海探测与开发已经涉及全人类社会的可持续发展问题。世界各海洋大国和海洋强国加快了深海自主化、智能化无人探测装备的研发和升级，以技术提升带动深海探测与开发能力提升，从而在国际深海竞争中获得优势。遥控式水下机器人、水下滑翔机、自主式水下航行器等深海智能化探测设备陆续被用于深海探测，科学家通过在水下智能航行器（如自主水下机器人、水下滑翔机、遥控水下机器人等）载体上搭载先进的探测设备，可以获得大范围、多样性、长时序的探测数据。加上信息化、大数据、计算机硬件、数字仿真等技术的发展，海洋探测逐渐步入信息化、智能化及大数据时代，人类对于深海空间的探测与开发能力与日俱增，海洋探测数据呈现爆发式的增长。目前，以自主式水下航行器为代表的海洋无人探测装备已成为深海空间探测的主力军。

但深海空间通常为通信受限和拒止环境，人为干预信息很难及时准确地介入水下航行器的作业过程，而且随着深海探测向自主化、长期化、精细化方向发展，对探测数据的精确度和分辨率等也提出了更高的要求。因此，执行深海空间长期、远程、精细化探测的水下航行器必须具备极高的自主性和智能化水平。Hagen等认为，自主水下航行器（autonomous underwater vehicle，AUV）的自主程度主要取决于其在能量自主、导航自主和决策自主三个方面。其中，导航自主表现为具备长期、高精度的独立、自主导航能力。但即便是在科学技术高度发展的当代，深海探测无人/有人航行器的智能化和自主化作业水平仍然很难适应深海环境，有相当多的瓶颈技术亟须突破，高精度的水下导航与定位技术就是其中之一。

1.2 水下导航技术

无论是有人水下载人装备还是水下遥控或无人装备，其作业过程都离不开导航系统的定位和引导。目前，常用的水下导航系统包括声学定位、惯性导航、地球物理信息导航等。其中，按照定位信息的解算模型又可以分为测距定位（声学定位、卫星定位、光源引导等）、积分导航［惯性导航（inertial navigation system，INS）］、航位推算［(dead reckoning，DR)］、跟踪定位（地形/地磁/重力场匹配导航、景象区域相关匹配定位等）。

1.2.1 积分导航

积分导航采用速度矢量v^b或者加速度矢量a^b积分获得载体位置x^n估计。其中，加速度矢量a^b由加速度计测得，速度矢量v^b可以通过加速度矢量a^b积分获得，也可以通过DVL测量。AUV位置解算过程需要通过陀螺仪测量的载体姿态角q^b及角加速度w^b完成加速度矢量a^b和速度矢量v^b从载体坐标系$(\cdot)^b$向导航坐标系$(\cdot)^n$的解算，式（1-1）为积分导航的基本解算方程。推算导航（如惯性导航）系统是典型的积分导航系统，可以实现无源定位和远距离导航，在保证水下潜航隐蔽性方面优势明显，因此，它也是目前最主要的水下导航与定位信息获取方法。

$$
\mathrm{d}x^n = \int R(q^b)v^b\mathrm{d}t = \iint R(q^b)a^b\mathrm{d}t\mathrm{d}t
$$
$$
\mathrm{d}q^b = \int R(q^b)w^b\mathrm{d}t
$$
(1-1)

式中，$\mathrm{d}x^n$表示载体在导航坐标系下的位置变化；$\mathrm{d}q^b$表示载体在导航坐标系下的姿态变化；q^b和$R(q^b)$表示关于姿态角的旋转矩阵；v^b，a^b，w^b分别表示载体的速度、加速度和角速度；n和b分别表示变量的定义在导航坐标系下和载体坐标系下。

AUV（autonomous underwater vehicle）常用的推算导航传感器包括罗经、加速

度计、DVL（doppler velocity log）、深度计等。表1-1列出了AUV常用的推算导航系统传感器，并且列出了其测量变量所在的坐标系。

表1-1　推算导航常用传感器设备

设备	测量变量的坐标系
深度计（pressure depth）	惯性导航坐标系
磁罗经（magnetic compass）	惯性导航坐标系
光纤罗经（gyroscopes）	载体坐标系
加速度计（accelerometers）	载体坐标系
惯性测量单元（inertial measurement unit，IMU）	载体坐标系
航姿参考系统（automatic heading reference system，AHRS）	载体坐标系
DVL	载体坐标系

推算导航的误差与传感器的精度有很大的关系，由高精度传感器组成的推算导航系统相应的成本也会很高，一般用导航偏差与航程（distance traveled，DT）之比的百分数（DT%）来表示导航功能精度，表1-2列出了世界上现有的主要AUV的推算导航系统的精度及其传感器。

表1-2　主要AUV的导航精度与传感器

AUV	DT%	Sensors
MIT Odyssey Ⅱ	0.01	—
Kongsberg HUGIN	0.025 ~ 0.25	FOG-based IMU
MBARI（monterey bay aquarium research institute）Dorado MAUV	< 0.05	Integrated Kearfoot Seadevil
ISE Theseus	< 0.08	Ixsea Phins FOG-based IMU
Autosub	0.1 ~ 0.2	Ixsea Phins FOG-based IMU
WHOI Sentry	0.1	Ixsea Phins FOG-based IMU
WHOI/ACFR SeaBed	1 ~ 5	Crossbow IMU（fluxgate compass）

推算导航系统会存在不可避免的误差累积，不利于长时间、长航程导航。不同传感器组成的推算导航系统具备的导航精度差别非常大，对于低成本的AUV来说，推算导航已经不足以支撑其完成长时间的潜航任务。

1.2.2 测距定位

测距定位方法一般利用被定位载体与定位源之间的距离、方位信息构建三角形约束关系，从而解算被定位对象在定位源坐标系下的位置。水下声学定位系统是典型的测距定位系统，也是另一种非常常用的水下定位导航系统。声学定位系统通过测量换能器间的声波传播时间来解算载体与信标或应答器的距离，并构建三角形约束关系，从而实现载体空间位置的解算。其测量精度高度依赖于换能器的标定精度和声学信号的频率。表1-3列出了常用的水声定位系统，包括长基线（long baseline，LBL）、短基线（short baseline，SBL）、超短基线（ultrashort baseline，USBL）的基线长度范围。

表1-3 声学定位系统的分类

定位系统的类型	基线长度
USBL	< 10 m
SBL	20 ~ 50 m
LBL	100 ~ 6000 m

由于水声定位系统的定位精度较高，且不存在时间累计误差，目前已广泛应用于水下航行器的定位与导航。但对于长航程AUV来说，水声定位系统存在很多不足之处。例如，LBL基阵布设过程中需要进行基阵的位置校正，时间的资金耗费较大；SBL的位置解算需要由母船完成并发送给水下航行器，因此SBL定位信息存在严重的时间延迟，不适用于AUV精细化作业和实时自主控制过程的导航定位；超短基线的测距信号容易受到噪声干扰，定位误差较大。此外，水声定位系统的作用距离有限，导致其无法支撑远距离、大深度的作业任务。除声学定位技术外，基于距离测量的定位方法还包括光源引导定位、无线电定位等。

1.2.3 信息匹配与跟踪导航

卫星定位导航系统是我们最熟悉的定位方法，也是民用领域接触最多的导航方式。卫星定位技术具有实时性好、定位精度高、定位稳定性好等优点，被广泛应用于军事导航、民用导航领域。但卫星定位也存在较大的局限性，如离地高度超过一定限度的太空空间、水下空间、地下空间等通信拒止空间，均无法使用卫星定位。而对于信息匹配与跟踪导航技术来说，通信受限和通信拒止环境恰好是其用武之地。

信息匹配与跟踪导航方法通过将实时探测的局部的物理信息场对齐到先验物理信息场图中，从而解算出被定位对象在先验物理信息场图中的位置。信息匹配与跟踪导航方法仅能获得载体与特征目标之间的相对位置，如果想要解算载体在惯性系中的位置，则需要将先验信息图坐标系与惯性系严格对准。典型的跟踪导航方法如地磁匹配导航、地形匹配导航、重力场匹配导航等。我们经常使用的纸质地图实际上也是一种信息匹配与跟踪导航，因为在使用纸质地图的过程中需要识别和跟踪地图中的特征目标（标志性建筑物、街道名称等）。本书中所研究的水下地形匹配导航也属于信息匹配与跟踪导航，只不过水下地形匹配导航系统跟踪的是特征地形。在其他的文献中，水下地形匹配导航一般会被划分到地球物理信息导航领域，这只是对于导航方法的分类标准不一所致。

1.3 物理信息场匹配导航

物理信息场一般是指分布于空间中的磁场、重力场、地形等物理场信息，物理信息场匹配导航采用信息匹配与跟踪导航方法进行定位解算。利用物理信息进行导航首先需要获得物理信息的时空分布图，也称为先验信息图，然后根据探测设备获得的实时测量信息图与先验物理信息图进行配准对齐，从而得到载体在先验信息图中的位置。此种导航方式的优点是，其定位信息具有有界误差，而且定位过程无需额外的外部输入信息，可以实现被定位对象的独立、自主定位。

1.3.1 航空航天领域的物理信息场匹配导航

物理信息场匹配导航的实际应用中，物理信息场一般是指地球或其他被探测行星的物理信息场。我们比较熟悉的是地球物理信息场匹配导航，包括地磁场匹配导航、重力场匹配导航、地形匹配导航等；此外，月球探测、火星探测也会用到物理信息场匹配导航。物理信息场匹配导航技术已经成功应用于航空航天飞行器的辅助导航，如波音客机的重力场导航系统、巡航导弹的地形匹配导航系统和景象匹配导航系统、火星着陆器地形地貌匹配导航等。其中，基于飞行器载体的地形匹配导航系统是最早被开发和应用的（地球）物理信息场匹配导航系统。20世纪50年代，以地形轮廓匹配技术（terrain contour matching，TERCOM）为代表的飞行器地形匹配导航系统就已问世，TERCOM 基于批处理和地形相关性解算进行定位估计。20世纪70年代，基于迭代估计模型的 SITAN 地形匹配导航系统问世，该模型采用扩展卡尔曼滤波和地形线性化技术进行位置迭代估计。但直到20世纪80年代后期，地形匹配导航技术才被实际应用到对地导弹的精确制导系统中，比较有名的要数美国战斧（Tomahawk）巡航导弹与空基巡航导弹（conventional air launched cruise missile，CALCM）的地形轮廓匹配和数字场景匹配相关导航系统，而战斧巡航导弹和空基巡航导弹也在美国1991年"沙漠风暴行动"和1992年对伊战争中得到了应用。

如图1-1所示，巡航导弹的地形匹配导航系统主要由一个雷达高度计和一台计算机组成。计算机中存储的是沿导弹飞行路径平行地形带的数字高度剖面图。当导弹近似到达地图上的一个位置时，雷达高度表测量并生成一个实时的高度剖面图，计算机将其与存储的剖面图进行比较，以确定导弹刚刚飞过的剖面图位置。而数值景象匹配区域相关（digital scene matching and area correlation，DSMAC）也属于地球物理信息场匹配导航，该技术与地形匹配导航技术相似，只不过采用的定位信息源是由相机拍摄的景象地图，地形匹配导航技术和数值景象匹配区域相关技术通常联合使用，地形匹配导航技术作用于巡航导弹的初始段和中段制导过程，数值景象匹配区域相关技术作用于巡航导弹的末端制导过程。

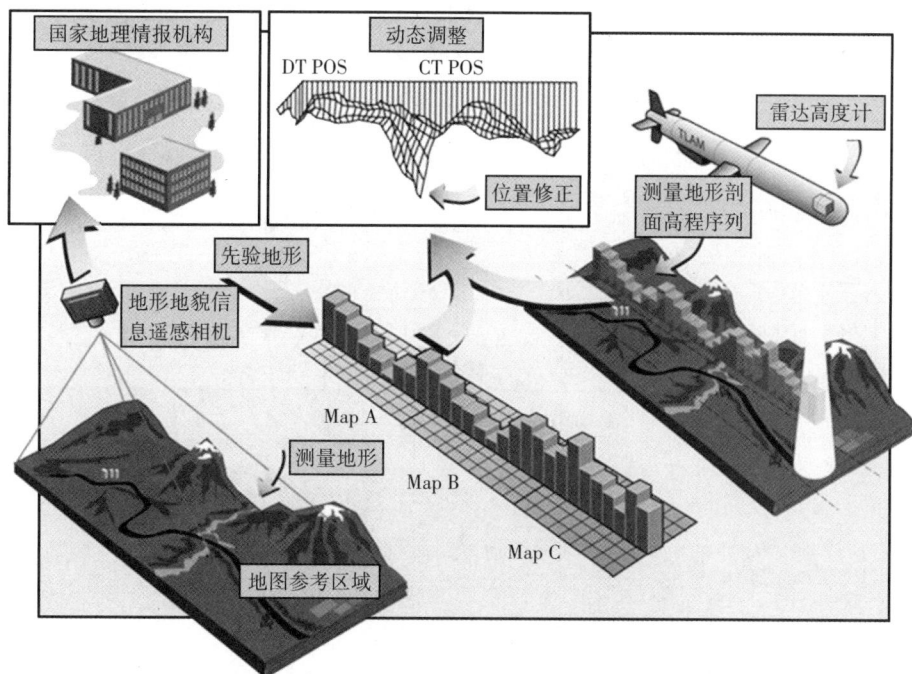

图1-1 巡航导航地形匹配导航（卫星制图和匹配导航示意图）

此外，物理信息场匹配导航技术还被应用于行星探测领域。虽然GPS定位已经覆盖全球，并且多个国家已经拥有了全球范围和局部范围的卫星导航技术，但为了应对通信系统破坏、劫持等造成的通信中断，以及通信受限和拒止环境下的精确制导需求，各国仍然将地球物理信息场匹配导航视为战略性技术。

1.3.2 水下航行器的地球物理信息场匹配导航

水下地形匹配导航也可归属于地形匹配导航领域，其中就包括了陆地（包括其他行星上的陆地）地形匹配导航和水下地形匹配导航。地形匹配导航技术最早出现在飞行器导航领域。水下地形匹配导航技术出现较晚，发展也比较缓慢。主要原因是高精度的水下地形测绘技术发展缓慢，而水下地形匹配导航技术的难度要远高于飞行器地形匹配导航技术。相比于地磁信息和重力场信息，水下的地形信息更易获取，而且基于地形信息的导航精度较地磁场和重力场要高，因此，水下地形匹配导航也得到了许多AUV研究机构的重视。挪威国防研究中心是较早开展水下地形匹配导航技术研究的科研机构，该机构研发了首套水下地形匹配导航系统TerrNav，并开发了一套可进行水下地形匹配导航算法验证的仿真模拟系统TerrLab。目前，挪威国防研究中心研发的HUGIN系列水下机器人已装备水下地形匹配导航系统（图1-2），这也是首套商业化的AUV水下地形匹配导航系统。自20世纪90年代以来，从事水下地形匹配导航技术研究的高校和科研机构不断增加，大部分的研究主要以AUV为载体，后文将水下地形匹配导航载体统一为自主式水下航行器。

	HUGIN 1000	HUGIN 1000 for 3000 m	HUGIN 3000	HUGIN 4500
Weight	650 ~ 850 kg	650 ~ 850 kg	1400 kg	1900 kg
Length	4.5 m	4.7 m	5.5 m	6.0 m
Diameter	0.75 m	0.75 m	1.00 m	1.00 m
Speed	2 ~ 6 kts	2 ~ 6 kts	2 ~ 4 kts	2 ~ 4 kts
Depth	1000 m	3000 m	3000 m	4500 m
Battery	Li-polymer pressure tolerant, 15 kW·h	Li-polymer pressure tolerant, 15 kW·h	Al/HP semi fuel cell, 45 kW·h	Al/HP semi fuel cell, 60 kW·h
Navigation system and sensors (main+options)	NavP AINS; IMU, DVL, Depth, USBL, NavP TP Ranging, GPS, TerrNav	NavP AINS; IMU, DVL, Depth, USBL, NavP TP Ranging, GPS, TerrNav	NavP AINS; IMU, DVL, Depth, USBL, NavP TP Ranging, GPS, TerrNav	NavP AINS; IMU, DVL, Depth, USBL, NavP TP Ranging, GPS, TerrNav

图1-2 HUGIN系列AUV均配备有地形匹配导航模块

水下地形匹配导航是以水下地形图为先验信息（图1-3），利用AUV自身搭载的测深设备进行实时的地形测量和地形重构，再通过匹配定位或定位信息融合得到AUV相对于先验地形图的位置估计。虽然最初的水下地形匹配导航技术借鉴了飞行器地形匹配导航技术的思路，但由于水下环境、水下探测技术、水下传感器输入噪声等存在较大的不同，使得水下地形匹配导航技术与飞行器地形匹配导航技术也存在很大的差别。

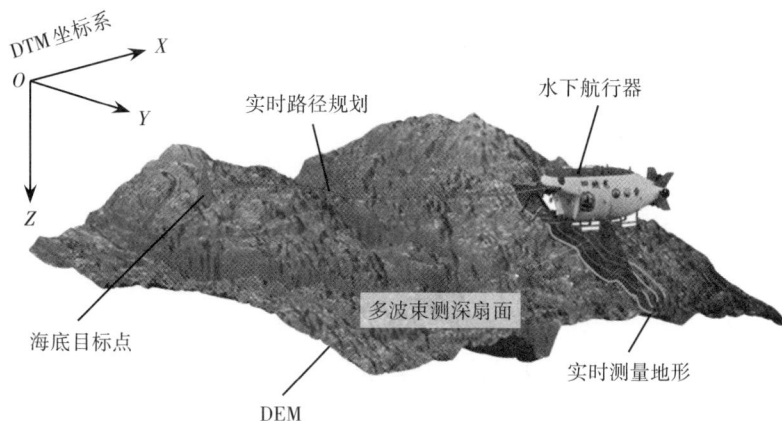

图1-3 水下地形匹配导航（多波束制图和匹配导航示意图）

1.4 水下地形匹配导航理论与技术体系

水下地形匹配导航系统本质是以主导航系统和地形匹配定位系统为地形信息输入，以信息融合模块为定位信息解算和输出的组合导航系统，其中，主导航系统一般为惯性导航系统或者航位推算导航系统。水下地形匹配导航系统的基本模块组成及数据流示意图如图1-4所示。

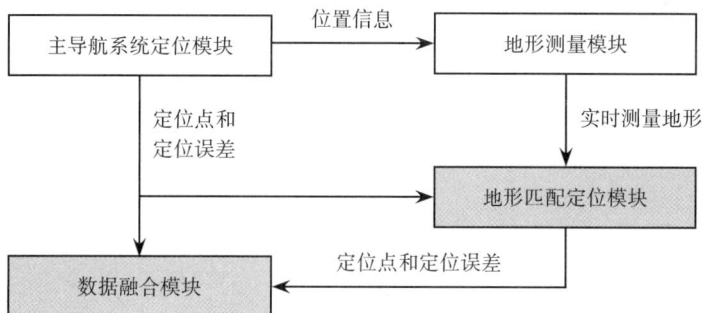

图1-4 水下地形匹配导航系统基本组成模块及数据流

1.4.1 水下地形匹配定位原理与方法

水下地形匹配定位过程一般包括搜索区间计算和地形匹配似然度计算两部分。如图 1-5 所示，搜索区间即由主导航系统误差区间（图 1-5 中虚线椭圆）确定的网格化区间，通常将搜索区间设计成矩形区间以方便索引搜索点。搜索区间外边框将主导航定位误差椭圆包含在内，而主导航定位误差椭圆则由主导航定位协方差 P_0 和定位置信度阈值 ε 确定。

$$P_0 = \begin{bmatrix} \sigma_x^2 & \sigma_{xy} \\ \sigma_{yx} & \sigma_y^2 \end{bmatrix} \tag{1-2}$$

式中，P_0 表示主导航系统定位误差；σ_x^2 和 σ_y^2 表示主导航系统定位在 x 轴和 y 轴方向定位误差的标准差；σ_{xy} 表示主导航定位在 x 轴和 y 轴方向定位误差的协方差。

矩形搜索区间的计算方法在文献［19］中有详细的推导，设搜索区间矩形外边框在 x 和 y 方向的长度分别为 l_x 和 l_y，计算公式为

$$\begin{cases} \lambda_1 = \dfrac{1}{2}\left[\sigma_x^2 + \sigma_y^2 + \sqrt{\left(\sigma_x^2 - \sigma_y^2\right)^2 + 4\sigma_{xy}^2}\right] \\[2mm] \lambda_2 = \dfrac{1}{2}\left[\sigma_x^2 + \sigma_y^2 - \sqrt{\left(\sigma_x^2 - \sigma_y^2\right)^2 + 4\sigma_{xy}^2}\right] \\[2mm] \theta = \dfrac{1}{2}\arctan\left(\dfrac{2\sigma_{xy}}{\sigma_x^2 - \sigma_y^2}\right), \theta \in \left[-\dfrac{\pi}{4}, \dfrac{\pi}{4}\right] \\[2mm] l_x = 2\gamma\sqrt{K\lambda_1\cos^2\theta + K\lambda_2\sin^2\theta} \\[2mm] l_y = 2\gamma\sqrt{K\lambda_1\sin^2\theta + K\lambda_2\cos^2\theta} \end{cases} \tag{1-3}$$

式中，K 是一个与置信度 ε 有关的量，一般 $\varepsilon = 0.03$；θ 表示主导航定位误差椭圆的长轴与 x 轴的夹角；γ 表示搜索区间的放大系数。K 可由式（1-4）计算得出：

$$\varepsilon = \frac{1}{2\pi\sqrt{\|P_t\|}}\exp\left(-\frac{K}{2}\right) \tag{1-4}$$

在地形匹配定位搜索匹配过程中，首先，系统获得实时测量地形，系统根据搜索区间网格逐一索引搜索点，并将根据实时测量地形脚点获得实时测量地形在先验地形图中的插值地形高程序列；其次，系统根据实时测量地形高程序列和插

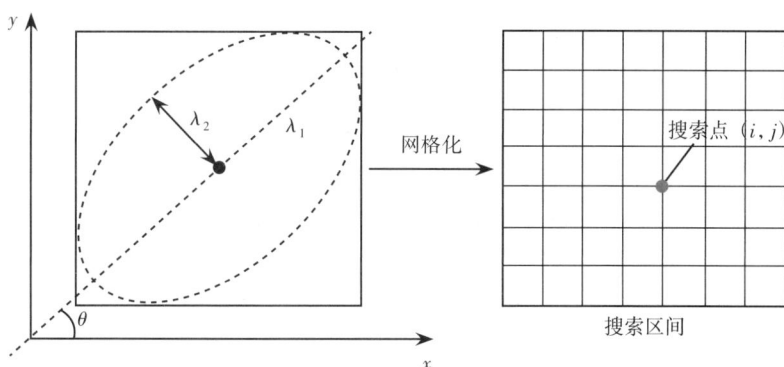

图1-5 基于主导航系统定位误差求解地形匹配定位搜索区间

值序列计算实时测量地形与其先验地形图插值序列的似然度，以此确定实时测量
地形在当前搜索点的定位概率；最后，在所有搜索点索引和匹配完成后可形成搜
索区间内的地形匹配定位概率分布图，整个的地形匹配定位搜索和匹配示意图如
图1-6所示。

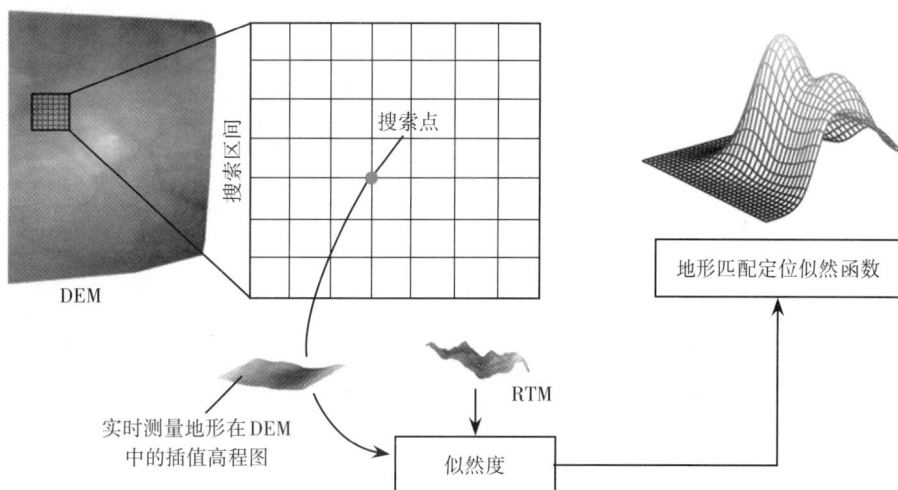

图1-6 地形匹配定位似然函数求解过程

地形匹配定位模块通过计算实时测量地形（real-time map，RTM）与先验地形
图（digital elevation map，DEM）的相似度建立两组地形测量数据的关联，相似程
度的度量通常以距离函数表示，也称为定位估计的似然函数。为了获得地形形似
度的一个较好的度量及定位点的概率分布，一般采用平方损失函数并根据高斯分
布假设进行归一化，通过高斯分布假设归一化之后的损失函数也称为似然函数，
地形匹配定位过程中用到的似然函数 L 的一般形式可通过如下方式获得。如图1-7
所示，假设实时测量地形的测点序列的三维坐标序列记为 $(X_{m \times n}, Y_{m \times n}, Z_{m \times n})$，如

式（1-5）中$X_{m \times n}$，$Y_{m \times n}$，$Z_{m \times n}$分别表示一个大小为$m \times n$的坐标分量矩阵，且测量点位置矩阵$X_{m \times n}$，$Y_{m \times n}$与载体的坐标具有确定的对应关系，以$X_a = (x_a, y_a)$表示载体的当前位置X_a与矩阵二维测点位置序列$(X_{m \times n}, Y_{m \times n})$是唯一对应的。对于先验地形图，假设其为三维曲面并建立曲面方程式（1-6），如图1-7所示，测量地形RTM的测点构成了一个大小为$m \times n$测点矩阵，矩阵中元素的索引序列(i, j)分别是测点的行和列索引号。若点X_a经过平移Δx和Δy操作到达点X_s，则$(X_{m \times n}, Y_{m \times n})$也将平移$\Delta x$和$\Delta y$，此时，测点序列$(X_{m \times n}, Y_{m \times n})$将到达一个新的位置$(X_{m \times n} + \Delta x, Y_{m \times n} + \Delta y)$，若整个平移过程中测点序列均没有超出DEM的范围，也就是X_s存在变化区间s（s被称为搜索区间），则可以得到平移以后的序列$(X_{m \times n} + \Delta x, Y_{m \times n} + \Delta y)$在DEM中的插值高度序列。式（1-7）中的$h(X_s)$与测量地形高度$Z_{m \times n}$之间的相似程度如式（1-8），该式称为似然函数。

$$\begin{cases} x_{ij} \in X_{m \times n}, \ i = 1, 2, \cdots, m, \ j = 1, 2, \cdots, n \\ y_{ij} \in Y_{m \times n}, \ i = 1, 2, \cdots, m, \ j = 1, 2, \cdots, n \\ z_{ij} \in Z_{m \times n}, \ i = 1, 2, \cdots, m, \ j = 1, 2, \cdots, n \end{cases} \quad (1-5)$$

$$z = h(x, y) \quad (1-6)$$

$$h(X_s) = (X_{m \times n} + \Delta x, Y_{m \times n} + \Delta y) \quad (1-7)$$

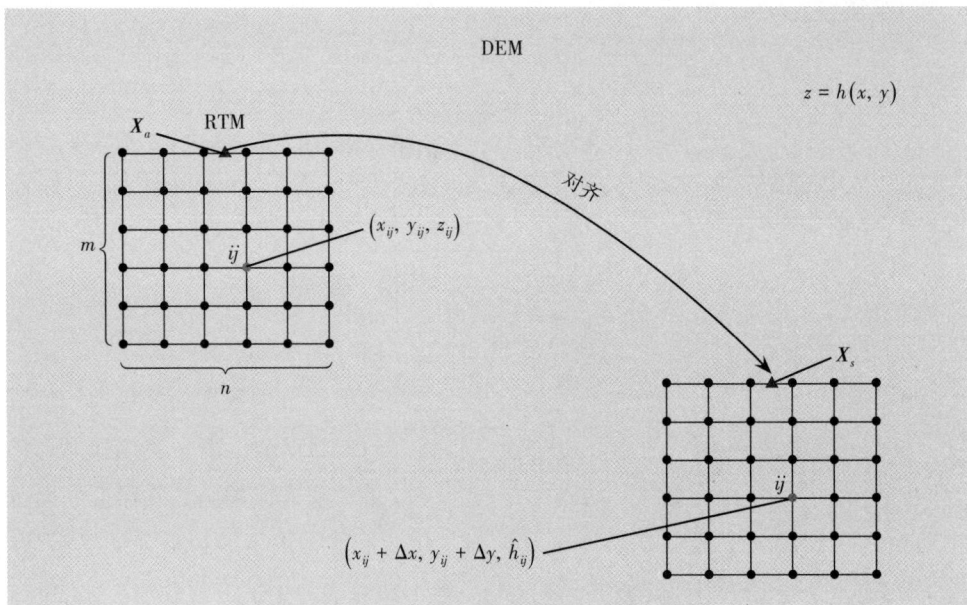

图1-7　测量地形RTM在DEM中的插值过程

$$L = C \cdot \exp\left[-\frac{1}{2\sigma_p^2} \sum_{i=1}^{m} \sum_{j=1}^{n} \left(z_{ij} - h_{ij}\left(\boldsymbol{X}_s\right)\right)^2 \right] \tag{1-8}$$

式中，$z_{ij} \in \boldsymbol{Z}$ 表示实时测量地形的高度序列中节点 (i, j) 的高度值；$h\left(\boldsymbol{X}_s\right)$ 表示测量地形序列的位置矩阵 $\left(\boldsymbol{X}_{m \times n}, \boldsymbol{Y}_{m \times n}\right)$ 在先验地形图中的 $\boldsymbol{X}_s$ 点的插值高度序列；$h_{ij}\left(\boldsymbol{X}_s\right) \in h\left(\boldsymbol{X}_s\right)$ 表示插值高度序列 $h\left(\boldsymbol{X}_s\right)$ 中节点 (i, j) 的插值高度；σ_p^2 表示地形匹配定位点的测量误差的方差估计值，σ_p^2 的估计方法将在第 2 章介绍；$\boldsymbol{X}_s$ 表示搜索区间的搜索点。且有式（1-9）成立：

$$\begin{cases} \boldsymbol{X}_s = \left(x_s, y_s\right) \\ \Delta x = x_s - x_a \\ \Delta y = y_s - y_a \end{cases} \tag{1-9}$$

地形匹配定位位置为 L 取得最大值的位置，由式（1-10）确定：

$$\boldsymbol{X}^p = \underset{\boldsymbol{X}_s \in S}{\arg\max} \left\{ C \cdot \exp\left[-\frac{1}{2\sigma_p^2} \sum_{i=1}^{m} \sum_{j=1}^{n} \left(z_{ij} - h_{ij}\left(\boldsymbol{X}_s\right)\right)^2 \right] \right\} \tag{1-10}$$

1.4.2 水下地形匹配导航信息融合方法

水下地形匹配导航系统是以主导航定位信息和地形匹配定位信息为输入，以地形匹配导航定位为输出的动态系统。式（1-11）表示水下地形匹配导航系统的状态转移方程：

$$\begin{cases} \boldsymbol{X}_{t+1} = \boldsymbol{X}_t + \boldsymbol{u}_t + \boldsymbol{v}_t \\ \boldsymbol{Z}_t = h\left(\boldsymbol{X}_t\right) + \boldsymbol{E}_t \\ t = 1, 2, 3 \cdots \end{cases} \tag{1-11}$$

式中，$\boldsymbol{X}_t$，$\boldsymbol{X}_{t+1}$ 分别为 t 时刻、$t+1$ 时刻 AUV 在水平面上的位置坐标；$\boldsymbol{u}_t$ 表示由 t 到 $t+1$ 时刻 AUV 的主导航系统输出位移；$h(\cdot)$ 表示先验地形图曲面方程；$\boldsymbol{v}_t$ 表示主导航系统定位误差的协方差矩阵，它是一个加性高斯噪声输入；$\boldsymbol{E}_t$ 是 t 时刻的地形高程测量误差。$\boldsymbol{u}_t$ 和 $\boldsymbol{v}_t$ 是由主导航系统直接给出，$\boldsymbol{E}_t$ 可以通过实时地形测量数据和匹配定位结果实时估计，估计方法在 2.2.3 节。

水下地形匹配导航滤波主要是通过迭代估计进行位置的连续更新，这是在地

形匹配导航系统的跟踪导航阶段完成的。关于地形匹配导航的滤波方法也是以往地形匹配导航领域最为热门的研究方向，滤波阶段主要是迭代求解后验贝叶斯方程，地形匹配导航系统中的 $p\left(\boldsymbol{x}_{t+1}\middle|\boldsymbol{Y}_t\right)$ 由式（1-12）确定。

$$\begin{cases} p\left(\boldsymbol{x}_{t+1}\middle|\boldsymbol{Y}_t\right) = \int_{R^2} p\left(\boldsymbol{x}_{t+1} - \boldsymbol{u}_t - \boldsymbol{x}_t\right) p\left(\boldsymbol{x}_t\middle|\boldsymbol{Y}_t\right) \mathrm{d}\boldsymbol{x}_{t-1} \\ p\left(\boldsymbol{x}_{t+1}\middle|\boldsymbol{Y}_{t+1}\right) = \dfrac{p\left(\boldsymbol{x}_{t+1}\middle|\boldsymbol{Y}_{t+1}\right) p\left(\boldsymbol{x}_{t+1}\middle|\boldsymbol{Y}_t\right)}{\int_{R^2} p\left(\boldsymbol{y}_{t+1}\middle|\boldsymbol{x}_{t+1}\right) p\left(\boldsymbol{x}_{t+1}\middle|\boldsymbol{Y}_t\right) \mathrm{d}\boldsymbol{x}_t} \end{cases} \quad (1-12)$$

早期的滤波方法包括基于卡尔曼或扩展卡尔曼方法的线性化滤波算法，这需要假设地形匹配定位的误差服从高斯分布，还需要对地形进行局部的线性化。然而，水下地形的测量常常伴随局部畸变，地形匹配定位的误差也只是渐进高斯分布，而且地形线性化的过程中也会产生误差，关于地形匹配导航的扩展卡尔曼滤波方法可以参考文献［21］。当前，比较常用的地形匹配导航滤波算法包括粒子滤波（particle filter，PF）和质点滤波（point mass filter，PMF），其中，PF 由于实现简单且在高维时具有较高的计算效率得到了更加广泛的应用。下面介绍这两种常用的地形匹配导航定位信息融合算法。

（1）质点滤波算法

质点滤波（point mass filter，PMF）算法是求解贝叶斯滤波问题的一种数值方法，也称为有限网格法。在使用质点滤波方法求解最优估计问题的过程中，状态空间被分割成网格，连续概率分布函数被相应的网格节点取代（如图1-8所示）。在地形匹配导航滤波中，质点滤波的精度和稳定性要比质点滤波高，但质点滤波的计算量会随着状态空间的维度增加而迅速增加，这也是质点滤波相比于粒子滤波的劣势。由于质点滤波使用了离散网格对概率函数进行近似处理，所以在概率分布函数变化较剧烈的地方具有较大的误差，使用较小的网格节点可以改进滤波精度，但是这样会使计算量增加，尤其是在状态空间较大时计算负担将非常大。质点滤波的优势是估计结果在最小均方误差意义下是最优的，当然它得到的估计结果会有数值误差。

（2）粒子滤波算法

粒子滤波（particle filter，PF）算法也是求解贝叶斯估计问题的数值方法。与质点滤波算法不同的是，粒子滤波采用分布在状态空间内的有限粒子来近似概率

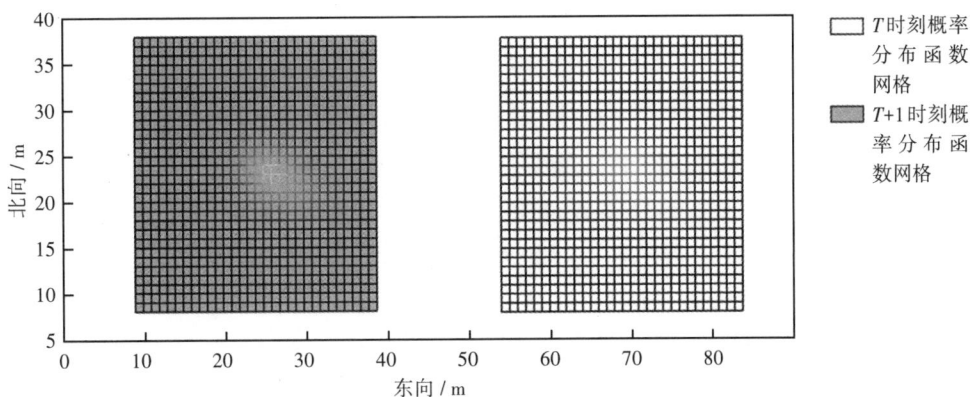

图1-8 概率分布函数的网格化及向前扩散后的概率分布

分布函数（如图1-9所示），这些粒子经过多次的传播、复制、重采样等步骤最终收敛，粒子滤波在最小均方误差意义下是渐近最优的。由于粒子滤波方法在求解强非线性和非高斯误差动态系统的状态估计问题上具有较好的鲁棒性，且粒子滤波器的结构简单，在处理高为状态估计问题时的计算效率较高，因此，在地形匹配导航系统状态估计问题中得到了广泛应用。有关粒子滤波理论与技术方面的更加详细的论述，请参考文献［19-22］。

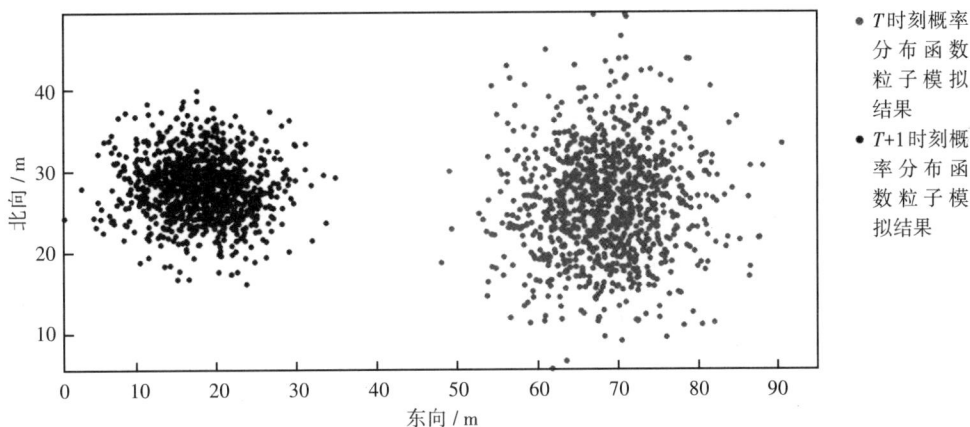

图1-9 定位点概率分布的粒子近似拟合前向扩散及匹配修正重采样后的粒子分布

无论PF还是PMF，都是用于求解贝叶斯估计的非线性数值计算方法，这些方法可以使系统在跟踪滤波阶段获得连续、稳定定位输出。PF算法和PMF算法及其他相关的地形匹配滤波算法已经在很多文献中都有介绍，本书不做过多的阐述。由于目前粒子滤波算法在水下地形匹配导航滤波中得到了广泛的应用，在接下来的内容中若无特殊说明，本书提到的滤波算法指代粒子滤波算法。

1.4.3　水下地形匹配导航初始定位

地形匹配导航系统按阶段分为初始阶段和跟踪阶段。初始阶段主要是修正地形匹配导航系统的时间累计误差，使地形匹配导航系统的初始定位点逼近真实位置，目前这部分的研究进展不大；跟踪滤波导航阶段主要是滤波算法设计，目前的主流算法是PF和PMF，其中，PF算法被学界认为是更适合于地形匹配导航的跟踪滤波。实际上，跟踪阶段的算法更多的是研究导航技术的共性问题。

地形匹配导航是以地形信息为定位信息源的导航系统，作为导航系统必然存在导航系统中的一些共性问题，如滤波问题，这也是地形匹配导航领域非常热门的研究方向。此外，地形匹配导航以地形信息作为定位信息源，则必然有关于地形信息特征的一些特性问题，如高精度先验地形图不足、先验地形图高适配区较少、地形匹配定位点之间表现出相互独立，等等。地形信息的特殊性导致地形匹配导航技术存在许多特殊问题，如地形匹配导航起点定位误差过大导致似然函数出现伪波峰和误匹配概率增加（图1-10），引起初始粒子分布严重偏离AUV实际定位点，导致滤波收敛慢甚至发散。影响粒子滤波地形匹配导航精度和稳定性的主要原因就是初始阶段三个重要的信息——初始定位点（区间）、初始定位概率分布、初始粒子分布出现了很大的失真，初始粒子对于粒子滤波跟踪阶段的性能影响很大。图1-10（b）和图1-10（c）示出了在地形匹配导航初始时刻分别采用DR信息和TRP信息进行粒子初始化后的滤波结果。可以看到，DR信息初始化粒子后滤波终点粒子未收敛，而采用TRP信息初始化粒子后，虽然滤波终点粒子收敛了，但是在收敛阶段1～12导航点滤波偏差一直很大。通过以上分析可以知道，地形匹配导航技术除了要考虑导航相关的共性技术之外，对于地形信息相关的特性技术是不可忽视的重要部分，而与粒子滤波地形匹配导航紧密相关的初始定位问题就是典型的地形匹配导航技术特性问题，其在地形匹配定位技术中的地位如同惯性导航系统中的初始对准、水声定位中的基阵校准，如图1-11所示。

地形匹配导航初始定位主要是通过在地形匹配导航初始阶段获取的定位信息确定地形匹配导航滤波初始点的位置或定位区间、定位概率分布和初始粒子分布。本书围绕地形匹配导航初始定位的相关问题进行研究，主要包括地形匹配定位置信区间分析、先验地形的适配性分析、地形图网格化条件下的适配区域最优分割、高精度及高稳定性地形匹配定位、大初始偏差条件下的多地形匹配定位点融合定位问题。

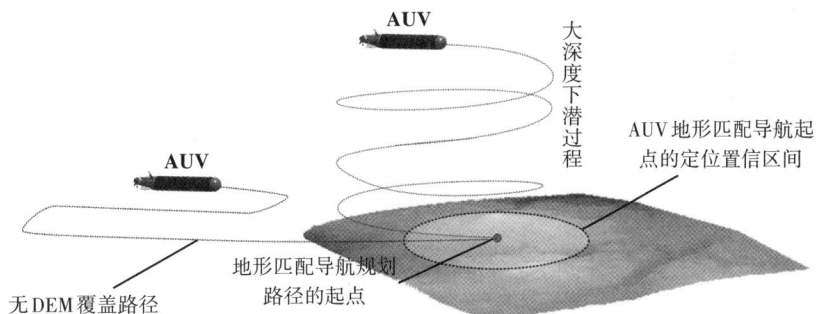

（a）地形匹配导航初始阶段参考导航系统易出现较大的时间累计误差

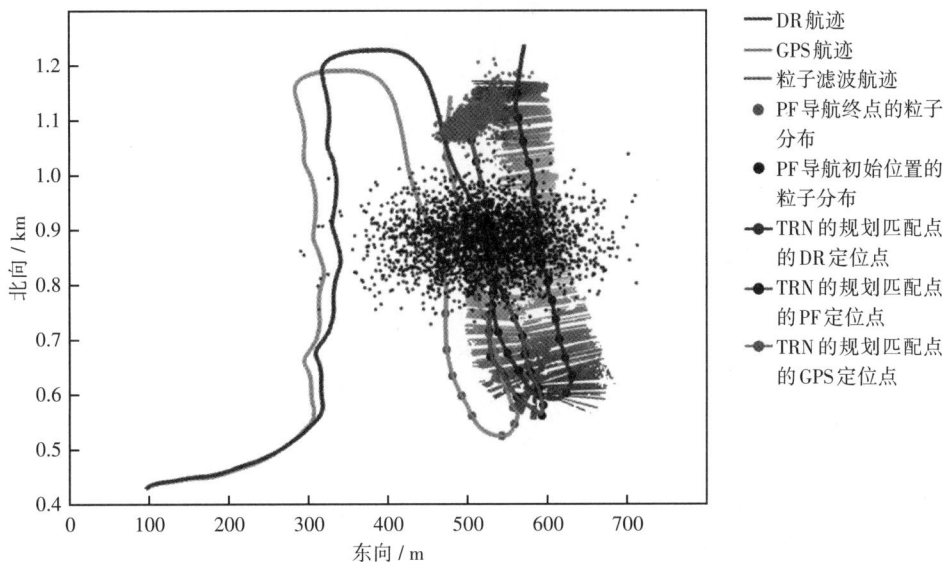

（b）采用 DR 定位信息进行初始定位得到的滤波结果

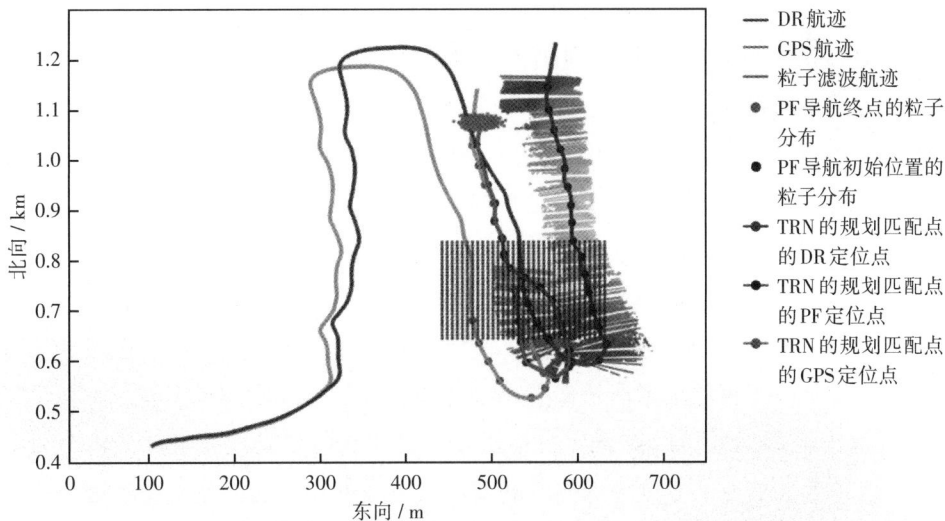

（c）采用 TRP 定位信息进行初始定位得到的滤波结果

图 1-10 采用不同初始定位方法获得的滤波结果

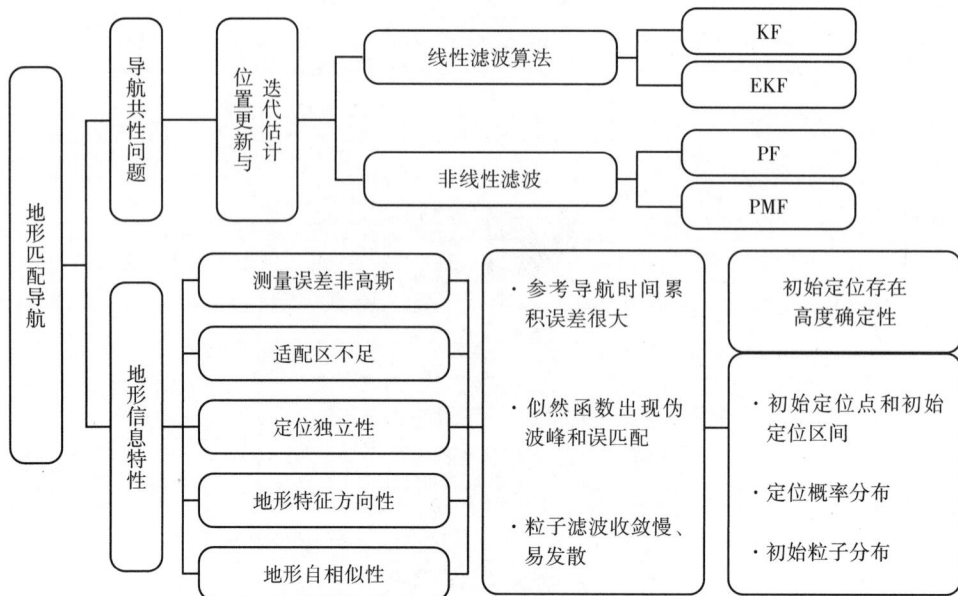

图1-11　地形匹配导航与传统导航技术的共性问题和特性问题

1.5　水下地形匹配导航研究现状

1.5.1　国外研究现状

（1）美国

美国海军水下作战中心将地形匹配导航的状态估计扩展到三维空间，不仅考虑了位置的不确定性，而且还考虑了潮位误差。该中心利用MARV AUV为载体进行了海上试验，结果表明，考虑了潮位不确定性情况下的粒子滤波和质点滤波均可以很好地处理潮位偏差情况下的地形匹配导航问题，综合考虑算法的执行效率和稳定性，则粒子滤波的性能优于质点滤波。这一结论对于地形匹配导航的最佳滤波器选择提供了试验支撑。蒙特利湾海洋研究机构和斯坦福大学合作研究了传感器受制约条件下利用地形辅助导航实现定位点回航和长航程水下导航的相关问题，通过在特征丰富的地形区域布置路径点以提高地形匹配的导航精度；研究团队假设AUV搭载的低精度推算导航系统，并且测深装置是用于艇体速度测量的DVL，这样考虑是为了尽量降低成本和能耗，尽量使用现有的推算导航设备完成地形匹配导航。该团队建立了传感器受限条件下的地形匹配导航紧耦合系统，以MBARI-AUV为载体在蒙特利湾进行了多次海上试验，在航程误差为5%DT的条件下导航精度控制在5 m以内；此外，他们还研究了低分辨率地图下的地形匹配导航问题，该研究旨在利用分辨率很低但易于获得的船载测量数据进行地形匹配导航。从试验数据中可以看到，水下航行器的路径在先验地形图的覆盖范围内，地形匹配导航系统的初始定位偏差偏小，该算法在设计上没有考虑超长航程、大潜深的任务需求。夏威夷大学的研究人员提出了一种增量式地形匹配导航方法，用于长期潜伏观测性AUV的水下导航定位，该方法将探测到的环境信息（温度、盐度等）加入到地图中，在任务执行过程中，AUV可以同时利用地形信息和环境信息进行位置估计；路易斯堡学院的研究人员利用地形匹配导航技术辅助水下滑翔机导航，研究利用地形匹配导航定位信息对海洋环境观测信息进行精确的空间归位；弗吉尼亚理工大学的研究人员提出了基于高斯过程预测的粒子滤波框架，算法采用高斯过程对观测地形进行预测更新，避免了对地形进行线性化处理；麻省理工学院在水下地形测绘、水下环境信息构图与定位、多机器人协同下的自主地形测绘等方面做了大量的研究和试验，他们的研究主要是集中在基于AUV的SLAM研究。

（2）挪威

FFI是AUV商业化和军事化应用最成功的研究机构之一，也是最早从事水下地形匹配导航技术研究的科研机构，FFI专门开发了一套地形匹配导航仿真系统用于算法的仿真研究且可以直接移植到载体上进行实时的导航定位，并以HUGIN AUV为载体进行了大量的海上试验（图1-6），其开发的AUV地形匹配导航系统已经装备到MUNIN型AUV和HUGIN AUV上（图1-12）。此外，FFI还研究了针对水面船舶的鲁棒地形匹配导航系统，用于卫星定位信号被人为干扰的是伪定位识别和无法正常接收卫星定位信号时的定位。

	REMUS 100	REMUS 600	REMUS 600	MUNIN	HUGIN
Imaging sonars Frequency Type	VHF, HF DAS, PCS, SSS	VHF, HF SAS, FSSS, DAS, PCS	VHF, HF, MF DAS, SSS	MF SSS, FLS	MF HISAS, SSS, FLS
Bathmetry	GS+	SAS, MBES	MBES	MBES, HISAS	MBES, HISAS
Optical Imaging	Video	Video, ESC	ESC	ESC	ESC
Environmental	CTD, OBS	CTD, OBS	CTD, OBS	CTD, OBS, CH4, CO2, DO	CTD, OBS
Navigation	ADCP, GPS, PGPS, USBL, LBL, HiPAP	ADCP, GPS, PGPS, USBL, LBL, HiPAP	ADCP, GPS, PGPS, USBL, LBL, HiPAP	ADCP, USBL, UTP, HiPAP, TERRAINAV	ADCP, USBL, UTP (LBL), HiPAP, TERRAINAV
Navigation modes	DR, IN, LBL, Homing and docking	DR, IN, LBL, Homing and docking	DR, IN, LBL, Homing and docking	DR, IN, LBL, Homing and docking, Pipe tracking	DR, IN, LBL, Homing and docking, Pipe tracking

图1-12 Kongsberg主要AUV产品及其部分功能模块

（3）英国

南安普顿大学提出利用地形辅助导航技术为执行穿越北极任务和长时间冰下潜伏任务的水下航行器提供高精度的导航信息（图1-13），并利用粒子滤波算法对此方案进行了仿真验证。仿真试验中，研究人员以地形梯度表示地形适配性量化参数，并根据适配性选定了若干地形路径点。试验结果表明，在只要AUV适当地经过适配性较高的地区，并且该区域的环境条件和扰动能精确表示，则地形匹配导航的精度足以满足实际需求（图1-13）。此外，为了验证地形匹配导航技术在大潜深、超长航程AUV上应用的可行性，研究人员利用总航时77 h、总航程195 m的先验测量数据进行了算法和系统的验证仿真试验，以此证明地形匹配导航可以为执行大潜深和超长航程任务的AUV提供有效的导航信息。

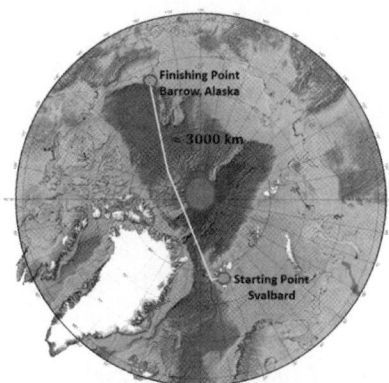

（a）穿越北极冰盖任务的路径起点和终点

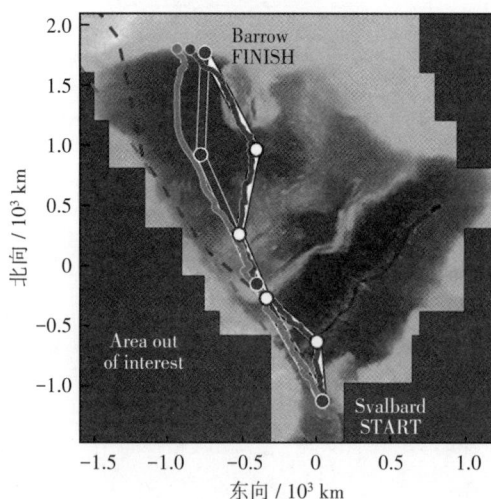

（b）路径规划和地形匹配导航结果

图1-13　AUV地形匹配导航辅助穿越北极的仿真试验

（4）日本

东京大学采用 AUV TUNA-SAND 为载体，研究了基于地形匹配导航的 AUV 近底观察海底热液时的精确定位问题，通过 SSBL 的定位误差进行搜索区间的估计，采用粒子滤波方法进行 AUV 的位置估计。试验中 AUV TUNA-SAND 以 30 pings 测量数据为一个匹配面，采用 3 m 网格先验地形图 0.2 m/s 航速下保持 15 m 定高测量最终的定位偏差在 10 m 左右。

（5）瑞典

瑞典皇家理工学院 Ingemar 教授提出了地形匹配定位的极大似然估计方法，并利用 AUV62F 为载体完成了海上试验。此外，为了解决地形匹配导航过程中相关性计算的时间消耗问题，Kim Andersson 和 Filip Traugott 完成了基于现场可编程门阵列（field programmable gate array，FPGA）的地形匹配相关性算法实现。瑞典林雪平大学主要从事飞行器的地形匹配导航研究，但也有部分有关 AUV 地形匹配导航的研究成果，他们的研究工作主要集中在利用非线性滤波方法进行地形匹配导航和误差界的估计。

（6）加拿大

纽芬兰纪念大学 Brian Claus 等研究了水下滑翔机的地形匹配导航，他们采用对两次海试试验数据进行后处理的方法得到粒子滤波地形匹配导航参数，并对算法进行了仿真验证以确保其收敛性，于 2014 年完成了在线试验。此外，他们还研究了利用测扫声呐图像进行匹配导航的相关问题。

（7）葡萄牙

葡萄牙里斯本大学 Francisco 等研究了利用小型 AUV 在浅水区域平坦地形条件下的地形匹配导航问题。试验采用 DVL 进行地形匹配导航的修正问题，证明了在只使用基本的导航传感器条件下低成本小型 AUV 进行地形匹配导航的可行性及其算法设计。此外，他们还研究了有关地磁匹配导航的有关问题。

（8）澳大利亚

悉尼大学野外机器人研究中心主要是在水下 SLAM 方面开展了大量的研究，并进行了水下结构化环境的构图试验和基于测深传感器的水下机器人同步定位与构图研究。

21

1.5.2 国内研究现状

随着我国海洋探测与开发战略向深远海推进，对新理论和新技术的需求不断增长，而水下地形匹配导航技术以其独特的技术内涵和理论深度吸引了国内学者的重视，近年来有许多从事水下探测、惯性导航、海洋工程、测绘工程等专业的高校和科研院所涉足该领域，并取得了许多理论、技术成果。

哈尔滨工程大学在地形匹配导航方面进行了大量的理论研究和船载试验数据的离线仿真试验，并搭建了地形匹配导航的仿真试验系统用于地形匹配导航算法开发和验证，提出了多传感器融合的地形匹配导航系统，并研究了基于适配性约束的地形匹配导航路径规划技术，使 AUV 的匹配导航路径尽可能地经过地形适配性较高的区域以提高其地形匹配导航的精度，同时考虑地形测量畸变误差对地形匹配定位精度的影响，提出了基于 PCNN 的地形测量畸变节点滤波模型，有效降低了测量畸变误差的影响；海军工程大学兵器工程系的研究人员开展了地形匹配导航系统的非线性滤波方法地形可导航性分析研究，提出了改进 TERCOM\ICCP、UKF 地形匹配组合算法和基于灰色模糊综合决策的先验地形图适配性多指标评价方法；东南大学仪器科学与工程学院的研究人员主要开展了地磁、地形、重力场等地球物理信息的相关导航算法研究，基于低成本传感器参考系统和粗糙地形图条件下的地形辅助方法研究，针对当前 ICCP 算法对地形匹配导航初始定位偏差敏感的情况，提出了并行 ICCP 地形匹配导航方法，并将图像匹配领域的 Hu 矩用于水下地形匹配定位中，此外，他们还研究了地形适配性分析问题，提出了基于模糊推理的地形适配区选取方法；海军大连舰艇学院的研究人员开展了地形匹配导航先验地形图建模方面的研究，提出了基于三角形网格先验地形图的 TIN 地形匹配导航算法，此外，还研究了基于自适应格网数字水深模型的水下地形匹配定位算法，以此提高地形匹配导航系统在不同分辨率网格下的算法适应性；东南大学研究人员提出了 ICCP 与 KF 算法融合的地形匹配导航方法，该方法利用 ICCP 的匹配误差直接作为 KF 的输入，同时，将水下航行器的数学模型集成到地形匹配导航系统中并进行了算法的仿真验证；武汉大学测绘学院的研究人员提出了基于 M 估计的水下地形抗差匹配算法、基于异常值滤波的鲁棒匹配定位算法、互相关地形匹配定位算法等，此外，他们还进行了地形适配性分析方面的研究；西北工业大学的研究人员提出了地形剖面匹配（terrain contour matching，TERCOM）算法与桑迪亚地形辅助导航（Sandia inertial terrain aided navigation，SITAN）算法结合，并将 TERCOM 算法用于地形匹配导航滤波监视，有效提高了滤波稳定性；北京大学的研究人员提出了基于Hausdorff距离的匹配算法及基于地形熵和地形差异熵的综合匹配算法；北京航空航天大学的研究人员针对其开发的飞行器地形辅助导航系统（BITAN Ⅱ）存在的初始定位误差较大时滤波难以收敛的问题，提出了TER-COM算法与粒子滤波算法结合新算法框架，以取代原有的基于扩展卡尔曼滤波器的算法框架，该算法采用基于投票机制的TERCOM定位点一致性检验策略，当连续的三个TERCOM定位结果满足误差一致性约束时则认为该定位结果稳定，并以此作为初始值执行粒子滤波程序，虽然该算法是针对飞行器地形匹配导航初始对准而提出的，但也说明地形匹配导航的初始对准技术具有其必要性。

目前，水下地形匹配导航研究主要分为地形匹配导航技术在不同载体上的应用研究和地形匹配导航系统的跟踪导航滤波器设计。其中，地形匹配导航技术的应用载体包括ROV、水面舰船、水下滑翔机、AUV等；跟踪滤波算法主要是非线性卡尔曼滤波、粒子滤波、质点滤波等。但是，非线性卡尔曼滤波器的跟踪性能仍然较差，尤其是在地形匹配导航系统存在较大的初始定位误差时，卡尔曼滤波器的跟踪效果远不及粒子滤波和质点滤波，而粒子滤波器和质点滤波器在求解地形匹配导航滤波问题时鲁棒性较高，目前基于这两种滤波器的地形匹配导航系统被广泛研究。

1.5.3　地形匹配导航算法综述

地形匹配导航技术的国内外研究主要集中在地形匹配导航滤波算法的开发和海上试验验证，而针对地形匹配导航初始阶段参考导航系统累积误差很大时的滤波问题研究很少。文献［1］中提到，在地形匹配导航的初始阶段利用TERCOM算法进行初始的定位，修正较大的参考导航累积误差并获得足够精度的跟踪导航初始位置。文献［101］提出了利用TERCOM算法结合投票机制解决初始定位的问题，即在初始阶段执行多次TERCOM算法并通过一致性检验定位结果，若定位结果连续3次满足一致性检验则说明定位有效。文献［106］则是将该方法应用于AUV地磁匹配导航领域。从试验结果来看，在地形匹配导航的初始阶段参考导航的时间累计误差非常大的情况下，TERCOM定位得到的似然函数要比DR给出的定位概率分布更优，这主要体现在TERCOM算法给出的似然函数在真实位置附近会有峰值，而DR给出的定位概率分布函数在真实位置几乎为零，并且DR的时间累积误差越大，真实位置的定位概率越低。但由于测量误差和地形适配性的影响TERCOM算法的输出结果很不稳定，尤其是水下测量误差和地形的畸变通常比较大且缺少大范围的高精度先验地形图，AUV长时间航行于没有先验地形图的区域或者需要执行大深度的下潜任务，这就导致 AUV 在地形匹配导航的初始阶段往往会有很大的搜索区间，似然函数出现伪波峰和误匹配现象是十分常见的。文献[101]和[106]中的方法可以认为是一种被动的决策方法，这种初始定位策略依赖于 TERCOM 算法的输出结果，没有从提高匹配定位精度和稳定性出发改善初始定位的精度和稳定性。在试验中也发现，在地形匹配导航系统的时间累积误差较大时其初始定位的误差区间达到了数百米，大的搜索区间导致了自相似地形出现的概率增加，使基于批处理定位的地形匹配定位结果具有很强的跳变性，尤其是在适配性较差的区域更严重。因此，在地形匹配导航初始定位误差较大时，采用目前的批处理定位方法难以获得较高精度和稳定性的定位结果。

1.6　全书结构、内容及特色

1.6.1　本书各章内容简介

本书通过对已有的地形匹配导航技术进一步扩展，拟建立完整的地形匹配导航技术体系。针对研究内容在结构上的层次关系，将本书分为5个章节来论述。

第1章简要介绍深海探测与开发、深海探测装备研究的相关背景、水下地形匹配导航技术在深海探测与开发领域的重要性、水下地形匹配导航技术体系和国内外研究现状，同时，对本书的主要内容进行了简单的概括。

第2章分析比较两种地形匹配定位算法的观测模型，研究地形匹配定位的测量误差和定位误差估计方法，分析地形匹配定位残差的统计性质。在此基础上，建立了地形匹配定位置信区间估计的跳变模型，通过求解地形匹配定位点的置信度下确界平面得到置信区间边界估计。进一步通过地形匹配定位的误差分析得到了影响地形匹配定位精度的主要因素，并在此基础上提出了地形适配性量化方法及基于先验地形图网格化的地形适配区与非适配区域最优分割方法。

第3章主要研究了地形匹配定位精度和稳定性提升方法，由于测量误差耦合作用会导致地形产生局部畸变从而产生错误的地形高度信息，导致地形匹配定位出现伪定位和误匹配，本书采用统计筛选方法剔除大误差测点，使得匹配似然函数的下降梯度提高，减小了地形匹配定位的置信区间。本书提出了基于统计检验方法的地形有效测量节点筛选方法，并讨论了脉冲耦合神经网络（pulse-coupled neural networks，PCNN）有效节点筛选的问题。经过有效节点筛选后地形匹配定位的置信区间明显减小，这也说明删除畸变测量节点后可以提高地形匹配定位的稳定性。

第4章研究了地形匹配导航初始阶段参考导航累积误差较大时的粒子滤波初始化问题，提出了利用地形匹配定位的置信区间进行粒子滤波初始化的方案。通过估计初始时刻的TRP置信区间而将初始位置约束在较小的范围内，提高了滤波收敛的速度。比较了三种典型工况下等权值和似然函数权值作为初始权重时的滤波效果，试验结果表明，似然函数存在伪波峰或伪定位点的情况，以似然函数值作为粒子初始权值，并以地形匹配定位置信区间约束粒子分布，可有效提高粒子滤波器收敛速度和稳定性。

第5章研究了多地形匹配定位点融合（multi-TRP fusion positioning，MTFP）的初始位置估计问题。由于地形匹配定位点的误差不具有时间相关性且只与地形特征和测量误差有关，所以地形匹配定位的误差是时间有界，而且由于测量地形之间几乎没有相关性，所以地形匹配定位误差也是相互独立的。考虑到参考导航信息虽然在时间上是发散但在短距离内的相对定位误差小于TRP，所以其相关性正好可以约束TRP的跳变性，书中介绍了MTFP模型的贝叶斯估计模型及该模型的有限网格数值求解方法。MTFP方法结合了参考导航和TRP定位的优点，可以在初始时刻提供较高的定位精度。针对多地形匹配定位点融合定位中因伪波峰和误匹配导致的多值问题，书中分析了地形匹配定位似然函数的伪波峰和误匹配导致的航迹定位多值问题的机理，建立了多地形匹配定位点线性融合定位模型（linear multi-TRP fusion positioning，LMTFP）。

在此基础上，提出了有效地形匹配定位点检验方法，建立了伪波峰干扰下的多地形匹配定位点线性融合估计模型，有效解决了伪波峰干扰下的多地形匹配定位点融合问题，提高了地形匹配定位精度和稳定性。此外，采用MTFP模型的初始定位方法可以有效提高粒子滤波器收敛速度，改善水下地形匹配导航系统在运行初始阶段的滤波器稳定性。

1.6.2 本书要点及特色

地形匹配导航的研究内容包括三个方面：地形测量与重构、地形匹配定位与导航、路径规划。图1-14为地形匹配导航技术的研究内容的结构框图，图中红色边框所示为本书主要研究内容。地形测量与重构部分主要是研究先验地形图和实时测量地形的成图问题，这也是地形匹配导航技术最基本的问题之一，在很多有关地形匹配导航、海洋地形测绘等方面的文献和书籍中都有提及，这里不做详细探讨。

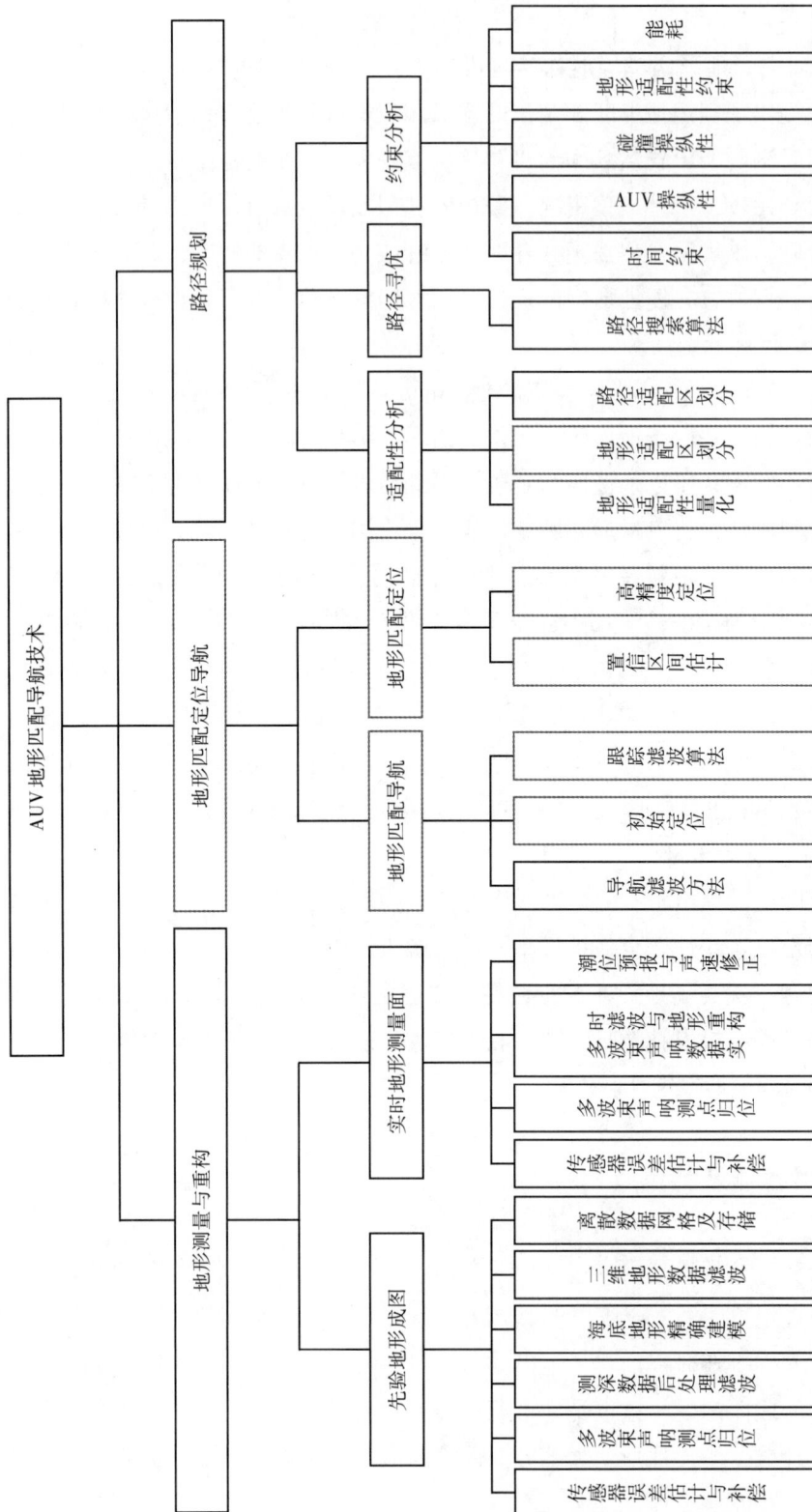

图 1-14 地形匹配定位与导航技术结构框图

本书主要考虑地形匹配导航过程中可能出现的先验地形远小于AUV巡航区域的覆盖范围或者AUV执行大潜深作业等情况，在此情况下，AUV长时间无法获取地形数据而导致地形匹配导航初始时刻出现很大的累积误差，导致水下地形匹配导航系统在运行初始阶段存在滤波不稳定、收敛慢等问题。本书主要针对以上问题开展研究，采用全新的视角深入剖析水下地形匹配导航系统的特性，揭示地形畸变、伪波峰等问题的形成机理，提出一系列与水下地形匹配导航系统初始定位相关的新理论和新方法。本书主要特色在于以下几个方面的研究。

（1）与地形匹配定位精度相关的问题

地形匹配定位在地形匹配导航系统中起着关键作用，地形匹配定位包括地形匹配定位的模型确定、地形匹配定位的似然函数计算、地形匹配定位的误差分析与置信区间计算等。该部分的内容在第2章中讨论，主要研究以下几个方面的问题。

① 地形匹配定位的观测模型。地形匹配定位的观测模型主要涉及其似然函数的形式和测量误差的统计方式。本书中主要讨论两种模型，一种是单点观测模型，该模型假设所有的测量点均是对AUV位置相关的参数的采样，是对同一个参数的多次观测；另一种是面观测模型，该模型认为多波束获取的地形测量序列是与AUV位置对应的地形面的观测序列，每一个测量点对应一个地形特征的观测值。两种模型导致两种不同观地测量误差和似然函数形式，且对于测量误差的适应性也不相同。

② 地形匹配定位的置信区间估计。置信区间估计主要是确定地形匹配定位点的有效区间，地形匹配定位的置信区间估计方法已经有文献讨论过，但鉴于估计方法过于简化，没有考虑地形匹配定位过程中的非线性问题导致估计结果并不理想。为此，本书建立了用于地形匹配定位置信区间估计的地形匹配定位点跳变模型，提出了利用曲面参数的估计方法进行置信区间估计的相关理论和算法。

③ 地形适配性分析与适配区域划分。地形适配性是衡量先验地形图匹配定位精度的量化参数，在地形匹配定位导航的路径规划阶段要求规划路径适当的经过可以获得较高定位精度的地形区域，以此必须对先验地形图的定位精度进行量化评价，也就是寻找适配性参数，该适配性参数必须能反映地形定位精度的若干影响因素。同时，考虑到最优路径的搜索一般采用离散搜索的方式进行，网格化前提下的地形适配区域和非适配区域的最优分割问题也成为本书的研究要点之一。

④ 地形测量畸变及其识别的筛选。在地形测量过程中形成的测量误差和地形插值过程中引起的误差传播是造成地形局部畸变的主要原因，地形畸变造成虚假地形信息，从而影响匹配效果。本书中研究了地形畸变节点的识别和筛选问题，

旨在降低畸变地形造成的虚假信息对匹配定位精度和稳定性的影响。

（2）初始定位及粒子滤波器初始化相关的问题

地形匹配导航初始阶段参考导航累积误差较大的情况下，参考导航的定位信息和定位概率分布信息与实际分布相差太远，采用常规的粒子滤波初始化方法很难获得稳定的收敛结果。基于上述原因，本书提出了利用地形匹配定位有效定位点进行粒子初始化，以此缩小初始粒子的分布范围，从而达到粒子滤波快速收敛的目的。本书首先讨论了地形匹配导航初始阶段的参考导航定位不确定区间较大时的快速搜索匹配问题及地形匹配定位的有效定位点估计问题，然后研究了采用有效地形匹配定位点初始化粒子时的粒子初始权值赋值问题。

① 基于多地定位点融合的地形匹配导航初始位置估计。多地定位点融合的地形匹配导航初始位置估计是另一种初始定位方案，该算法同样是为了解决初始阶段参考导航累积误差较大时的地形匹配导航初始定位问题。初始定位偏差较大时参考导航得到的定位位置信息和定位点概率分布信息与实际相差太大，这种情况下执行初始定位是非常有必要的。地形匹配定位一般使用搜索定位方法，似然函数在地形匹配定位点附近渐进高斯分布，而且在 AUV 真实位置附近必然存在一个峰值。但是，由于水下地形测量会有较大的畸变误差，这可能导致定位结果出现伪波峰、误匹配及剧烈的跳变，因此，很难通过匹配定位的方式获得可靠、稳定、精确的初始定位结果，而初始定位结果对跟踪阶段的滤波收敛性和稳定性有直接的影响，一个较好的初始位置估计要求似然函数的峰值逼近真实位置，似然函数的伪波峰尽量少甚至没有，似然函数下降梯度尽可能地大。鉴于以上的需求，本书提出了多地形匹配定位点融合初始位置估计算法，主要研究了线性融合算法和非线性融合算法。

② 多地形匹配定位点融合定位的非线性估计方法。地形匹配定位的精度与局部地形特征和测量误差有关，虽然地形匹配的定位结果具有强烈的跳变性，但其定位偏差是有界的。参考导航定位点相比于地形匹配定位点具有更好的相关性，虽然其导航误差是随时间累积增加的，但在局部航段内的航迹偏差与时间累计误差相比是较小的量，局部航段与实际路径保持较好的一致性。局部航段内的多个地形匹配定位点形成了对 AUV 的位置约束，而局部航段则对地形匹配定位点形成了相对位置约束，通过建立地形匹配定位点与局部航段的参考导航航迹之间的约束关系则可以利用局部航段内的多个地形匹配定位点估计该航迹段的位置，即与该航迹段对应的 AUV 位置。线性融合定位算法假设 TRP 定位似然函数在定位点附近满足高斯分布假设且似然函数为单峰值。

③ 考虑伪波峰情况下的多地形匹配定位点融合方法。由于地形测量误差并非高斯分布，而且不可避免地会出现伪波峰，线性融合算法不能处理非高斯和伪波峰情况下的多地形匹配定位点融合问题。为此，本书提出了求解多地形匹配定位点融合位置估计的非线性融合算法，包括多地形匹配定位点融合位置估计的非线性融合模型及其数值求解方法。

参考文献

［1］ LUSTY P A J, MURTON B J. Deep-ocean mineral deposits：metal resources and windows into earth processes［J］. Elements，2018，14（5）：301-306.

［2］ NOAA. What is eutrophication［EB/OL］. ［2021-09-01］. https://oceanservice. noaa. gov/facts/eutrophication. html.

［3］ BECKER JJ, SANDWELL D T, SMITH W H F, et al. Global bathymetry and elevation data at 30 arc seconds resolution：SRTM30_plus［J］. Marine Geodesy，2009，32：355-371.

［4］ MAYER L, JAKOBSSON M, ALLEN G, et al. The Nippon foundation：GEBCO seabed 2030 project：the quest to see the world's oceans completely mapped by 2030［J］. Geosciences，2018，8（2）：63-81.

［5］ KENNEDY B R C, CANTWELL K, MALIK M, et al. The unknown and the unexplored：insights into the Pacific deep-sea following NOAA CAPSTONE expeditions［J］. Frontiers in marine science，2009，8（6）：00480-1-00480-21.

［6］ Sir Charles Wyville Thomson［EB/OL］. ［2021-09-01］. http://www. encyclopedia. com/topic/Sir_Charles_Wyville_Thomson.aspx.

［7］ The timeline：deep sea exploration［EB/OL］. ［2021-09-01］. http://www.independent.co.uk/environment/nature/the-timeline-deep-sea-exploration-2189044.html.

［8］ MEDUNA D K. Terrain relation navigation for sensor-limited systems with application to underwater vehicles［D］. Stanford：Stanford university，2011.

［9］ 李守军，包更生，吴水根. 水声定位技术的发展现状与展望［J］. 海洋技术学报，2005，24（1）：130-135.

［10］ MELO J, MATOS A. Survey on advances on terrain based navigation for autonomous underwater vehicles［J］. Ocean engineering，2017，139：250-264.

［11］ ASHMAN B W, PARKER J J, BAUER F H, et al. Exploring the limits of high altitude GPS for future lunar missions［EB/OL］.［2021-09-01］. https：//ntrs.nasa.gov/.

［12］ STANTON B J, INTERNATIONAL S I, AIR H Q, et al. Analysis of signal availability in the GPS space service volume［C］// Proceedings of International Technical Meeting of the Satellite Division of the Institute of Navigation，2006：2531-2541.

［13］ RIEDEL F, HALL S M, BARTON J, et al. Guidance and navigation in the global engagement department［J］. Johns hopkins apl technical digest，2010, 29（2）：118-132.

［14］ RALPH D, SHANNON M, CATHERINE D, et al. Selection and characteristics of the dragonfly landing site near selk crater, Titan［J］. The planetary science journal, 2（2）：1.

［15］ ÅNONSEN K B, HAGEN O K, HEGRENAES O, et al. The HUGIN AUV terrain navigation module［C］// IEEE OCEANS 2013, 2013：23-27.

［16］ BJØRN J, KENNETH G, HAGEN O K, et al. A toolbox of aiding techniques for the HUGIN AUV integrated inertial navigation system［J］. Modeling identification and control, 2004, 25（3）：1146-1153.

［17］ GADE K. NavLab, a generic simulation and post-processing tool for navigation［J］. European journal of navigation, 2004, 2（4）：51-59.

［18］ 张其善,吴今培,杨东凯.智能车辆定位导航系统及应用［M］.北京：科学出版社, 2002.

［19］ 陈鹏云.多传感器条件下的AUV海底地形匹配导航研究［D］.哈尔滨：哈尔滨工程大学, 2016.

［20］ KAHN H, HARRIS T E. Estimation of particle transmission by random sampling［J］. National Bureau of Standards Applied Mathematics Series, 1951, 12：27-30.

［21］ NYGREN I. Terrain navigation for underwater vehicles［D］. Stockholm：Royal Institute of Technology, 2005.

［22］ LEE J, BANG H. A robust terrain aided navigation using the rao-blackwellized particle filter trained by long short-term memory networks［J］. Sensors, 2018, 18（9）：2886.

［23］ DONOVAN G T. Development and testing of a real-time terrain navigation method for AUVs［C］// OCEANS'11 MTS/IEEE KONA, 2011：1-10.

［24］ ROCK S M, HOBSON B, HOUTS S E. Return-to-site of an AUV using ter-rain-relative navigation: field trials ［C］// 2014 IEEE/OES Autonomous Under-water Vehicles（AUV）, 2015: 1-8.

［25］ KRUKOWSKI S, ROCK S. Waypoint planning for autonomous underwater vehi-cles with terrain relative navigation ［C］// OCEANS 2016 MTS/IEEE Monterey, 2016: 1-7.

［26］ MEDUNA D K, ROCK S M, MCEWEN R S. Closed-loop terrain relative naviga-tion for AUVs with non-inertial grade navigation sensors ［C］// Autonomous Un-derwater Vehicles, 2010: 1-8.

［27］ SHANDOR D, STEPHEN R. Improving robustness of terrain-relative navigation for AUVs in regions with flat terrain ［C］// Autonomous Underwater Vehicles （AUV）, 2012: 1-7.

［28］ MEDUNA D K, ROCK S M, MCEWEN R. Low-cost terrain relative navigation for long-range AUVs ［C］// OCEANS 2008, 2008: 1-7.

［29］ MEDUNA D K, ROCK S M, MCEWEN R S. AUV terrain relative navigation using coarse maps ［C］// Unmanned Untethered Submersible Technology Conference, 2009: 1-11.

［30］ DEKTOR S, ROCK S. Robust adaptive terrain-relative navigation ［C］// Robust Adaptive Terrain-Relative Navigation, 2014: 1-10.

［31］ MILEYKO Y, REIS G, CHYBA M, et al. Energy-efficient control strategies for updating an augmented terrain-based navigation map for autonomous underwater navigation ［C］// 2017 IEEE Conference on Control Technology and Applica-tions（CCTA）, 2017:1-9.

［32］ REIS M G, FITZPATRICK M, ANDERSON J, et al. Increasing persistent navi-gation capabilities for underwater vehicles with augmented terrain-based naviga-tion ［C］// Oceans Aberdeen Conference, 2017: 1-12.

［33］ ANDERSON J, SMITH R N. Predicting water properties with Markov random fields for augmented terrain-based navigation in autonomous underwater vehicles ［C］// 2018 OCEANS MTS/IEEE Kobe Techho-Oceans, 2018: 1-10.

［34］ STUNTZ A, LIEBEL D, SMITH R N. Enabling persistent autonomy for under-water gliders through terrain based navigation ［J］. Frontiers in robotics and AI, 2016, 3: 1-10.

［35］ CHOWDHARY A. Terrain aided navigation for autonomous underwater vehicles with local gaussian processes [D]. Blacksburg: Masters of Science in Computer Engineering, 2017.

[36] PAPADOPOULOS G. Underwater vehicle localization using range measurements [D]. Cambridge: Massachusetts Institute of Technology, 2010.

[37] BENNETT A A. Feature relative navigation for automous underwater vehicles [D]. Cambrige: Massachusetts Institute of Technology, 1997.

[38] ÅNONSEN K B, HAGEN O K. Terrain aided underwater navigation using pockmarks [C] // OCEANS 2009, MTS/IEEE Biloxi-Marine Technology for Our Future-Global and Local Challenges, 2010: 1-6.

[39] HEGRENAES Ø, SÆB∅ T O, HAGEN P E, et al. Horizontal mapping accuracy in hydrographic AUV surveys [C] // In 2010 IEEE/OES Autonomous Underwater Vehicle AUV, 2010: 1-13.

[40] HAGEN O K, ÅNONSEN K B, MANDT M. The HUGIN real-time terrain navigation system [C]. OCEANS 2010 MTS/IEEE Seattle, 2010: 1-7.

[41] HAGEN O K, ÅNONSEN K B. Improving terrain navigation by concurrent tidal and sound speed error estimation [C] // Oceans IEEE, 2014: 1-7.

[42] BJRN J, MAGNE M, OVE K H. Terrain referenced navigation of AUVs and submarines using multibeam echo sounders [C] // Proceedings of UDT European, 2004, 1-10.

[43] ÉNONSEN K B, HAGEN O K. Recent developments in the HUGIN AUV terrain navigation system [C] // OCEANS'LL MTS/IEEE KONA, 2011:1-7.

[44] ANONSEN K B, HALLINGSTAD O. Terrain aided underwater navigation using point mass and particle filters [C] // IEEE/ION Position, Location, and Navigation Symposium, 2006:1027-1035.

[45] Autonomous Underwater Vehicle-AUV The HUGIN Family [EB/OL]. [2021−09−01]. https:// www. kongsberg. com/globalassets/maritime/km−products/product−docume nts/hug in−family−of−auvs.

[46] Terrain Navigation Principles and Application [EB/OL]. [2021−09−01]. https:// www.navlab.net/ Publications/Terrain_Navigation_Principles_Application.pdf.

[47] ÅNONSEN K B, HAGEN O K. An analysis of real-time terrain aided navigation results from a HUGIN AUV [C] // OCEANS 2010 MTS/IEEE Seattle, 2010: 1-9.

[48] HAGEN O K, ÅNONSEN K B, SKAUGEN A. Robust surface vessel navigation

using terrain navigation [C] // 2013 MTS/IEEE Oceans-Bergen, 2013: 1-714.

[49] GEORGIOS S, ANDREA M, CATHERINE A, et al. Terrain-aided navigation for long-endurance and deep-rated autonomous underwater vehicles [J]. Journal of field robotics, 2018, 8: 1-42.

[50] SALAVASIDIS G, MUNAFÒ A, HARRIS C A, et al. Towards arctic AUV navigation[J]. IFAC-papersonline, 2018, 51 (29): 287-292.

[51] CLAUS B, BACHMAYER R. Terrain-aided navigation for an underwater glider [J]. Journal of field robotics, 2015, 32(7): 935-951.

[52] NAKATANI T, URA T, SAKAMAKI T, et al. Terrain based localization for pin-point observation of deep seafloors [C] // Oceans 2009-Europe, 2009: 1-6.

[53] NYGREN I. Terrain Navigation for underwater vehicles [J]. Signal processing, 2005, 29(3): 906-915.

[54] NYGREN I, JANSSON M. Terrain navigation for underwater vehicles using the correlator method [J]. IEEE journal of oceanic engineering, 2004, 29 (3): 906-915.

[55] NYGREN I. Robust and efficient terrain navigation of underwater vehicles [C] // 2008 IEEE/ION Position, Location and Navigation Symposium, 2008: 923-932.

[56] NYGREN I, JANSSON M. Robust terrain navigation with the correlation method for high position accuracy [C] // OCEANS 2003, 2003: 1269-1277.

[57] TRAUGOTT F, ANDERSSON K, LOFGREN A, et al. Successful prototyping of a real-time hardware based terrain navigation correlator algorithm [C] // Euromicro Symposium on Digital System Design, 2003: 334-337.

[58] NORDLUND P J, GUSTAFSSON F. Sequential monte carlo filtering techniques applied to integrated navigation systems [C] // 2001 American Control Conference, 2001: 4375-4380.

[59] KARLSSON R, GUSTAFSSON F. Particle filter for underwater terrain navigation [C]. 2003 IEEE Workshop on Statistical Signal Processing, 2003: 526-529.

[60] CLAUS B, BACHMAYER R. Terrain-aided navigation for an underwater glider [J]. Journal of field robotics, 2015, 32 (7): 935-951.

[61] CLAUS B, BACHMAYER R. Towards online terrain aided navigation of underwater gliders [C] // 2014 IEEE/OES Autonomous Underwater Vehicles (AUV). 2014: 1-5.

[62] KING P, VARDY A, VANDRISH P, et al. Real-time side scan image genera-

tion and registration framework for AUV route following [C] // Autonomous Underwater Vehicles, 2012: 1-6.

[63] TEIXEIRA F C, QUINTAS J, PASCOAL A. AUV terrain-aided navigation using a doppler velocity logger [J]. Annual reviews in control, 2016, 42 (2): 166-176.

[64] TEIXEIRA F C, QUINTAS J, PASCOAL A. AUV terrain-aided doppler navigation using complementary filtering [J]. IFAC proceedings volumes, 2012, 45 (27): 313-318.

[65] TEIXEIRA F. AUV terrain-aided doppler navigation using complementary filtering [C] // Manoeuvring and control of marine craft, 2012: 313-318.

[66] TEIXEIRA F C, PASCOAL A M. Geophysical navigation of autonomous underwater vehicles [C] // IFAC Proceedings, 2007: 117-122.

[67] TEIXEIRA F C. Novel approaches to geophysical navigation of autonomous underwater vehicles [C] // Fourteenth International Conference on Computer Aided Systems Theory. 2013: 349-356.

[68] WILLIAMS S, DISSANAYAKE G, DURRANT WHYTE H. Towards terrain-aided navigation for underwater robotics [J]. Advanced robotics, 2001, 15 (5): 533-549.

[69] WILLIAMS S B, NEWMAN P, DISSANAYAKE G, et al. Autonomous underwater simultaneous localisation and map building [C] // IEEE International Conference on Robotics and Automation, 2000: 1793-1798.

[70] BARKBY S, WILLIAMS S B, PIZARRO O, et al. Bathymetric particle filter SLAM using trajectory maps [J]. International journal of robotics research, 2012, 31 (12): 1409-1430.

[71] LI Y, WANG R, CHEN P, et al. Terrain matching positioning method based on node multi-information fusion [J]. Journal of navigation, 2017, 70 (1): 82-100.

[72] CHEN P Y, LI Y, SU Y M, et al. Underwater terrain positioning method based on least squares estimation for AUV [J]. China ocean engineering, 2015, 29 (6): 859-874.

[73] 王汝鹏. 基于地形特征融合的水下地形匹配导航方法 [D]. 哈尔滨: 哈尔滨工程大学, 2015.

[74] 田峰敏. 水下地形导航模型求解与导航区初选策略研究 [D]. 哈尔滨: 哈尔滨工程大学, 2009.

[75] 张红伟. 基于ICCP算法的水下潜器地形辅助定位改进方法研究 [D]. 哈尔

滨：哈尔滨工程大学，2011.

[76] 沈鹏. AUV水下地形匹配导航的路径规划方法 [D]. 哈尔滨：哈尔滨工程大学，2016.

[77] CHEN P Y, ZHANG P F, MA T, et al. Underwater terrain positioning method using maximum a posteriori estimation and PCNN model [J]. Journal of navigation, 2019, 5: 1-12.

[78] 郑彤，边少锋，王志刚. 基于ICCP匹配算法的海底地形匹配辅助导航 [J]. 海洋测绘，2008（2）：21-23.

[79] 谌剑，张静远，查峰. 一种改进ICCP水下地形匹配算法 [J]. 华中科技大学学报（自然科学版），2012，40（10）：63-67.

[80] 冯炜，张静远，谌剑. 基于UKF的水下地形匹配算法组合 [J]. 船电技术，2014，34（2）：57-61.

[81] 饶喆，张静远，冯炜. 一种地形匹配导航区域的可导航性评价方法 [J]. 河南大学学报（自然科学版），2016，46（1）：89-95.

[82] WANG L, YU L, ZHU Y. Construction method of the topographical features model for underwater terrain navigation[J]. Polish maritime research，2015，22（s1）：121-125.

[83] 岳增阳. 基于多波束测深系统的海底地形匹配导航技术研究 [D]. 南京：东南大学，2015.

[84] 胡耀武. 重力/惯性组合导航算法研究 [D]. 南京：东南大学，2015.

[85] ZHOU L, CHENG X H, ZHU Y. Terrain aided navigation for autonomous underwater vehicles with coarse maps [J]. Measurement science and technology，2016，27（9）：95-107.

[86] ZHOU L, CHEN X H, ZHU Y X, et al. An effective terrain aided navigation for low-cost autonomous underwater vehicles [J]. Sensors, 2017, 17（4）：680-692.

[87] 徐晓苏，岳增阳，张涛，等. 基于Hu矩的水下地形二维特征匹配辅助导航方法[J]. 中国惯性技术学报，2015（3）：363-368.

[88] 王立辉，乔楠，余乐. 水下地形导航匹配区选取的模糊推理方法 [J]. 西安电子科技大学学报（自然科学版），2017（1）：140-145.

[89] 刘现鹏，张立华，贾帅东，等. 基于TIN模型的水下地形匹配定位算法 [J]. 海洋测绘，2018，38（2）：66-70.

[90] 刘现鹏，张立华，贾帅东，等. 航海图水深模型用于水下地形匹配定位的选取分析 [J]. 测绘通报，2018，497（8）：82-95.

[91] LI P, SHENG G, ZHANG X, et al. Underwater terrain-aided navigation system based on combination matching algorithm [J]. ISA transactions, 2018, 78: 80-87

[92] 张凯, 赵建虎, 张红梅. 一种基于 M 估计的水下地形抗差匹配算法[J]. 武汉大学学报(信息科学版), 2015, 40(4): 558-562.

[93] ZHANG K, LI Y, ZHAO J, et al. A study of underwater terrain navigation based on the robust matching method [J]. Journal of navigation, 2014, 67 (4): 569-578.

[94] 张凯, 赵建虎, 陈卓. 一种互相关水下地形匹配导航算法 [J]. 大地测量与地球动力学, 2014, 34 (1): 123-126.

[95] 张凯, 赵建虎, 施闯, 等. BP 神经网络用于水下地形适配区划分的方法研究 [J]. 武汉大学学报 (信息科学版), 2013, 38 (1): 56-59.

[96] 张凯, 赵建虎, 王锲. 基于支持向量机的水下地形匹配导航中适配区划分方法研究 [J]. 大地测量与地球动力学, 2013, 33 (6): 72-77.

[97] 辛廷慧. 水下地形辅助导航方法研究 [D]. 西安: 西北工业大学, 2004.

[98] 王涛. 桑迪亚惯性地形辅助导航算法及应用研究 [D]. 西安: 西北工业大学, 2006.

[99] 王华, 晏磊, 钱旭, 等. 基于地形熵和地形差异熵的综合地形匹配算法 [J]. 计算机技术与发展, 2007, 17 (9): 25-27.

[100] 徐遵义, 晏磊, 宁书年, 等. 基于 Hausdorff 距离的海底地形匹配算法仿真研究 [J]. 计算机工程, 2007, 35 (9): 7-9.

[101] ZHAO L, GAO N, HUANG B, et al. A novel terrain-aided navigation algorithm combined with the TERCOM algorithm and particle filter [J]. IEEE sensors journal, 2015, 15 (2): 1124-1131.

[102] MELO J, MATOS A. Survey on advances on terrain based navigation for autonomous underwater vehicles [J]. Ocean engineering, 2017, 139: 250-264.

[103] 黄谟涛, 翟国君, 欧阳永忠, 等. 海洋测量技术的研究进展与展望 [J]. 海洋测绘, 2008, 28 (5): 77-82.

[104] YOO Y M, CHAN G P. Improvement of terrain referenced navigation using a point mass filter with grid adaptation [J]. International journal of control automation and systems, 2015, 13 (5): 1173-1181.

[105] CHEN P Y, LI Y, SU Y M, et al. Review of AUV underwater terrain matching navigation [J]. Journal of navigation. 2015, 68 (6): 1155-1172.

［106］ TEIXEIRA F C，QUINTAS J，PASCOAL A. Robust methods of magnetic navi-
gation of marine robotic vehicles ［C］// IFAC Papers OnLine，2017：
3470-3475.

［107］ XIE Y R. Terrain aided navigation ［D］. Stockholm：Royal Institute of Techno-
logy，2005.

第2章

∨

地形匹配定位的精度分析

2.1　引言

　　地形匹配定位是地形匹配导航的基础，在理想情况下地形匹配定位逐步修正推算导航误差，使得迭代位置估计结果逐步逼近真值（图2-1）。地形匹配导航不存在时间累计误差，主要原因是地形匹配定位的误差是有界的，因此，地形匹配定位结果可以修正参考导航的时间累计误差，但同时地形匹配定位的误差又与局部地形特征和地形测量误差密切相关，且各匹配点的测量地形之间几乎没有相关性，这就意味着每一个地形匹配定位点的定位误差和定位点置信区间各不相同且不存在相关性，地形匹配定位的误差和置信区间不能以样本统计的方式获得。此外，地形的方向性特点也使得地形匹配定位的误差分布和置信区间大小在各个方向上有很大的区别，这也给地形匹配定位误差和置信区间的估计带来了一定的困难。从另一个方面来讲，地形匹配定位的误差和置信区间又是很重要的参数，

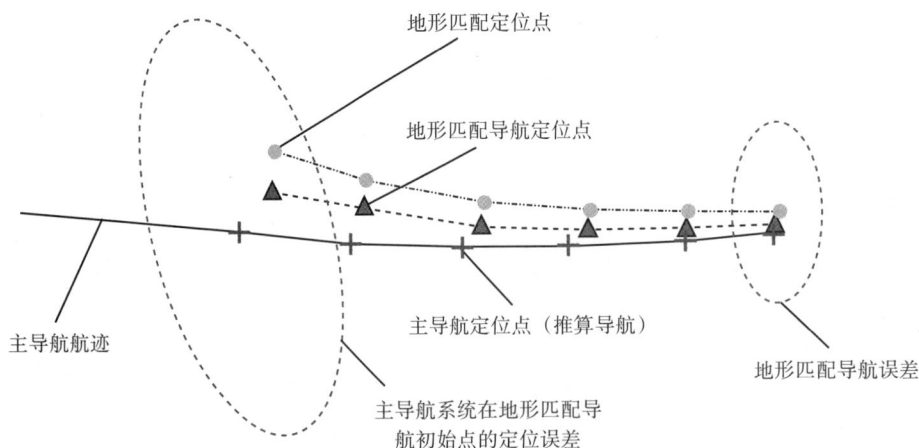

图2-1　连续递推导航滤波过程

在后面的章节中也会讨论如何利用置信区间对地形匹配导航粒子滤波的粒子进行初始化。本章首先讨论地形匹配定位的两种观测模型，观测模型涉及定位概率分布函数的求解和测量误差问题，使得原有的观测模型和似然函数难以达到较好的定位结果，主要通过改变地形匹配导航的观测模型，使其适应于测量误差较大的情况，根据改造后的匹配定位模型建立了相应的地形匹配定位的置信区间估计方法。进一步从地形匹配定位的精度影响因素出发推导了地形适配性的量化参数，并根据地形匹配导航路径规划中对网格化适配性地图的需求，得到了网格的地形适配区与非适配区最优分割图。

2.2 地形匹配定位的置信区间估计

关于地形匹配定位（terrain reference positioning，TRP）的置信区间估计方法的研究很少，文献［12-13］假设地形测点的统计服从高斯分布，并根据这一假设建立了定位点的残差统计量，这个统计量服从 χ^2 分布：

$$S(\boldsymbol{X}) = \sum_{i=1}^{m}\sum_{j=1}^{n}\frac{\left(h_{ij}(\boldsymbol{X}^{\mathrm{p}}) - z_{ij}\right)^2}{\left(\sigma_{\mathrm{p}}\right)^2} \sim \chi^2(mn-1) \tag{2-1}$$

因此，地形匹配定位残差的 $1-\alpha$ 置信区间的残差方差和函数的上确界为

$$S'(\boldsymbol{X})_{1-\alpha} = \frac{S(\boldsymbol{X}^{\mathrm{p}})\chi_{1-\alpha}^2(mn-1)}{mn-1} \tag{2-2}$$

式中，$S(\boldsymbol{X}^{\mathrm{p}})$ 表示测量误差的估计值；m，n 分别表示测量地形的节点行数和列数。

在试验中根据这种方法得到的定位点置信区间范围偏小，主要原因是该方法只考虑了测量地形的误差而没有考虑地形的非线性特征。由于似然函数可以描述测量地形和先验地形的相似程度，而且似然函数的几何特征（峰值、曲率等）也反映了地形的特征，文献［12］中定义了地形信息量 I，地形信息量 I 可以反映TRP的精度，从这一点也可以看出 TRP 定位误差和地形特征（主要是梯度特征）及测量误差有直接联系。图 2-2 表示传统的地形匹配定位观测模型，地形匹配定位的观测数据为多波束测量脚点的三维坐标序列［任意第 i 个 pings 下的测点序列为 $(x_{ij}^a, y_{ij}^a, z_{ij}^a)$，$j$ 表示测量脚点编号］，载体坐标系下多波束脚点与 AUV 重心 (x_a, y_a) 的相对位置不变。如果通过搜索匹配的方式得到 $(x_{ij}^a, y_{ij}^a, z_{ij}^a)$ 在先验地形图中的绝对位置，则 AUV 相对于先验地形图的绝对位置可求。

2.2.1 面观测模型

面观测模型实际上就是地形面的单次多点观测，该模型中所有的地形测量点构成的序列被认为是一个多特征观测序列（图2-2），每一个观测点都是一个关于AUV位置的特征观测值，该观测模型可以表示成如下的似然函数形式：

$$L = \frac{1}{\left[2\pi \| \Sigma \|\right]^{\frac{N}{2}}} \exp\left[-\frac{1}{2}\left[Z_t - h(x_t)\right]^{\mathrm{T}} \Sigma \left[Z_t - h(x_t)\right]\right] \tag{2-3}$$

式中，Σ 表示地形的观测误差协方差矩阵；Z_t 表示观测点的高度矩阵；$h(x_t)$ 表示与观测点位置对应的先验地形图插值高度序列矩阵；N 表示观测点的总数。图2-2所示为多波束声呐单 ping 下的测量模型，观测点 (x_{ij}, y_{ij}, z_{ij}) 表示地形面上的位置信息源，每一个观测点可以认为是独立的也可以认为是相互关联的。为了实际计算的方便，假设 Σ 取值为对称矩阵，即认为观测点相互独立。

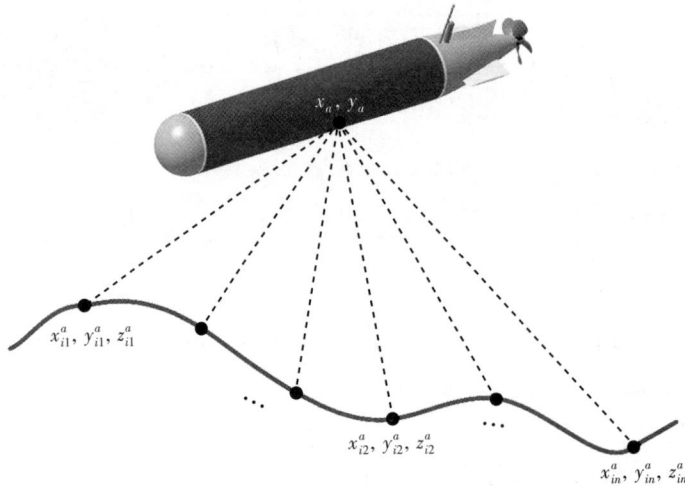

图2-2　多波束声呐单 ping 下的测量模型

2.2.2 点观测模型

可以认为，该模型是将面观测模型的地形空间以观测为中心划分成独立的区间，各个区间相互独立而且各个观测点也相互独立。如图2-3所示，每一个观测点被分割在各自的区间内，如果假设地形在局部区间内是缓慢变化的，并且把所有的测量误差计入测量节点垂直方向上的高度偏差，那么，在测量数据足够多的情况下匹配残差将渐进高斯分布。整个的观测模型就成了图2-3左侧的形式。该观测模型下地形匹配似然函数的表达形式为

$$L = \frac{1}{\sqrt{2\pi}\,\sigma} \exp\left(-\frac{1}{(N-1)\sigma^2}\sum_{i=1}^{N}(h_i - z_i)^2\right) \qquad (2-4)$$

式中，σ 表示地形的观测点高程的标准差；z_i 表示第 i 个观测到的地形点的高度，实际上就是观测序列中的第 i 个观测点；h_i 表示第 i 个观测到的地形点的插值高度；N 表示观测的总次数。

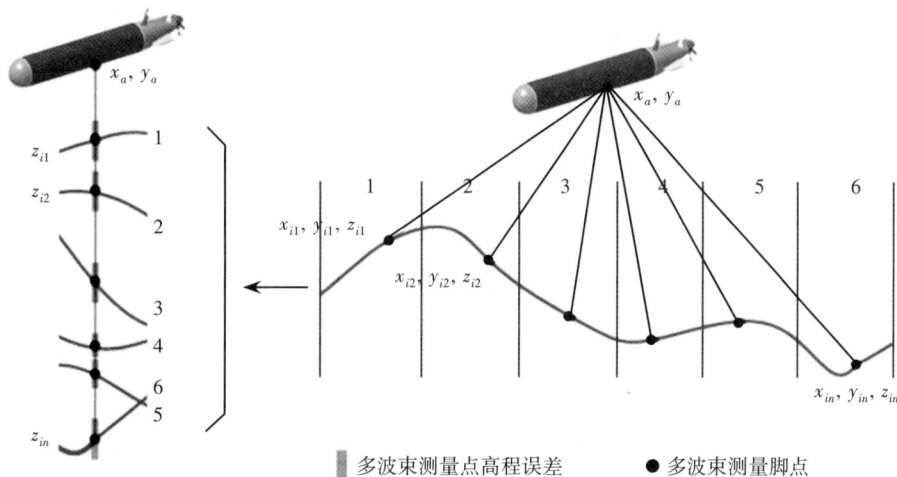

图2-3　由面观测模型转化为点观测模型

两个模型的区别在于对观测值和测量误差的定义，第一个模型将每一个观测数据视为独立的AUV位置相关参数的观测，而第二个模型则将所有的观测数据视为AUV位置相关参数的观测序列。从两种模型的表达形式可以看出，第一种模型更接近真实的地形匹配观测模型，在观测数据和观测误差估计很准确的情况下，对地形相似程度的表示效果较好。第二种模型对于误差不敏感，在测量误差估计不准确的情况下，点观测模型可以有较好的表示效果。实际上，由于地形测量误差通常较大，而且局部地形的畸变非常严重（图2-4），局部畸变所包含的虚假信息又是地形匹配定位误匹配的直接来源。采用第二种观测模型相当于将地形的局部畸变平均分配到各个节点，削弱了局部畸变的影响，同时，可以利用大量的测量点作为测量误差估计的采样值，所以第二种模型更适用于地形匹配定位。

地形测量误差的形成非常复杂，主要由设备安装误差、声速误差、位姿传感

器测量误差等相互耦合形成，而且传感器的输出误差还与作业环境有关。因此，几乎不可能得到精确且可靠的地形测量误差表达式，一个较实际的解决方案就是利用测量数据及匹配残差进行统计估计。为了便于进一步分析，根据书中建立的模型和文献［12］的假设、结论，可以做出如下的前提假设：

① 多波束测量脚点的高度误差服从独立同分布 $N(0, \sigma_p^2)$；

② 认为多波束测量脚点数量足够大，可以保证其误差估计结果的有效性。

根据实际的配准点地形高度偏差的统计可以看到，如图2.4（a）（b）分别表示某一个实时测量地形（波束数31共2511个脚点）和测量地形在先验地形图中的插值地形图，匹配后的地形节点高度残差如图2-5所示。可以看到，虽然地形的局部畸变很大，但其统计结果仍然十分接近正态分布，通过计算匹配残差的均值和标准差得到定位点的潮差和测量误差的标准差估计。

$$t_p = \frac{1}{mn} \sum_{i=1}^{m} \sum_{j=1}^{n} \Delta h_{ij} \tag{2-5}$$

$$(\sigma_p)^2 = \frac{1}{mn-1} \sum_{i=1}^{m} \sum_{j=1}^{n} (\Delta h_{ij} - t_p)^2 \tag{2-6}$$

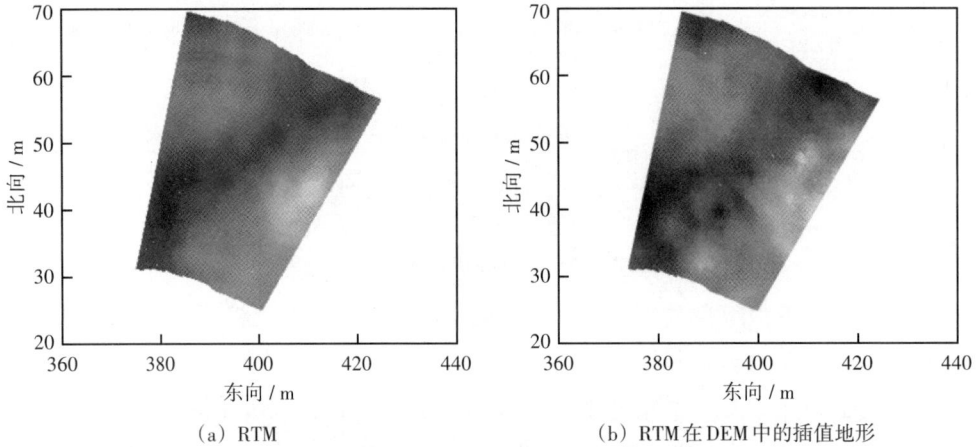

（a）RTM   （b）RTM在DEM中的插值地形

图2-4　实时测量地形和测量地形在先验地形图中的插值地形

由图2-5（b）可以看到，局部地形的畸变使得配准点的先验地形与测量地形节点的高度差之间具有很强的相关性。很显然节点的高度偏差不会严格服从正态分布，但是由于观测点数据量大，其统计结果［图2-5（b）］很接近正态分布，这也是地形匹配定位系统测量误差估计的基础。对于图2-5所示的地形，上面的两个统计量分别为

$$\begin{cases} t_p = 281.986 \\ \sigma_p = 0.3352 \end{cases} \tag{2-7}$$

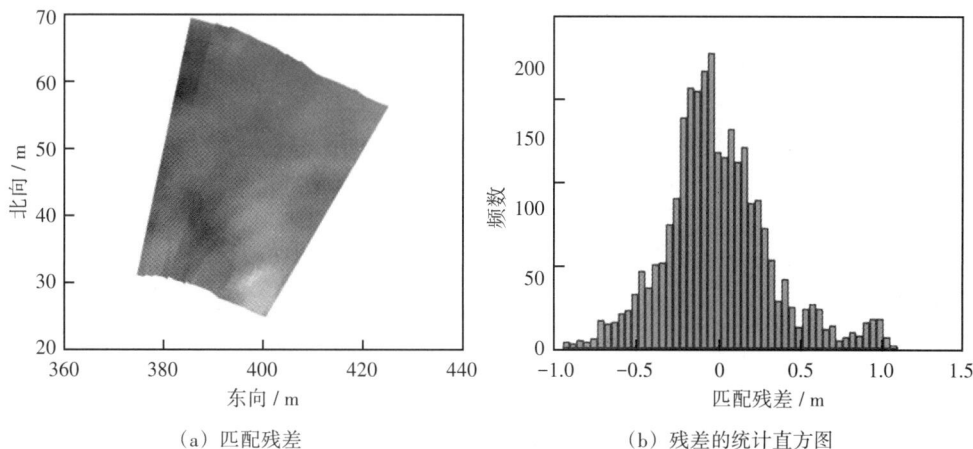

（a）匹配残差

（b）残差的统计直方图

图 2-5　中的地形匹配残差图和残差统计直方图

假设此时的地形测量误差从 0.01 变化到 1，计算相应的两种观测模型下匹配点似然函数的变化情况图 2-6（a）（b）所示。在测量误差估计不准确的情况下，利用面观测模型和似然函数模型（2-3）进行地形匹配定位估计时出现了图 2-6（a）中的情况，每一个搜索点的似然函数值都是"0"，而利用点观测模型和似然函数模型（2-4）进行匹配定位时可以得到正确的定位点 ［图 2-6（b）］，可以看到新的观测模型对观测误差的变化并不敏感。

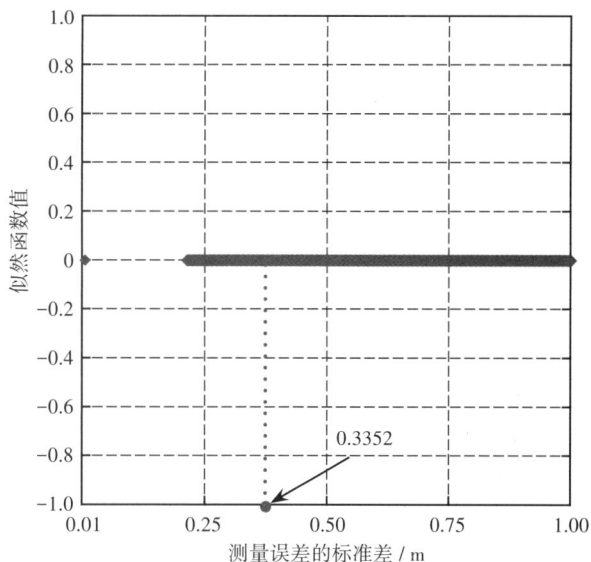

（a）面观测模型的似然值随误差的变化

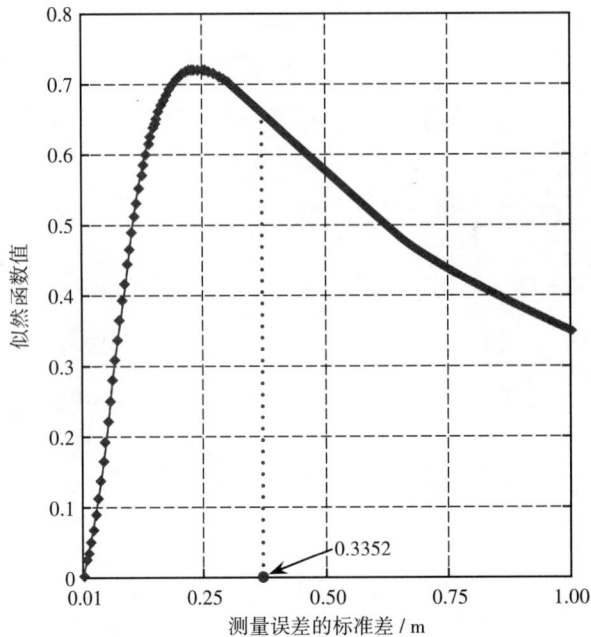

（b）点观测模型的似然值随误差的变化

图2-6　两种观测模型下匹配点似然值变化曲线

从似然函数的取值变化可以看到，采用面观测模型得到的似然函数没有取值，而采用点观测模型得到的似然函数取值变化明显，尤其是在地形测量误差的估计值0.3352处，面观测模型的取值为"0"，而点观测模型的取值为"0.65"。将似然函数（2-3）的第一项单独写成式（2-8）并记为$L(1)$。图2-7表示地形的误差在取值范围0.29~0.39变化过程中$L(1)$的取值，从图中可以看到，$L(1)$的函数值在0.3附近很小的区间内从∞迅速变为0，在测量误差估计值0.3352附近减小到0。由于面观测模型得到的似然函数中包含式（2-8）这样的高次幂式，其中，高次幂的指数是测量地形的测点总数，因此，使得一些微小的偏差被指数迅速放大。而且计算机存储字节的限制也使得过小的结果被强行置"0"，如图2-7所示，$L(1)$在0.3附近产生突变。由于$L(1)$对误差的变化过于敏感，且通常情况下很难获得地形测量误差的准确估计，因此，似然函数常常会出现取值接近于"0"的情况。而对于点观测模型得到的似然函数值在测量误差估计值附近变化缓慢，它比面观测模型来说更实用，在之后的仿真和试验中均使用点观测模型。

$$L(1) = \frac{1}{\left[2\pi\|\Sigma\|\right]^{\frac{N}{2}}} \qquad (2\text{-}8)$$

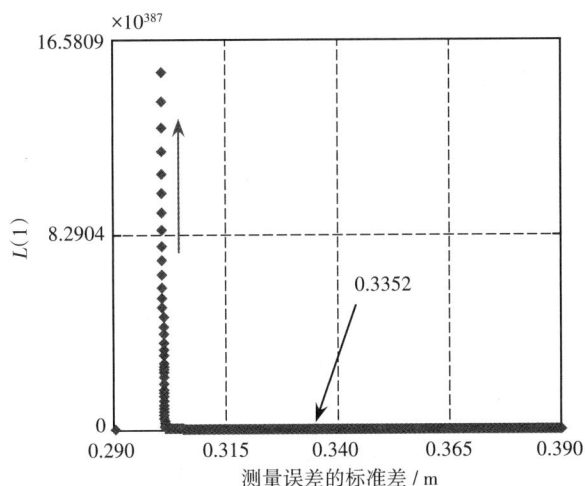

图2-7 $L(1)$的取值随测量误差的变化图像

2.2.3 潮差与测量误差的估计

地形匹配定位误差的来源除了传感器安装误差、地形测量误差等之外，还有由潮位变化引起的误差。由于单次地形匹配定位中的实时地形测量时间比较短，可以假设在实时地形测量时潮差不变，那么，先验地形图中的潮差和实时测量地形之间的潮差就可以视为一个常量，也就是同一区域的地形高度方向有一个平移量，如图2-8所示。

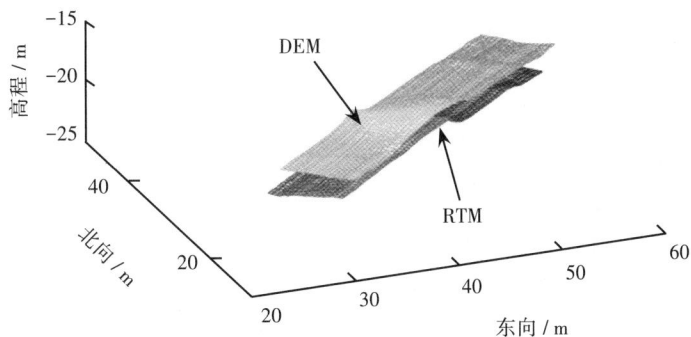

图2-8 存在潮差时的测量地形与先验地形

假设先验地形和测量地形之间有潮位差t_{kl}，则似然函数变成如式（2-9）的形式：

$$L_{kl} = \frac{1}{\sqrt{2\pi}\,\sigma_{kl}} \exp\left(-\left(\sum_{i=1}^{m}\sum_{j=1}^{n}\frac{1}{mn-1}\left(\Delta h_{ij} + t_{kl} + \varepsilon_{ij}\right)^2\right)\right) \tag{2-9}$$

式中，L_{kl} 表示 (k, l) 搜索点的似然度；Δh_{ij} 表示先验地形与测量地形节点高度差；ε_{ij} 表示地形的测量误差；t_{kl} 表示测量地形间和搜索点 (k, l) 的先验地形的潮差；σ_{kl} 表示测量误差的标准差估计值。

显然，潮差的存在使得 Δh_{ij} 中的定位信息不再准确，图 2-9 显示了潮位差的存在导致地形匹配出现伪定位，黑色实线表示先验地形，黑色虚线表示测量地形，在搜索匹配过程中测量地形向右移动并匹配得到红色实线表示的似然函数。在没有潮差修正时［图 2-9（a）］，真实位置的先验地形与测量地形之间在垂直方向上有一个平移，此时，两地形之间的高度差较大，在真实位置的似然函数值反而会降低。当加入潮差修正后［图 2-9（b）］，潮差产生的距离被消除，此时真实位置的似然函数值增加，似然函数正确标定了真实配准点。如果不对潮位误差进行修正，那么，潮差就被视为地形高度信息被计入似然函数从而产生误匹配，而这种错误后果是相当严重的。从图 2-9 可以看到，未进行潮差修正时地形的信息完全被潮差所覆盖，似然函数完全失去了反映先验地形与测量地形之间相似程度的能力。

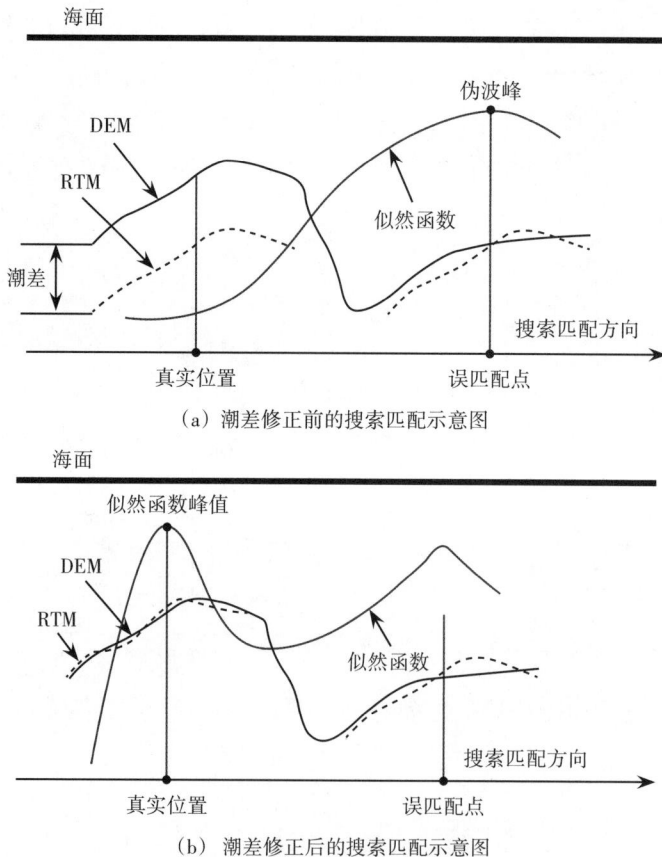

（a）潮差修正前的搜索匹配示意图

（b）潮差修正后的搜索匹配示意图

图 2-9　两种误差估计方法在处理潮差问题时的区别

图2-10表示潮差修正前后的地形匹配定位结果，其中，图2-10（a）（b）分别表示潮差修正前后定位点的测量地形与先验地形的高度差统计，可以看到潮差修正后的地形高度偏差统计很接近正态分布；图2-10（c）（d）分别表示潮差修正前后的匹配似然函数，由于潮差远大于地形的起伏变化量，从而导致定位点发生了严重的偏移。图2-11（a）（b）分别表示正确配准的DEM地图和RTM图在潮差修正前后的相对位置，可以看到修正前DEM与RTM存在明显的高度偏差，经过潮差修正后的地形较好地重合在了一起，从中可以明显地看到测量地形出现了局部

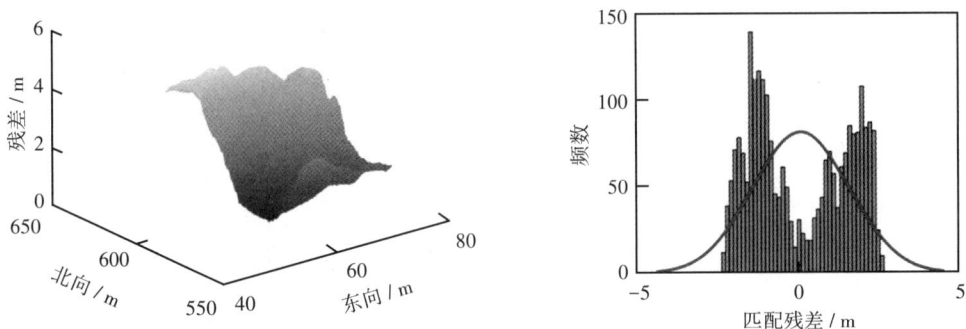

（a）潮差修正前的匹配残差地图和残差统计

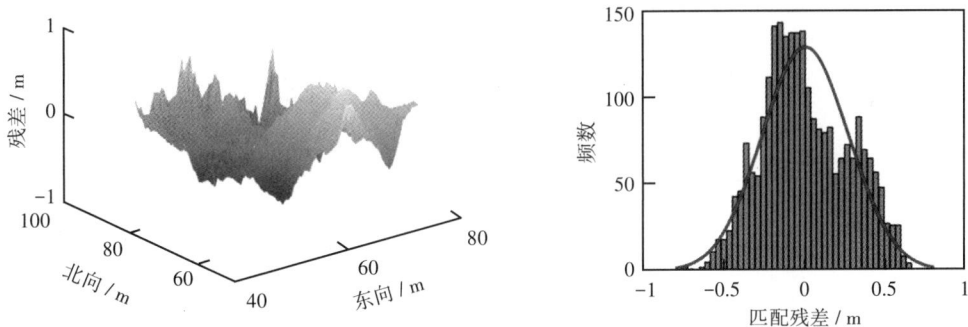

（b）潮差修正后的匹配残差地图和残差统计

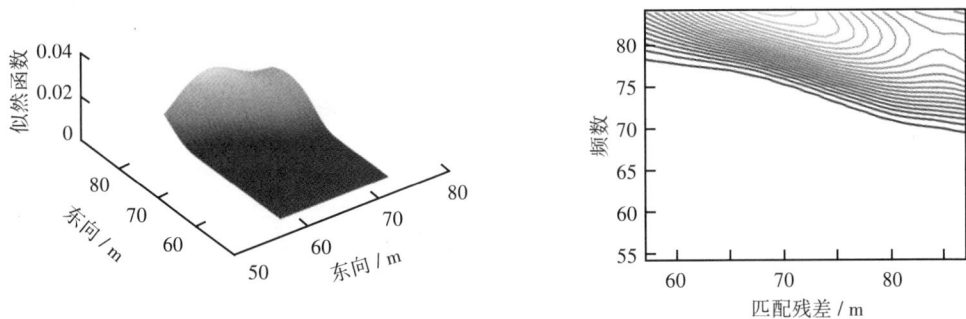

（c）潮差修正前的匹配似然函数

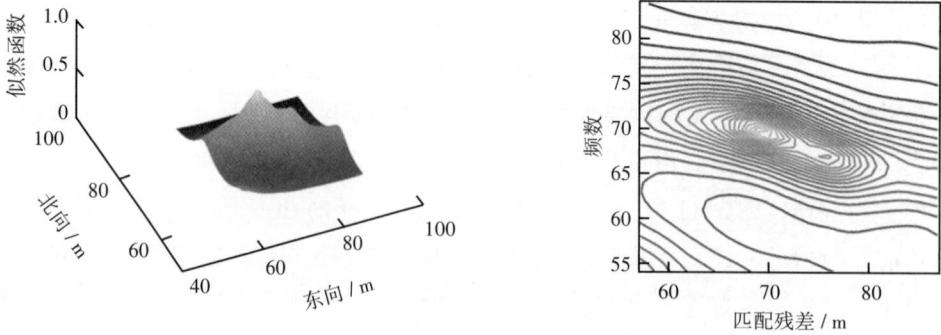

（d）潮差修正后的匹配似然函数

图 2-10　潮差修正前后的匹配结果

的畸变，测量误差引起的地形畸变使得局部范围内的地形产生高度偏差，其偏差表现为局部小区域的整体偏移，但在处理地形测量误差时将潮差作为常数而将地形测量误差作为随机误差处理。

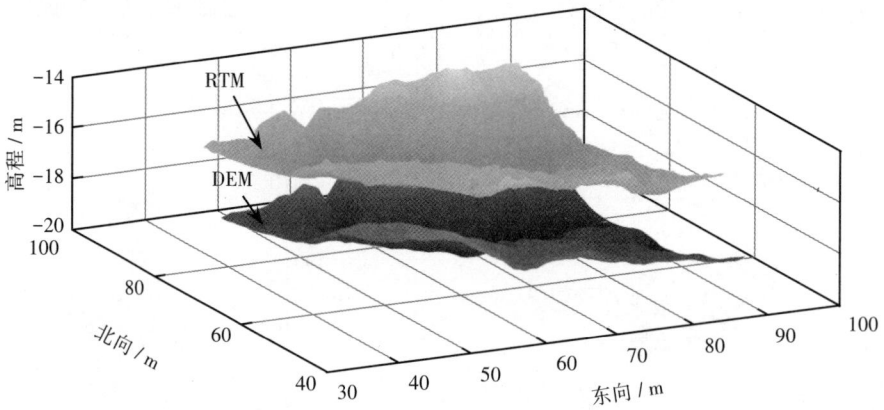

（a）潮差修正前的 RTM 和 DEM

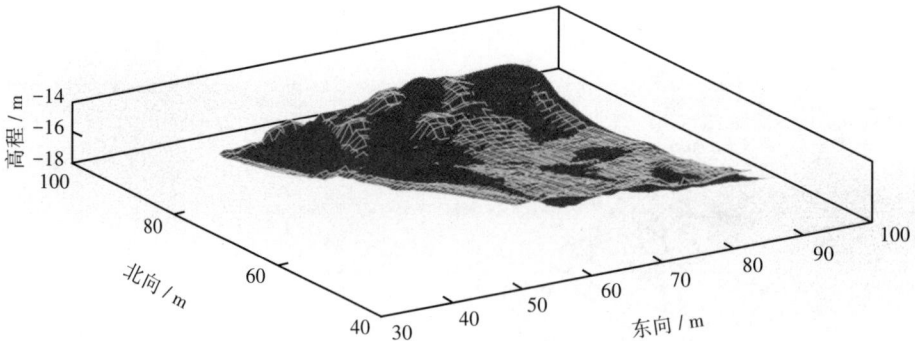

（b）潮差修正后的 RTM 和 DEM

图 2-11　潮差修正前后的准确配准 RTM 和 DEM 地图

　　潮差的估计就是计算先验地形与测量地形之间的高度平移值。在地形测量误差满足高斯白噪声分布的情况下，潮差实际上就是定位点的地形高度偏差的统计均值，式（2-10）表示定位点的测量地形与先验地形的关系：

$$h_{ij} = z_{ij} + t_{kl} + \varepsilon_{ij} \tag{2-10}$$

所以，可以得到配准点的地形高度偏差等于潮差与测量误差之和：

$$\Delta h_{ij} = t_{kl} + \varepsilon_{ij} \tag{2-11}$$

　　由于潮差 t_{kl} 是一个常数，假设地形面上的所有测点误差服从同一分布，即

$$\sigma_{ij} = \sigma_{kl} \tag{2-12}$$

测量误差 $\varepsilon_{ij} \sim N(0, \sigma_{kl})$ 服从高斯白噪声分布，根据统计学中的大数定理可以得到式（2-13）——对 t_{kl} 的估计，式（2-14）——对测量误差的估计：

$$t_{kl} = \frac{1}{mn} \sum_{i=1}^{m} \sum_{j=1}^{n} \Delta h_{ij}^{\mathrm{p}} \tag{2-13}$$

$$S_{kl}^2 = \frac{1}{mn-1} \sum_{i=1}^{m} \sum_{j=1}^{n} \left(\Delta h_{ij}^{\mathrm{p}} - t_{kl} \right)^2 \tag{2-14}$$

　　式（2-14）可以写成

$$L_{kl} = \frac{1}{\sqrt{2\pi}\, S_{kl}} \exp\left(-\frac{1}{2S_{kl}^2} \sum_{i=1}^{m} \sum_{j=1}^{n} \left(\Delta h_{ij} - t_{kl} \right)^2 \right) \tag{2-15}$$

式中，S_{kl} 表示在搜索点估计得到的测量误差估计；其余变量定义与式（2-9）相同。

　　由于似然函数在定位点取得极大值，与之对应的潮差估计 t_{p} 和地形高度偏差的方差估计 $S_{\mathrm{p}}^2 = (\sigma_{\mathrm{p}})^2$，p 表示地形匹配定位点，即当前 AUV 位置的潮差和测量误差方差估计。图 2-12 表示某一条地形匹配导航路径上获得的地形匹配定位点的测量误差方差估计和潮位差估计。图 2-13（a）表示某一个地形匹配定位点的残差序列，可以看到，残差序列段的相关性较强；图 2-13（b）表示某一个地形匹配定位点的匹配定位残差统计结果，其统计分布近似高斯分布；图 2-13（c）表示匹配残差高程的云图，从残差的分布图可以看到，地形测量误差具有局部畸变特点。一般情况下，多波束获得的测量脚点数据量较大，可以假设此时的地形匹配定位

残差近似满足高斯分布，但若考虑节点的畸变误差，则可以获得更高的定位精度，关于考虑地形畸变误差的地形匹配定位在第3章讨论。

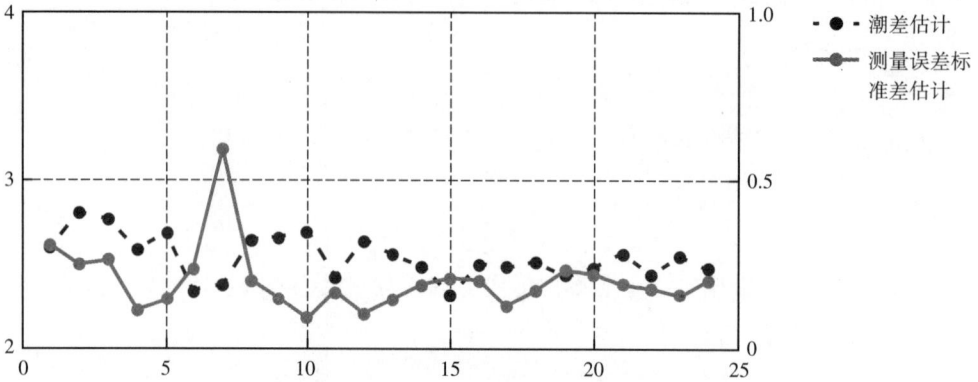

图2-12　地形匹配定位点的潮差和地形测量误差估计

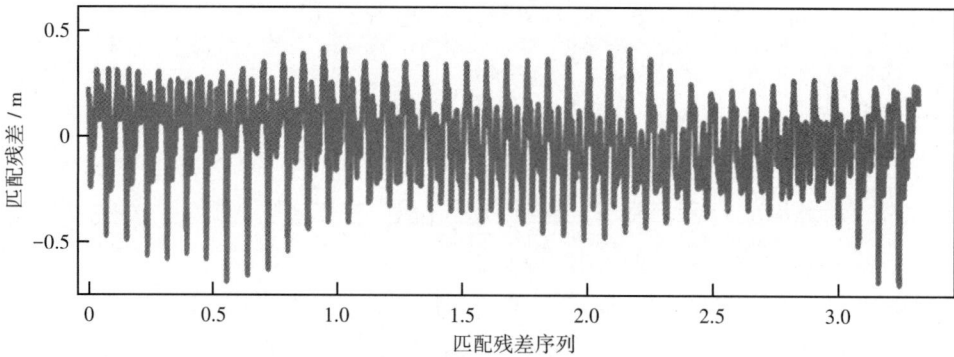

（a）地形匹配定位点的残差序列

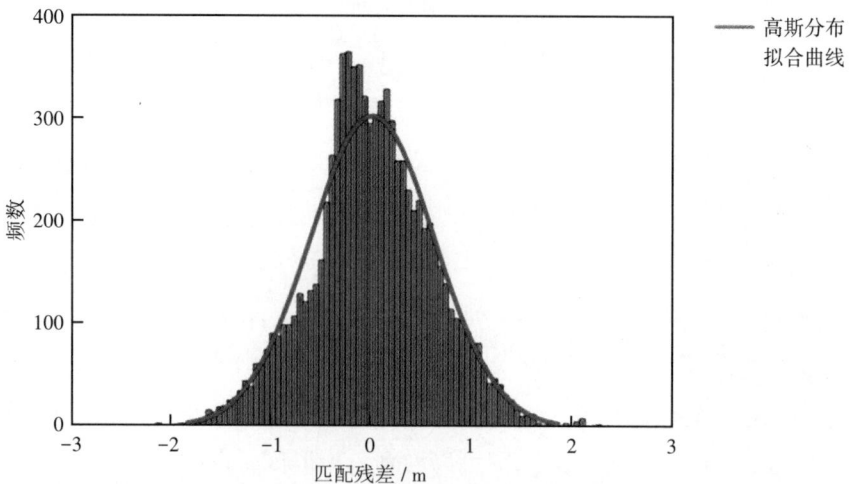

（b）地形匹配定位点残差的统计直方图

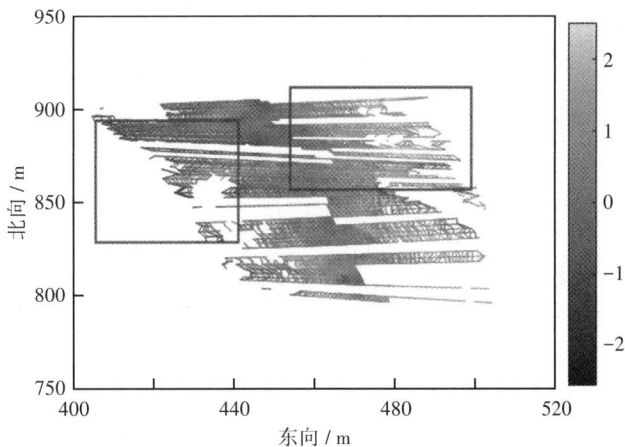

（c）测量地形与先验地形的匹配残差图（红色矩形中表示地形发生了局部畸变）

图2-13　地形匹配残差的统计结果

2.2.4　地形匹配定位点置信区间

如图2-14所示，把地形匹配定位点（红色点）视为一个跳跃点，似然函数在地形匹配定位点取得极大值，由于定位的不确定性定位点以一定的概率跳跃到其他节点上，随着似然函数的取值下降，定位点向该点跳变的概率降低，直到似然函数下降到某一个阈值$L_{1-\alpha}$时定位点以非常小的概率α向该点跳变，这个点就是地形匹配定位点的$1-\alpha$置信区间的边界点，在搜索区间内的边界点定义一个有限的区域的边界，该边界所围成的区域内的所有搜索点是定位点的概率大于前文提到的阈值$L_{1-\alpha}$。

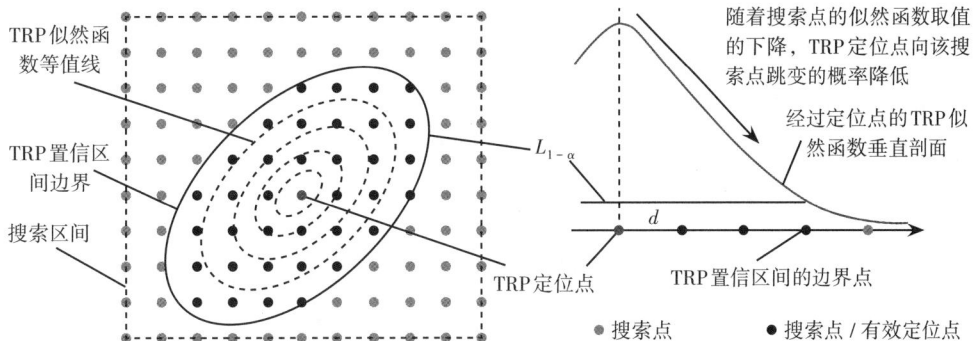

图2-14　地形匹配定位点的跳变区间和边界点

下面通过地形匹配定位的误差特性分析及建模推导地形匹配定位置信区间估计的一般方法。地形匹配定位实际上可以视为AUV利用地形图中的特征进行自身位置的标定，AUV 利用多波束对地形图中的特征进行观测和定位，同时，根据对特征的定位结果确定载体相对于 DEM 的绝对位置，要分析地形匹配定位的误差首先需要对观测误差进行建模，分析地形测量误差的特点。根据文献［12］的结论，多波束地形匹配定位的残差具有渐进高斯分布的特点，在进行位置估计时可以假设地形匹配定位残差服从高斯分布，所以可以利用配准点的高度偏差进行测量误差 ε_{ij} 的统计参数估计，假设获得当前定位点的先验地形与测量地形的高度偏差序列 Δh^{p}，则可以根据式（2-12）得到测量位置的潮差误差和残差的方差估计：

$$\begin{cases} t_{\mathrm{p}} = \dfrac{1}{mn} \sum_{i=1}^{m} \sum_{j=1}^{n} \Delta h_{ij}^{\mathrm{p}} \\[3mm] S^{\mathrm{p}} = \sqrt{\dfrac{1}{mn-1} \sum_{i=1}^{m} \sum_{j=1}^{n} \left(\Delta h_{ij}^{\mathrm{p}} - t_{\mathrm{p}} \right)^2} \\[3mm] \sigma_{\mathrm{p}} \approx \lambda \cdot S^{\mathrm{p}} \end{cases} \tag{2-16}$$

式中，t_{p} 表示地形匹配定位点的潮差估计；S^{p} 表示地形匹配定位点的测量误差标准差估计；λ 表示误差估计的修正量，这是对非高斯分布误差的修正。

接下来推导定位点似然函数的下界。首先给出地形匹配定位点的似然函数，如式（2-15）所列，则在定位点位置的先验地形与测量地形的归一化似然度为

$$\begin{cases} L^{\mathrm{p}} = C \cdot \exp\left(-\dfrac{1}{(\sigma_{\mathrm{p}})^2} \left(\dfrac{1}{2mn} \sum\sum \left(\Delta h_{ij}(X^{\mathrm{p}}) \right)^2 \right) \right) \\[3mm] \Delta h_{ij}(X^{\mathrm{p}}) = h_{ij}(X^{\mathrm{p}}) - z_{ij} - t_{\mathrm{p}} \end{cases} \tag{2-17}$$

式中，$h_{ij}(X^{\mathrm{p}})$ 表示地形匹配定位点的高度序列；$\Delta h_{ij}(X^{\mathrm{p}})$ 表示地形匹配定位点的高度残差序列；X^{p} 表示地形匹配定位位置；C 表示归一化常数。

根据前面的测量误差统计分析，列出两条假设条件：

① 定位点的高度偏差序列 Δh^{p} 服从高斯分布 $N\left(0, (\sigma_{\mathrm{p}})^2\right)$；

② 每一个测点的测量误差 $\Delta h_{ij}^{\mathrm{p}}$ 服从同一分布 $N\left(0, (\sigma_{\mathrm{p}})^2\right)$。

σ_{p} 是通过 $\Delta h_{ij}^{\mathrm{p}}$ 估计得到的，估计方法如式（2-6）所列。其中，$\Delta h_{ij}^{\mathrm{p}}$ （$i = 1, 2, \cdots, m$；$j = 1, 2, \cdots, n$）表示样本，样本总数是 $m \times n$，S^{p} 就是对 σ_{p} 的无偏估计量。为方便接下来的推导，将 $\Delta h_{ij}^{\mathrm{p}}$ 和 z_{ij} 写为列向量形式，考察式（2-15）的对数形式：

$$l(X^P) = \ln(C) - \frac{1}{mn}\sum_{k=1}^{K}\frac{\left(h_k(X^P) - z_k - t_p\right)^2}{2\left(\sigma_p\right)^2} \tag{2-18}$$

式中，$K = m \times n$。定义定位点残差的平方和等式：

$$S(X^P) = \frac{1}{2K}\sum_{k=1}^{K}\left(h_k(X^P) - z_k - t_p\right)^2 \tag{2-19}$$

在参数 X^P 的置信区间内 S 式表示的是一个关于 X^P 的二次曲面，将 X^P 的置信区间内任意一点 X 的匹配平方和函数写成关于 X^P 的近似二次形式：

$$S(X) = S(X^P) + \frac{\partial S(X^P)}{\partial e}\left|\Delta x_e\right| + \frac{1}{2}\frac{\partial^2 S(X^P)}{\partial e^2}\left|\Delta x_e\right|^2 + 0\left(\left|\Delta x_e\right|^n\right) \tag{2-20}$$

式中，Δx_e 表示定位偏差向量，且有 $\Delta x_e = X^P - X$；$0\left(\left|\Delta x_e\right|^n\right)$ 表示定位偏差的高阶无穷小；e 表示定位偏差向量的单位向量。

由于似然函数在定位点 X^P 处的一阶倒数等于"0"，所以式（2-20）的第二项等于"0"，式（2-20）可以简写成

$$S(X) \approx S(X^P) + \frac{1}{2}\frac{\partial^2 S(X^P)}{\partial e^2}\left|\Delta x_e\right|^2 \tag{2-21}$$

式中，$S(X)$ 表示地形匹配定位点 X^P 的置信区间内任意一点 X 的匹配平方和函数；$S(X^P)$ 表示地形匹配定位位置的残差平方和函数。

接下来关注式（2-21）的第二项系数：

$$S(X)_2 = \frac{\partial^2 S(X^P)}{\partial e^2} \tag{2-22}$$

很显然的是，$S(X)_2$ 与地形的信息量 I 有密切的联系：

$$I = \frac{1}{\left(\sigma_p\right)^2}E\left(\frac{\partial^2 S(X^P)}{\partial e^2}\right) \tag{2-23}$$

根据前面的假设，$S(X^P)$ 在定位点 X^P 近似二次型。根据统计学中的参数估计理论，估计值 X^P 的方差估计 $V\left(\left|\Delta x_e\right|\right)$ 可以通过信息矩阵求得：

$$V\left(\left|\Delta x_e\right|\right) = I^{-1} \tag{2-24}$$

假设每一个测点的误差服从同一分布，把式（2-23）代入式（2-24）并稍加变形，得

$$E\left(\frac{\partial^2 S(\boldsymbol{X}^{\mathrm{p}})}{\partial \boldsymbol{e}^2}\right) V\left(|\Delta \boldsymbol{x}_e|\right) = 2\left(\sigma_{\mathrm{p}}\right)^2 \tag{2-25}$$

地形匹配过程中获得的测量点总数 K，则式（2-26）成立：

$$\frac{1}{2}\frac{1}{\left(\sigma_{\mathrm{p}}\right)^2}\sum_{k=1}^{K}E\left(\frac{\partial^2 S_k(\boldsymbol{X}^{\mathrm{p}})}{\partial \boldsymbol{e}^2}\right)V\left(|\Delta \boldsymbol{x}_e|\right) = \chi^2(K-1) \tag{2-26}$$

式中，$S_k(\boldsymbol{X}^{\mathrm{p}})$ 表示第 k 个测点的平方和函数。

由于测点的测量误差具有同分布的假设条件，所以式（2-27）成立：

$$\sum_{k=1}^{K}E\left(\frac{\partial^2 S_k(\boldsymbol{X}^{\mathrm{p}})}{\partial \boldsymbol{e}^2}\right) = \left(\frac{\partial^2 S_k(\boldsymbol{X}^{\mathrm{p}})}{\partial \boldsymbol{e}^2}\right) \tag{2-27}$$

定义一个置信度 $1-\alpha$，则可以求得在 $1-\alpha$ 的置信度下式（2-28）的置信区间上确界：

$$\frac{\partial^2 S_k(\boldsymbol{X}^{\mathrm{p}})}{\partial \boldsymbol{e}^2} < 2\left(\sigma_{\mathrm{p}}\right)^2 \chi_\alpha^2(K-1) \tag{2-28}$$

同时，考虑到式（2-16）的非高斯分布的修正 $\left(\sigma_{\mathrm{p}}\right)^2 \approx \lambda \cdot S(\boldsymbol{X}^{\mathrm{p}})$，代入式（2-28），得到

$$\frac{\partial^2 S(\boldsymbol{X}^{\mathrm{p}})}{\partial \boldsymbol{e}^2}\left|\Delta \boldsymbol{x}_e\right|^2 < 2\left(\lambda \cdot S(\boldsymbol{X}^{\mathrm{p}})\right)\chi_\alpha^2(K-1) \tag{2-29}$$

将式（2-29）代入式（2-21）中，得到定位点的平方和函数的置信区间等值线：

$$S(\boldsymbol{X})_{1-\alpha} \approx S(\boldsymbol{X}^{\mathrm{p}})\left[1 + \lambda\frac{\chi_{1-\alpha}^2(K-1)}{K-1}\right] \tag{2-30}$$

将式（2-30）代入似然函数（2-17），就可以得到似然函数在置信度为 $1-\alpha$ 下的等值线计算公式：

$$L_{1-\alpha} = C \cdot \exp\left(-\frac{S(\boldsymbol{X})_{1-\alpha}}{2\left(\sigma_{\mathrm{p}}\right)^2}\right) \tag{2-31}$$

利用实际的船载测量数据进行地形匹配定位的置信区间估计试验，试验区域的先验地形图、试验路径的GPS航迹、推算导航航迹、地形匹配定位规划匹配点如图2-15所示；匹配点的RTM、地形匹配定位点、推算导航定位的置信区间、地形匹配定位的搜索区间如图2-16（a）所示，每一个匹配定位点的RTM序列对应的地形高度标准差如图2-16（b）所示。

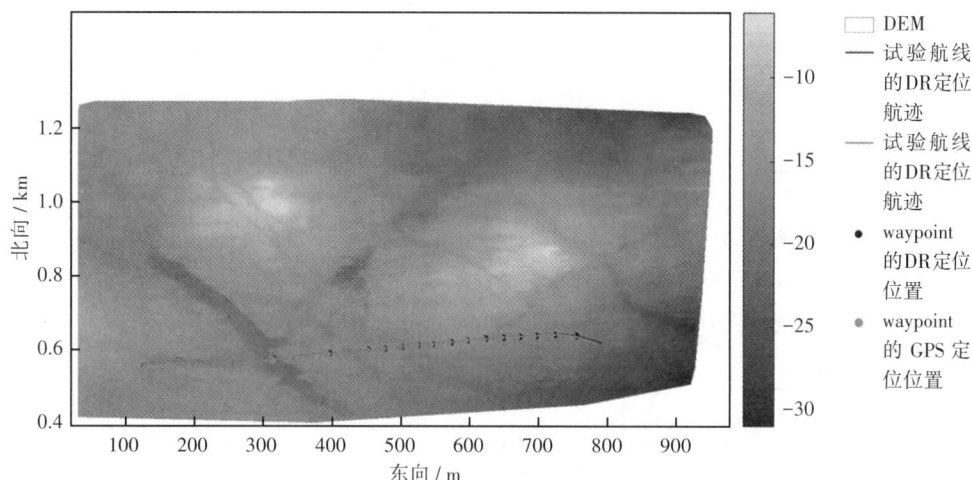

图2-15　先验地形图及地形匹配定位置信区间估计的试验路径

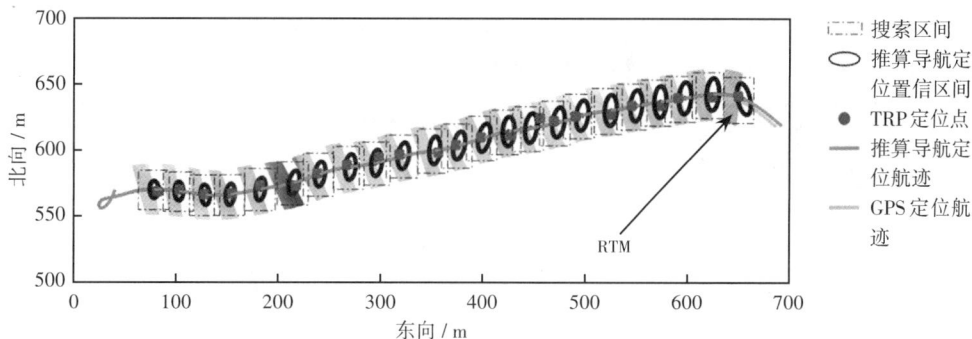

（a）试验路径的GPS和DR航迹，及DR定位置信区间、搜索区间和TRP定位点

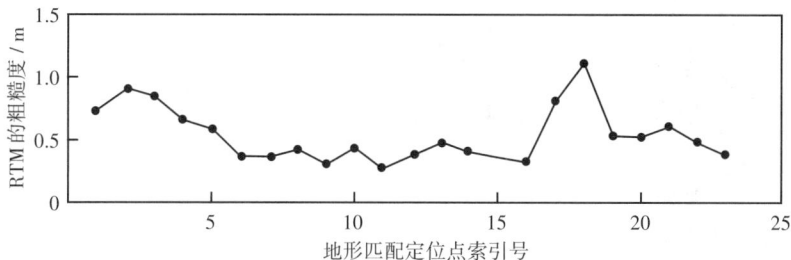

（b）测量地形的粗糙度

图2-16　试验路径及相关的测量数据

　　文献［12］中提到了一种地形匹配定位点的置信度为 $1-\alpha$ 的置信区间估计方法，根据该方法得到的定位点似然函数值的下确界偏大，置信区间估计的目的是筛选搜索区间内有效定位点，为了尽可能地将 AUV 真实的位置包含在内，需要更加精确的估计方法。从试验结果来看，书中提到的估计方法考虑了地形的非线性特点，假设似然函数为二次曲面并结合二次曲面参数置信区间估计方法得到地形匹配定位点置信区间估计方法，较以往的估计方法具有更高的精度。由于地形的测量误差并非绝对的高斯白噪声，放大系数 λ 一般选在 $\lambda \geqslant 1$ 区间，如图 2-17（a）表示试验航线上所有的地形匹配定位点的置信区间估计结果，图 2-17（b）和

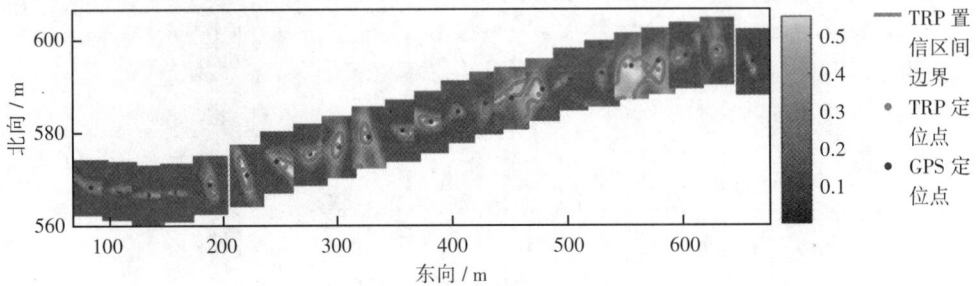

（a）采用新方法计算得到的试验航迹上的地形匹配定位点置信区间（$\lambda = 1$）

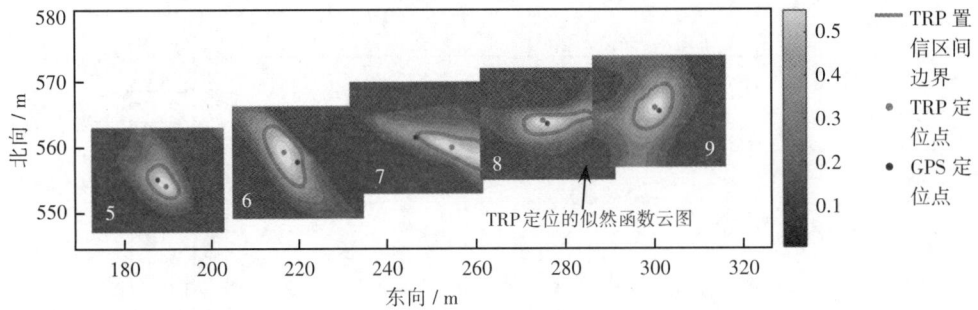

（b）5 ~ 9 号地形匹配定位点的置信区间局部方法图（$\lambda = 1$）

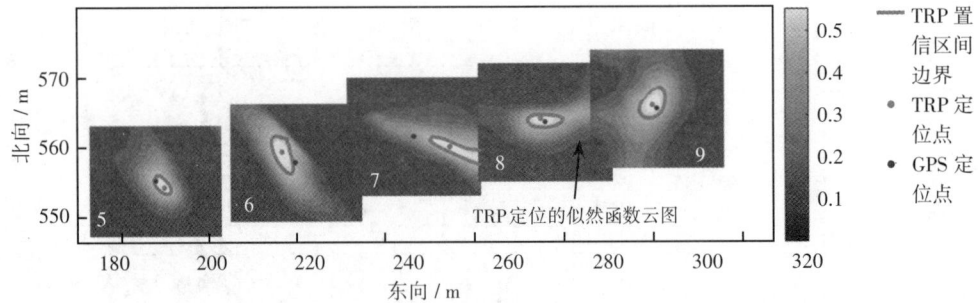

（c）采用文献［12］中的方法得到的 5 ~ 9 号地形匹配定位点的置信区间估计结果

图 2-17　两种估计方法得到的定位置信区间比较

图 2-17（c）分别表示 $\lambda = 1$ 时采用书中提出的新的地形匹配定位置信区间估计方法和利用文献［12］中的方法计算得到的 5～9 号地形匹配定位点的置信区间估计结果。

2.2.5 不同测点数下的置信区间估计

图 2-18（a）和图 2-18（b）分别表示试验航线上地形匹配定位点的定位偏差及置信区间内是否包含真实点（GPS 点），黑色点表示当前位置的定位结果在置信区间内，红色点表示定位结果没有在置信区间内。可以看到，现有的估计方法没有考虑地形非线性的影响，得到的地形匹配定位点的置信区间过于保守，在考虑地形的非线性影响后得到的地形匹配定位点的置信区间估计结果范围扩大。

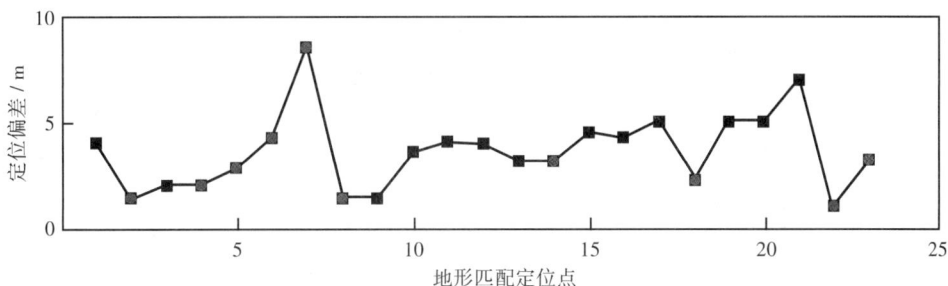

（a）置信区间估计方法

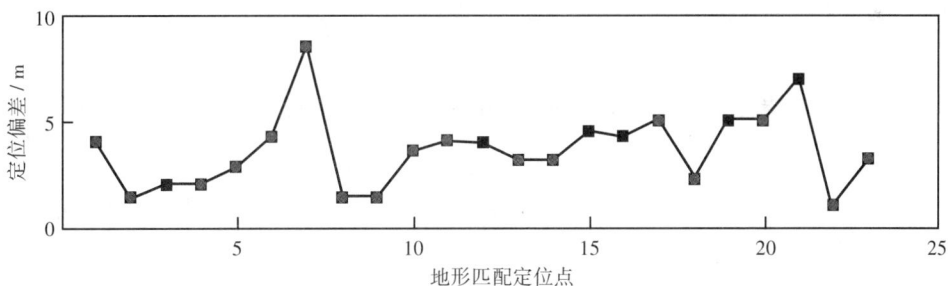

（b）文献［12］的置信区间估计方法

图 2-18　GPS 定位点是否在 TRP 置信区间内

可以看到，仍然有部分定位点的置信区间估计出现较大的偏差，如图 2-19 所示的 17、19 和 21 号匹配定位点。17 和 21 号定位点的置信区间偏小，而 19 号置信区间偏大。将每一点的测量误差标准差及潮差的估计结果绘出（图 2-20），从中可以看到 17 号和 21 号定位点的测量误差估计值分别为 0.0843、0.1212，此两点的误差估计明显小于其他匹配点的估计值。如图 2-21（a）所示为 21 号定位点的残差信号和直方图统计结果，虽然直方图统计结果和正态分布拟合结果表明残差的统计值接近正态分布，但是从其残差序列可知残差信号具有相关性［图2-21（b）黑色矩形］，所以在后续的研究中需要考虑残差序列的相关性。而19号定位点的测量误差标准差估计为0.2685，明显高于其他点的估计结果，同样地绘出其直方图统计结果［图2-21（c）］，从图上可以看到，19号定位点的残差明显偏离了正态分布的假设，导致其标准差的估计大于真实值及置信区间估计偏大。

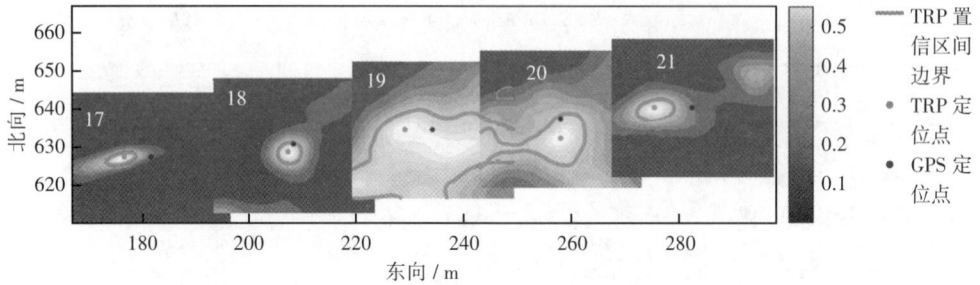

图2-19　17～21号匹配定位点的似然函数和置信区间

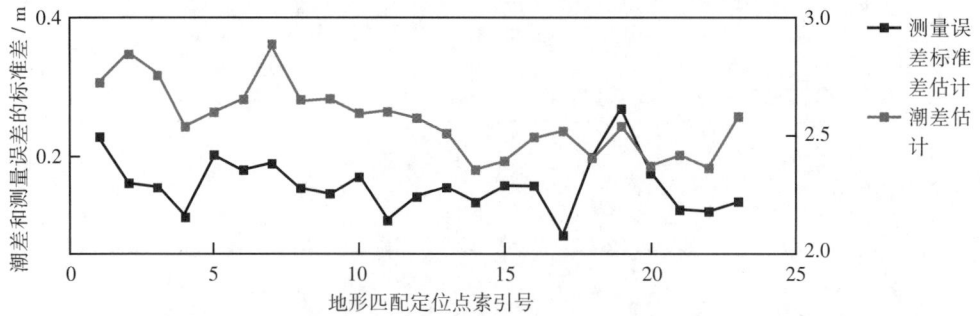

图2-20　地形匹配定位点的测量误差和潮差估计（10pings）

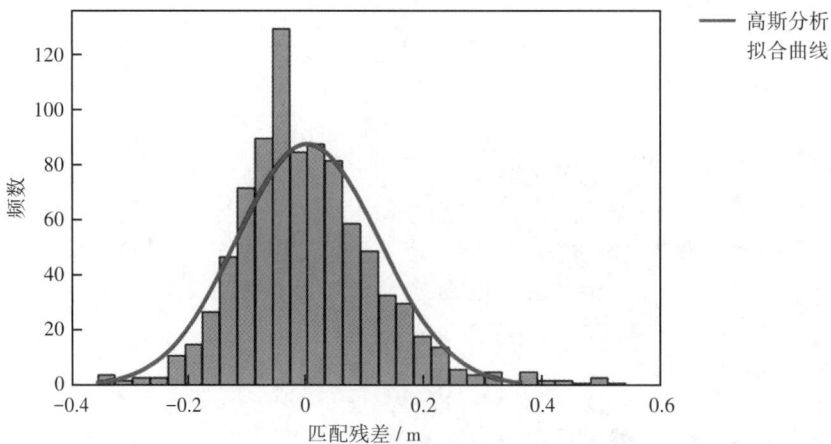

（a）21号定位点的匹配残差统计直方图

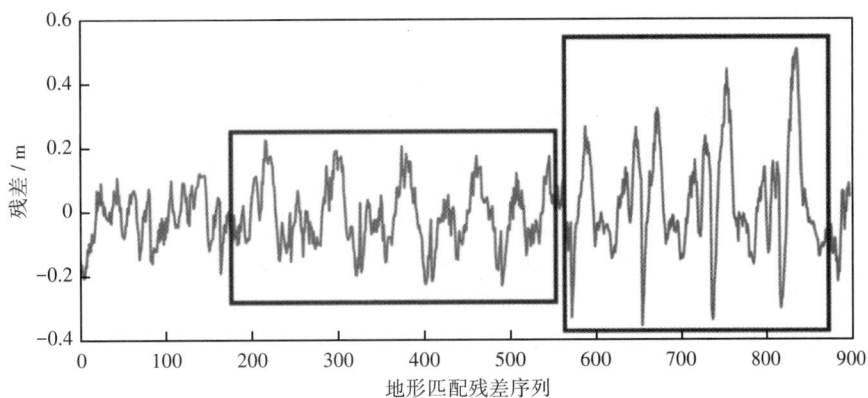

（b）21号匹配定位点的残差序列

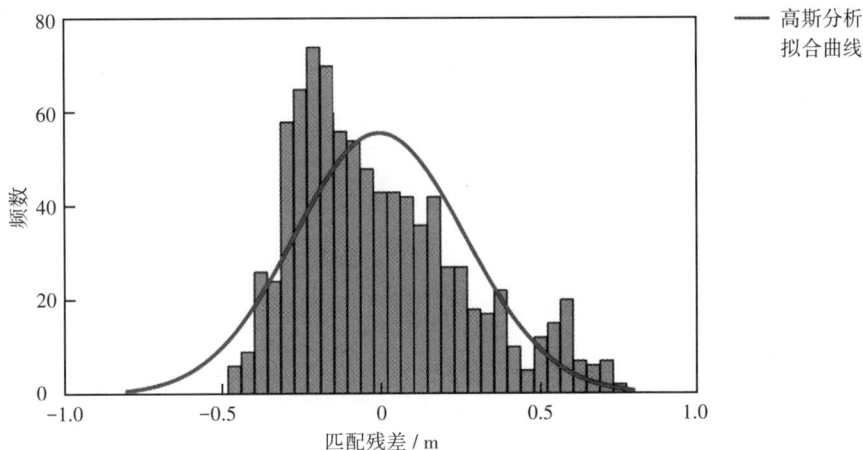

（c）19号匹配定位点的残差统计直方图

图2-21 匹配定位点的残差序列和直方图统计结果

根据文献［12］的描述，随着测量波束的增加，地形匹配定位的似然函数将渐进高斯分布，此时的残差也会逐渐逼近高斯分布。也就是说，随着测量波束的增加，非高斯分布的不利影响将被削弱。若将测量波束增加到20pings，将得到如图2-22所示的测量误差和潮差估计。

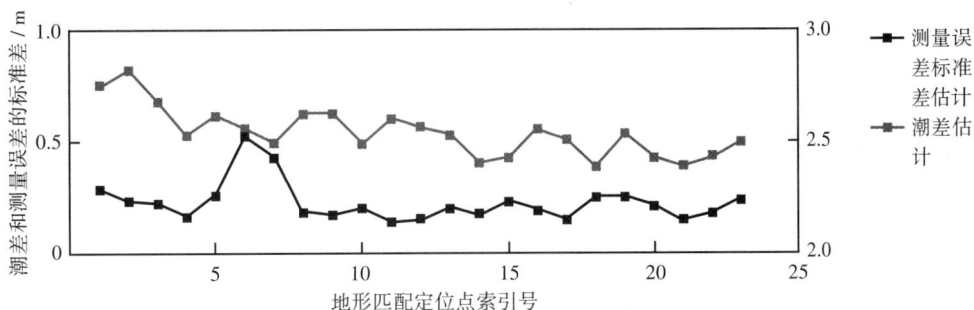

图2-22 地形匹配定位点的测量误差和潮差估计（20pings）

试验中的测量波束数分别为10pings，20pings，30pings时的潮差和测量误差标准差统计结果（如表2-1所列）。测量波束为10pings时获得的测量误差标准差的估计均值为0.1815，估计值的标准差为0.0898；测量波束为20pings时获得的测量误差标准差的估计均值为0.2203，估计值的标准差为0.0906，测量误差的均值提高了21.38%，估计值的标准差增加了0.89%；测量波束为30pings时获得的测量误差标准差的估计均值为0.2338，估计值的标准差为0.0876，较测量波束为10pings时测量误差的均值提高了28.80%，估计值的标准差降低了2.45%。说明波束较小时测量误差的估计结果偏小，波束增加后测量误差的估计结果稳定增加。而此时的潮差估计值的均值分别为2.5538、2.5390和2.5280，较测量波束为10pings的情况相比，20pings时潮差的估计值降低了0.58%，30pings时降低了1.01%；潮差估计的标准差为0.1637、0.1135和0.1216，较测量波束为10pings的情况相比，20pings时潮差的估计值降低了0.58%，30pings时降低了30.6%，说明测量波束增加后潮差的估计值降低且估计值更加稳定。综上所述，波束增加后测量误差的方差估计值增加，而潮差的估计结果降低，总体来讲估计值的方差在降低，估计结果趋于稳定。

表2-1　测量波束增加时测量误差和潮差的估计结果对比

测量波束数	估计值的标准差/m	与10pings时的估计值比较	估计值的标准差/m	与10pings时的估计值比较
10pings	0.1815	—	2.5538	—
	0.0898	—	0.1637	—
20pings	0.2203	↑21.38%	2.5390	↓0.58%
	0.0906	↑0.89%	0.1135	↓30.60%
30pings	0.2338	↑28.80%	2.5280	↓1.01%
	0.0876	↓2.45%	0.1216	↓25.72%

图2-23绘出了21号匹配定位点的残差统计直方图，与测量波束为10pings时的情况［图2-21（c）］进行比较，测量波束为30pings时残差序列的直方图统计已经接近高斯分布，较10pings时有了很大的改善。图2-24中绘出了30pings测量波束下的匹配似然函数云图、GPS定位点、TRP定位点及置信区间，可以看到，测量波束增加到30pings后，置信区间的估计得到很大的改善。

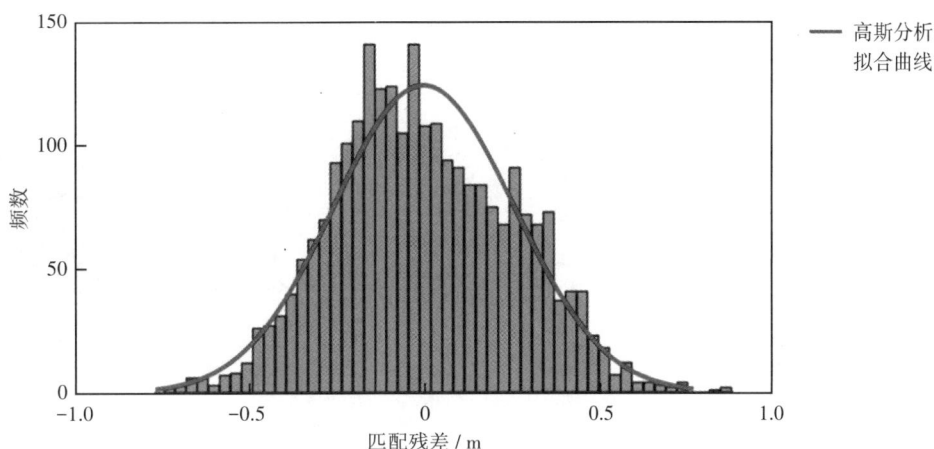

图 2-23　测量波束为 **30pings** 时 **21** 号匹配定位点的残差直方图统计

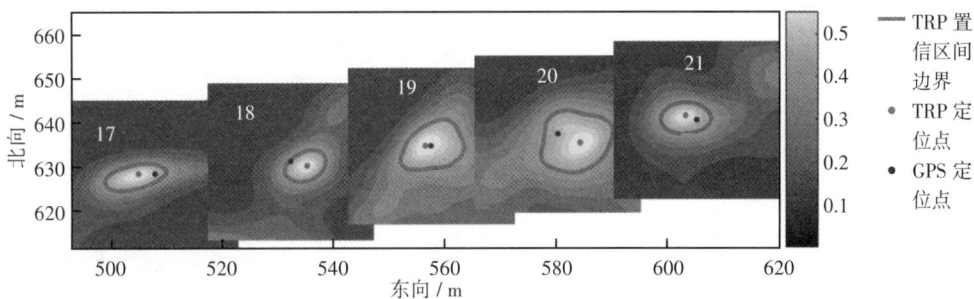

图 2-24　**17 ~ 21** 号匹配定位点的似然函数和置信区间

　　从试验结果可以看到，原有的地形匹配定位置信区间估计方法仅从地形匹配残差的假设检验入手，通过残差的高斯分布假设及统计估计方法得到关于残差的 χ^2 分布，进而得到某一置信区间下的残差平方和函数的取值区间，由于计算中未考虑地形的非线性影响，导致估计结果偏小。本书考虑了地形的非线性影响，将似然函数在置信区间内假设为二次曲面，并将其在地形匹配定位点附近进行线性化处理，从而将定位点的置信区间估计问题转化为二次曲面参数的置信区间估计问题，利用本书提出的估计方法得到的置信区间要大于原有的方法。在测量波束较少的情况下，残差的统计结果很难满足高斯分布的假设，这种情况会随着测量波束的增加而得到改善。

2.2.6　不同地形条件下的置信区间估计

　　图 2-25 中 DEM 有两条位于不同地形特征条件下的航迹 a 和 b，在两条航迹上分别设置地形匹配定位点规划点。以下将比较位于两条航迹上的地形匹配定位点

的置信区间大小，并揭示其与地形特征之间的关系。先验地形图的相关参数如表2-2所列。

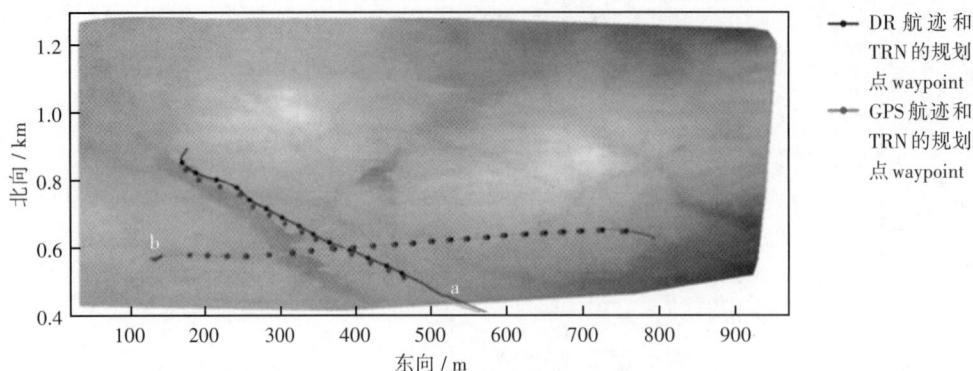

图2-25　DEM、试验路径和地形匹配定位规划点

表2-2　DEM的主要参数

Area of DEM： 891 m×922 m	Grid size： 1 m×1 m
Average of DEM height： −16.5148 m	Maximum of DEM height： −6.03 m
Minimum of DEM height： −31.00 m	Origin of DEM： (251931 m，3994405 m)

　　路径a经过的地形区域，其地形特征具有明显的方向性分布特点；而路径b经过的地形区域，其地形特征没有明显的方向性特征。图2-26（a）和图2-26（b）分别表示路径a和路径b的试验航迹，其中，GPS航迹用绿色实线表示（—），DR导航航迹用红色实线表示（—）。图中还绘出了每一个规划点的RTM地形数据、每一个规划点对应的地形匹配定位点（•）、95%DR导航定位误差椭圆（黑色椭圆）、每一个规划点的地形匹配定位搜索区间（虚线矩形）。

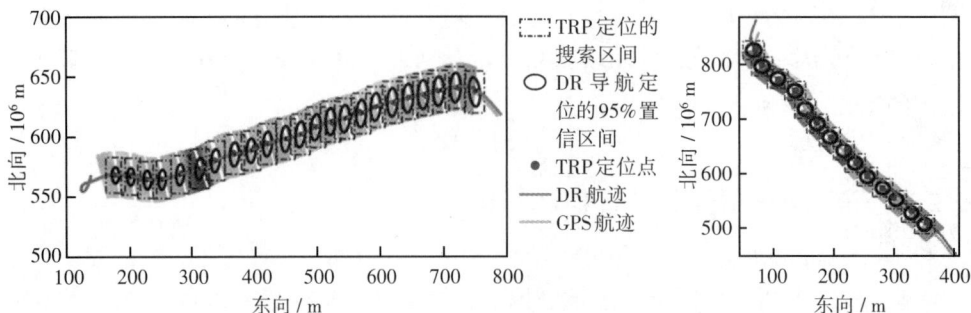

图2-26　试验数据可视化

　　图2-27（a）和图2-27（b）分别表示每一个规划点测得的RTM地形高程序列的方差及地形匹配残差序列的标准差。RTM具有较高的标准差表明该区域的地形具有较丰富的特征，或者说地形的起伏变化较明显，而地形匹配残差序列的标准差较高则表明该区域测得的地形包含了较大的测量误差，或者测量地形产生了较明显的畸变。从图2-27（a）和图2-27（b）中可以看到，RTM地形高程序列的方差越大，则其匹配残差的标准差越大，两者的变化基本上是同步的。一般认为，一方面，地形特征越明显，会有利于抑制地形匹配定位的不确定性；另一方面，地形特征越明显，也会导致地形测量误差的增加，一定程度上也会增加地形匹配定位的不确定性。一般情况下，地形特征增加对于地形匹配定位的不确定性的抑制作用更加明显。

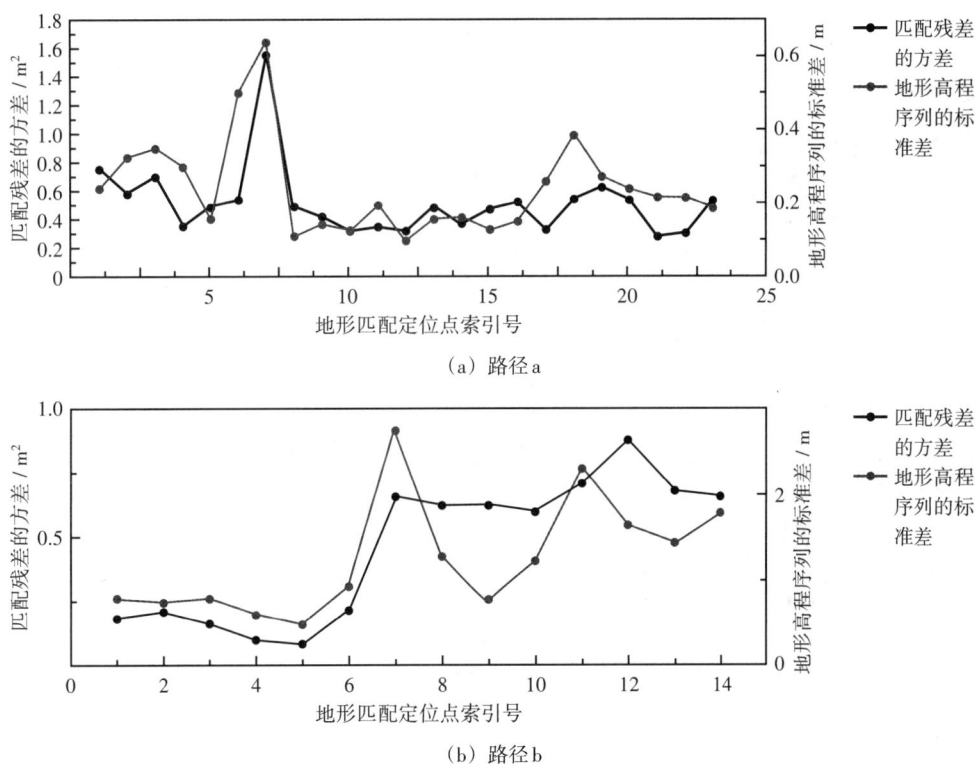

（a）路径a

（b）路径b

图2-27　地形匹配定位点RTM高程标准差和地形匹配定位残差

　　图2-28给出了路径a和路径b上每个地形匹配定位规划点的GPS定位、地形匹配定位点和地形匹配定位点置信区间边界。由于地形匹配定位的独立性，每个地形点的似然函数和置信区间分布均不相同，各个地形匹配定位点之间几乎不存在相关性。另外，从图2-27可以看到，路径b中10～14号路点的地形起伏比较明显，但是从图2-28中绘出的10～14号地形匹配定位似然函数和定位置信区间看

到，10～14 号地形匹配定位似然函数置信区间在某一方向的区间范围非常大。也就是说，地形匹配定位概率分布和置信区间与地形特征的方向性有关，图 2-28 中的局部放大图就可以非常明显地看到地形匹配定位似然函数和地形匹配定位置信区间分布的方向性特征。

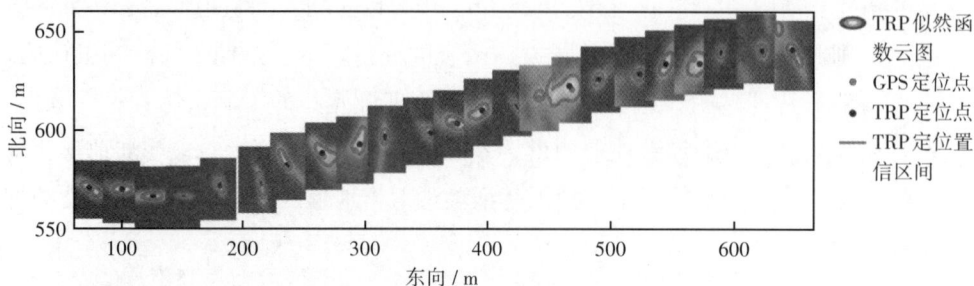

（a）路径 a

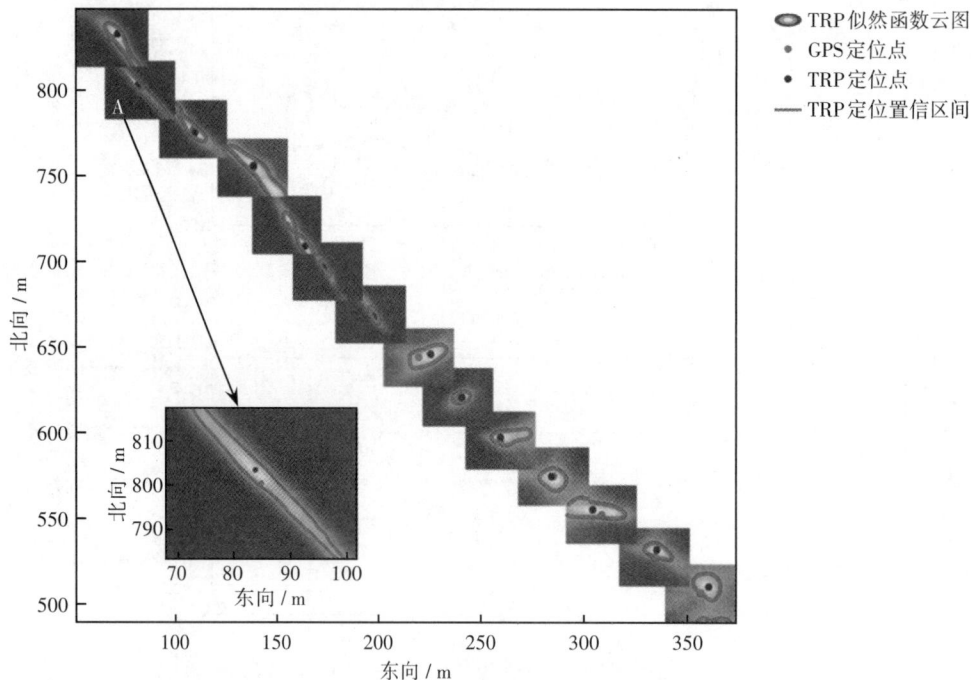

（b）路径 b

图 2-28　地形匹配定位似然函数云图及其定位置信区间边界

2.2.7　地形匹配定位置信区间仿真

采用 Monte Carlo 方法检验地形匹配定位置信区间估计方法的有效性。测试试验中，在测量地形中加入高斯噪声 $N(0, 0.2)$，共进行了 1000 次重复定位试验。试验中设置地形匹配定位置信区间边界的置信度为95%，由于单次地形匹配定位结果中可能存在多个伪定位点，因此，1000次试验共获得了7050个地形匹配定位点，以彩色实心圆点标记在图2-29中，其中置信区间外157个点，有效点比为2.23%。从试验结果可以看到，2.23%的地形匹配定位点落在95%置信区间内，表明置信区间估计是有效的。

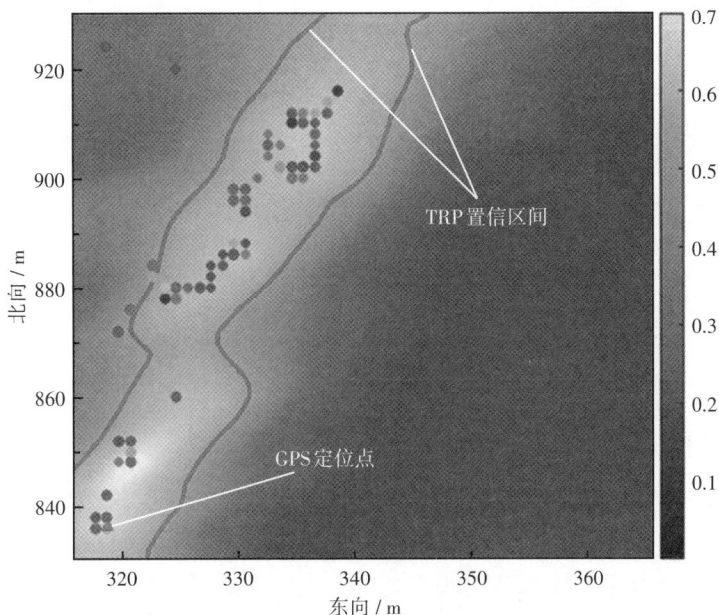

图2-29　地形匹配定位置信区间检验的Monte Carlo仿真结果

综上分析，将地形匹配定位的一些特征总结如下。

（1）有界性

地形特征的时间和空间不变性（不考虑特殊因素影响的长期变化）及局部地形特征的唯一性使地形匹配定位的误差不随时间而改变，地形匹配定位的误差只与地形测量误差和局部地形特征有关。地形测量误差和局部地形特征均不与时间相关而且不会发生误差累积现象。因此，地形匹配定位的误差不具有时间累积特性。

（2）方向性

地形匹配定位误差的分布与局部地形特征和地形测量误差有关，其中，局部地形特征是地形信息量的重要决定因素。地形的特征主要是指其地形的梯度变化，这是一个有方向的量。

（3）残差的渐进高斯性

地形匹配残差具有非高斯性，但随着测量数据的增加而渐进高斯分布。残差的非高斯性主要是传感器误差的耦合及在地形插值重构过程中节点的测量误差向周围传播所致。残差具有渐进高斯分布的特点，当测量波束增加时，其统计量可视为高斯分布。

（4）定位点的独立性

地形的随机性也导致不同地形匹配定位点的测量地形几乎不存在相关性，尤其是在地形匹配定位点间隔距离较大时，定位点的误差和置信区间的分布都可以视为相互独立的。

2.3　地形适配性分析

通过前面的分析可以得知地形匹配定位的置信区间是有界的。由于地形匹配定位的这种优点，理论上它可以长时间为水下载体提供足够精确的定位信息，但当 AUV 经过的区域地形特征较少时，地形匹配定位往往难以获得较好的定位效果。关于提高地形匹配导航精度的研究主要集中在地形匹配导航滤波算法上，包括 PF 算法、鲁棒滤波算法、PMF 算法等。而另一种方案是从路径规划的角度出发，让 AUV 经过适配性较高的地形区域以提高定位精度。如图 2-30（a）所示，AUV 从 A 到达 B 的过程中在 C 点参考导航系统误差超过阈值，需要利用地形辅助定位进行导航误差修正，若 AUV 能自主地对地形图进行适配性量化和对适配区域与非适配区域进行分割，那么，AUV 便能够获得离散化的适配性地图 [图 2-30（b）]，从而可以实时地规划一条经过高适配区域的路径 [图 2-30（b）蓝色航线]，使AUV 到达终点时的定位误差在较小的范围内，从而避免经过低适配区域 [图 2-30（b）绿色航线] 而无法到达目标点。若想让 AUV 能自主地利用地形图进行路径规划和导航定位误差的修正，那么，首先需要解决的问题就是地形的适配性量化及适配区域和非适配区域的划分问题。然而地形匹配导航路径规划方法主要集中在搜索算法中，比如基于二叉树搜索的 AUV 归航路径点选，基于 A*的地形匹配导航方法。值得注意的是，地形匹配导航路径规划问题的关键包括两个部分的内容：① 适配性量化；② 非适配区域和适配区域的划分。因此，本章的研究主要就是解决以上这两个问题。由于一般离散路径搜索算法主要是基于网格化地图的，所以本书中地形适配区划分是以先验地形图网格化为前提的。结合前面关于地形匹配定位的置信区间估计部分的结论，可知地形匹配定位的精度与地形特征和测量误差有直接的关系。本章接下来的内容将首先分析和识别地形匹配定位精度的影响因素，在此基础上，提出地形适配性的量化方法及基于网格化离散的地形适配区域与非适配区域最优分割方法。

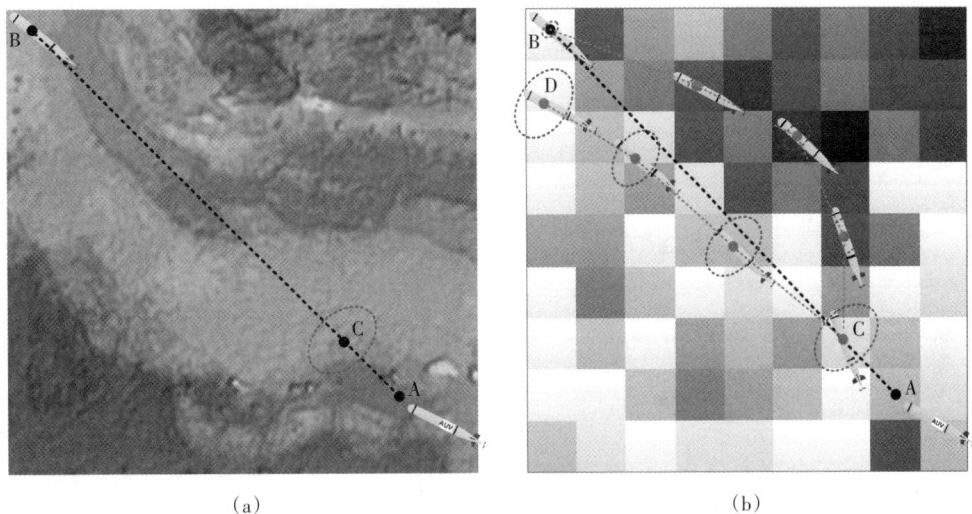

<table>
<tr><td>（a）</td><td>（b）</td></tr>
</table>

图2-30　地形适配性分块与AUV自主规划地形匹配导航路径示意图

2.3.1　适配性分析与量化

前面的内容主要讨论了地形匹配定位精度分析的相关理论，地形匹配定位的精度主要是由地形特征和测量误差决定的，测量误差主要是由设备安装误差、传感器误差、插值误差等因素引起，而地形特征则是由地形本身的几何形态决定，它不由任何测量工具改变。因此，可以通过分析地形的特征并对其特征进行量化表示以评价在该区域内地形匹配定位的精度。下面的内容将地形匹配定位的精度分析结论进一步推广到地形的适配性分析中。

2.3.1.1　地形匹配定位精度的影响因素分析

假设AUV在点(x_a, y_a)位置获得了测量序列(x_i, y_j, z_{ij})，该位置的测量序列对应的先验地形插值序列为$h_{ij}(x_i, y_j)$，地形匹配定位实际上是寻找测量序列(x_i, y_j, z_{ij})在先验地形图上的位置。这里不妨将先验插值地形视为真实地形，所有的测量误差以高度误差形式存在，并全部计入测量地形中，那么，测量误差即为先验插值地形与测量地形的高度偏差 ε_{ij}，偏差的马氏距离如下：

$$L = \sum_{i=1}^{m} \sum_{j=1}^{n} \frac{1}{\sigma_{ij}^2} \left(z_{ij} - h_{ij}(x_i, y_j) \right)^2 \tag{2-32}$$

对式（2-32）进行线性化处理，得到线性化的似然函数：

$$L = \sum_{i=1}^{m} \sum_{j=1}^{n} \frac{1}{\sigma_{ij}^2} \left(\varepsilon_{ij} - \frac{\partial \hat{h}_{ij}(\cdot)}{\partial x_{ij}} \Delta x \right)^2 \tag{2-33}$$

地形匹配定位过程是一个平移搜索与匹配过程，目的就是求得上式的最小值对应的 Δx。对 L 求导，得到

$$\frac{\partial L}{\partial X} = 2 \sum_{i=1}^{m} \sum_{j=1}^{n} \frac{1}{\sigma_{ij}^2} \left(\varepsilon_{ij} - \frac{\partial \hat{h}_{ij}(\cdot)}{\partial x_{ij}} \Delta x \right) \frac{\partial \hat{h}_{ij}(\cdot)}{\partial x_{ij}} \tag{2-34}$$

式中，X 表示地形匹配定位点；x_{ij} 表示测量地形的节点；L 取得极小值时有 $\sum_{i=1}^{m} \sum_{j=1}^{n} (\partial L / \partial x_{ij}) = 0$，可以解得 Δx：

$$\Delta x = \frac{\displaystyle\sum_{i=1}^{m} \sum_{j=1}^{n} \frac{1}{\sigma_{ij}^2} \frac{\partial \hat{h}_{ij}(\cdot)}{\partial x_{ij}} \varepsilon_{ij}}{\displaystyle\sum_{i=1}^{m} \sum_{j=1}^{n} \frac{1}{\sigma_{ij}^2} \left(\frac{\partial \hat{h}_{ij}(\cdot)}{\partial x_{ij}} \Delta x \right)^2} \tag{2-35}$$

考虑到地形匹配定位的搜索匹配过程是二维数据的高度序列匹配过程，Δx 代表匹配得到的位置偏差，$\partial \hat{h}_{ij}(\cdot) / \partial x_{ij}$ 表示地形的变化梯度。考虑到地形是一个具有方向性的曲面，因此，$\partial \hat{h}_{ij}(\cdot) / \partial x_{ij}$ 也将表现为各向取值不同，由此可以推断 Δx 的取值也将是各向不同的。式（2-34）中每一个测点的误差不能真正得到，所以不能通过式（2-34）得到定位点的偏移量 Δx，但从式（2-34）中得到启示，可以推断地形匹配定位点的方向分布。下面将基于这一结论进行必要的理论分析，得到地形适配性的量化表示。可以从式（2-34）中得到如下的结论。

① TRP 定位精度与地形测量误差及地形的梯度变化有关。

② 地形梯度的变化大的地形区域将获得更高的地形匹配定位精度，而降低测量误差也可以提高定位精度。

③ 地形匹配定位的偏移概率与局部地形梯度变化量有关，而且由于地形的梯度变化在各个方向上都有不同，则地形匹配定位的偏移概率在不同方向上也会不同。

最后一条结论是非常重要的，它说明了一个很重要的问题：如果地形的梯度

变化在某一个方向上有较大的取值而在另一个方向上的取值非常小，那么，这个地形区域的匹配定位结果将很可能沿地形梯度变化较小的方向发生偏移，也就是说，地形梯度变化较小的方向将对地形匹配定位的精度起到主导作用。

2.3.1.2 TRP定位精度评价指标

地形面是一个在下XY平面内具有方向性的三维曲面，根据文献［12］的结论，可以通过增加测量波束来提高地形匹配定位的精度。而且假设已知地形的测量误差为高斯分布$N(0, \sigma^2)$，一个地形匹配定位精度的评价指标可以由式（2-36）表示，该式实际上表示任意一个方向e的地形信息量：

$$I_e(\boldsymbol{X}^1) = E\left(-\frac{1}{\sigma^2 mn}\sum_{k=1}^{m}\sum_{l=1}^{n}\left(\frac{\partial \hat{h}_{kl}(\cdot)}{\partial e}\right)^2\right) \tag{2-36}$$

式中，e表示以定位点为原点，指向任意方向的单位向量；m和n表示地形节点的行和列数；$h_{kl}(\cdot)$表示序号为(k, l)位置坐标为(x_{kl}, y_{kl})的地形节点在先验地形图中的插值结果；$I_e(\boldsymbol{X}^1)$表示地形在任意一个方向e上的信息量；σ^2表示地形测量误差的方差。考虑到地形的梯度变化沿任意方向e的取值是不同的，而e的取值是不可举的。为了便于计算$I_e(\boldsymbol{X}^1)$的取值和后面的分析研究，有必要对e进行离散处理，如图2-31所示选取e的8个典型方向。

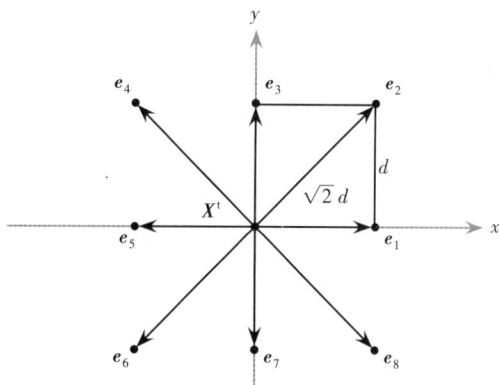

图2-31 计算局部地形信息量时的8个离散方向

将等式（2-33）离散化表示为等式（2-34）。很容易知道$I_{e_i}(\boldsymbol{X}^1)$的逆是克拉美罗下界（Cramer-Rao lower bound，CRLB），这个值可以用于评价地形匹配定位的精度。

$$I_{e_i}(\boldsymbol{X}^1) = \frac{1}{\sigma^2 mn}\sum_{k=1}^{m}\sum_{l=1}^{n}\left(\hat{h}_{kl}(\boldsymbol{X}^1) - \hat{h}_{kl}(\boldsymbol{X}^1 + d \cdot e_i)\right)^2 \tag{2-37}$$

式中，e_i 表示8个离散方向的单位向量；d 表示求解地形梯度时的计算步长。因此，式（2-37）表示地形匹配定位的精度，$I_{e_i}(X^i)$ 的取值越大表示该地形可以获得较高的匹配精度；反之，$I_{e_i}(X^i)$ 的取值越小，则可能获得的匹配精度也较低。从式（2-37）中可以很明显地看出，该式的取值受到以下三个因素的影响。

① 地形的梯度变化项 $\left(\hat{h}_{kl}(X^i) - \hat{h}_{kl}(X^i + d \cdot e_i)\right)$，该项的取值越大则表明TRP的定位精度越高。

② 方向向量 e_i，在选择不同的 e_i 时，式（2-37）的取值将会不同，这也表示TRP的定位结果也将是各向异性的。

③ 地形测量误差的统计量 σ，该值表示地形测量误差的量化参数，取值越大表明地形中包含的噪声越大，TRP的定位精度越低。

通过前面的分析得到了地形匹配定位精度的影响因素，接下来将进一步分析地形适配性的量化问题。

2.3.1.3 地形适配性量化指标

根据文献 [12] 的结论，以 $C_b^{e_i}$ 表示地形匹配定位的CRLB，则有式（2-38）成立：

$$C_b^{e_i} = \left(I_{e_i}(X^i)\right)^{-1} \tag{2-38}$$

式中，$C_b^{e_i}$ 表示TRP定位在 e_i 方向的定位偏差的方差下界。同时，该值的大小与定位点的分布概率有关，较大的取值表明该方向的TRP定位点分布集中，不易产生较大的偏差；反之，则表示该方向上的定位点分散，容易产生较大的定位偏差。

如图2-32（a）和图2-32（b）所示，RTM1和RTM2表示两个具有完全不同地形特征的地形图，图2-32（c）和图2-32（d）表示分别利用RTM1和RTM2进行10次匹配定位的定位点分布及RTM1和RTM2的8个方向上的 $C_b^{e_i}(i = 1, 2, \cdots, 8)$ 取值，其中，$C_b^{e_i}$ 绘在以GPS为原点，$C_b^{e_i}$ 为极轴长度，并以 e_i 为方向的极坐标系中。从图2-32（a）中可以看到，RTM1的地形信息量（terrain information content，TIC）取值具有很明显的方向性特点，在图中RTM1的TIC最小值方向（用黑色箭头标注的方向）上地形变化缓慢；从图2-32（c）中可以看到在该方向上的CRLB要大于其他方向的取值，而且通过10次地形匹配定位结果的分布也可以看到，定位点沿 $C_b^{e_i}$ 取值较大的方向发生了较大的偏移。而RTM2的方向性分布较弱，即RTM2在各个方向上的梯度变化差别不大；从图2-32（d）中可以看到，RTM2在8个方向的 $C_b^{e_i}$ 没有太明显的区别，10次地形匹配定位试验的结果分布在GPS位置附近，虽然其分布也有一定的偏移，但是偏移方向不太明显。从以上的分析可见，$C_b^{e_i}$取值越大 [或者说$I_{e_i}(X^t)$的取值越小]，将会增加TRP定位点发生偏移的概率。

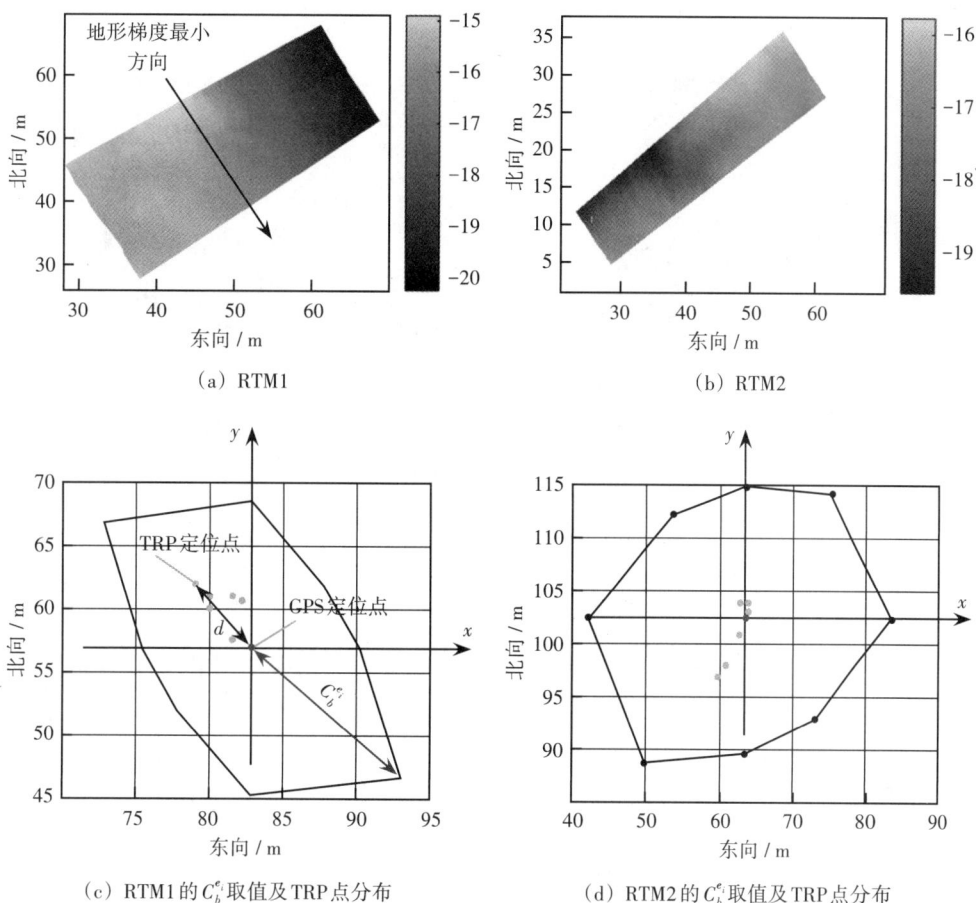

（a）RTM1

（b）RTM2

（c）RTM1的$C_b^{e_i}$取值及TRP点分布

（d）RTM2的$C_b^{e_i}$取值及TRP点分布

图2-32　RTM1和RTM2的$C_b^{e_i}$取值，以及匹配定位点分布（•）、GPS位置（•），

d表示地位点的偏移距离

根据以上分析，将地形的8个方向的信息量$I_{e_i}(X^t)(i = 1, 2, \cdots, 8)$的最小值定义为地形的信噪比（signal to noise ratio，SNR），SNR的计算如式（2-39）所列：

$$\mathrm{SNR} = \min\left(I_{e_i}(X^t)\right)$$

$$= \min\left(\frac{1}{\sigma^2 mn}\sum_{k=1}^{m}\sum_{l=1}^{n}\left(\hat{h}_{kl}(X^t) - \hat{h}_{kl}(X^t + d \cdot e_i)\right)^2\right) \tag{2-39}$$

通过该定义式可以看出，SNR是一个具有方向性的参数，在SNR的方向上地形匹配定位的偏移概率最大。图2-33（a）表示RTM1的匹配定位似然函数，该似然函数在SNR方向上的下降梯度明显要小，其定位概率在SNR方向上的较大范围内取值较高。图 2-33（b）表示 RTM2 的匹配定位似然函数，该似然函数在 SNR 方向上的下降梯度与其他方向相比处于同等水平，其定位概率在 SNR 方向上的分布较均匀。由此，可以通过式（2-39）计算任意一个地形的适配性。

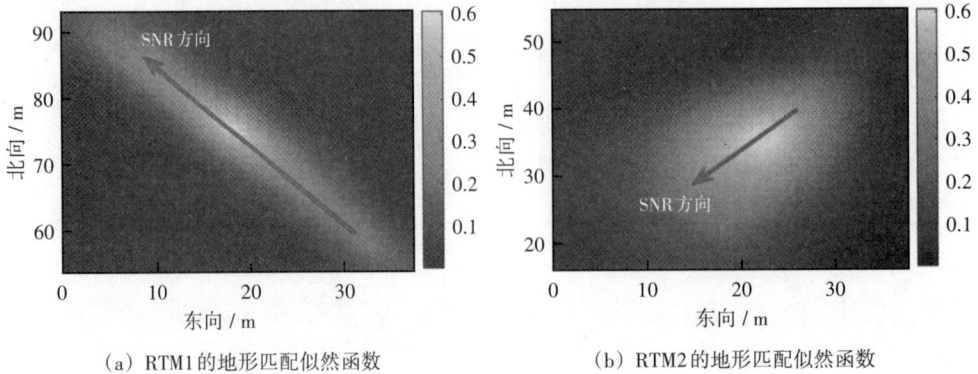

（a）RTM1 的地形匹配似然函数　　　　（b）RTM2 的地形匹配似然函数

图 2-33　RTM1 和 RTM2 的地形匹配定位似然函数

2.3.2　地图适配区最优划分

通过前文有关地形匹配定位精度的分析中可知，地形匹配定位的精度与地形的特征有关。某一地形区域能够提供地形匹配定位精度的预先评价参数叫作地形的适配性。适配性越高的区域可以获得越高的地形匹配定位精度。因此，在地形匹配导航过程中希望 AUV 能够经过适配性较高的区域，这里适配性地图就必不可少了。作为地形匹配定位误差分析理论的进一步推广，接下来的内容将讨论地形图的适配性分析问题。考虑到路径规划方法一般是基于网格化地图的，所以地形适配性划分主要是获得网格化的适配区域分布图。

2.3.2.1　任意网格化条件下的适配性计算

一个值得关心的问题是在先验地形图网格化条件下地形图中的适配区域和非适配区域的最优划分。图 2-34 描述了网格大小逐渐减小的过程中网格中的适配区域和非适配区域的变化情况。随着网格大小的变化，先验地形图中的适配区域和非适配区域被分配到不同的网格中或被划分到同一个网格中，而在划分的过程中每一个网格的适配性也在发生变化。现在面临的问题是，网格边长是否存在某一个取值且在该取值，地图中的适配区域和非适配区域被最优地分配到不同的网格中。

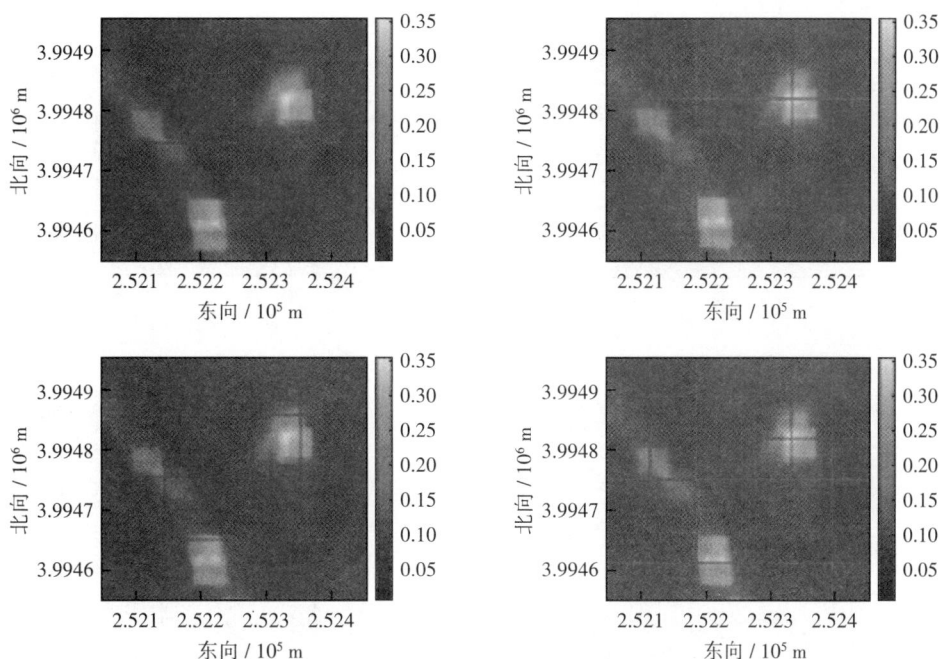

图2-34　不同网格大小时地形图的适配区域划分示意图

接下来的内容将以图2-35所示的先验地形图为研究对象，计算在任意网格大小时地形图的适配性量化结果，具体的步骤描述如下。

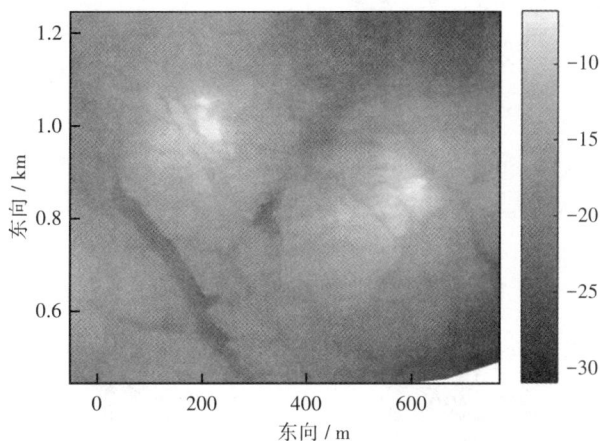

图2-35　地形适配性划分的试验地形图

① 根据式（2-40）计算每一个节点(i, j)的8个方向信息量，计算结果如图2-36所示。

$$\mathrm{PNSR}_{ij}^{e_i} = \frac{1}{\sigma^2}\left(\hat{h}_{ij}\left(\boldsymbol{X}^{\mathrm{t}}\right) - \hat{h}_{ij}\left(\boldsymbol{X}^{\mathrm{t}} + d \cdot \boldsymbol{e}_i\right)\right)^2 \tag{2-40}$$

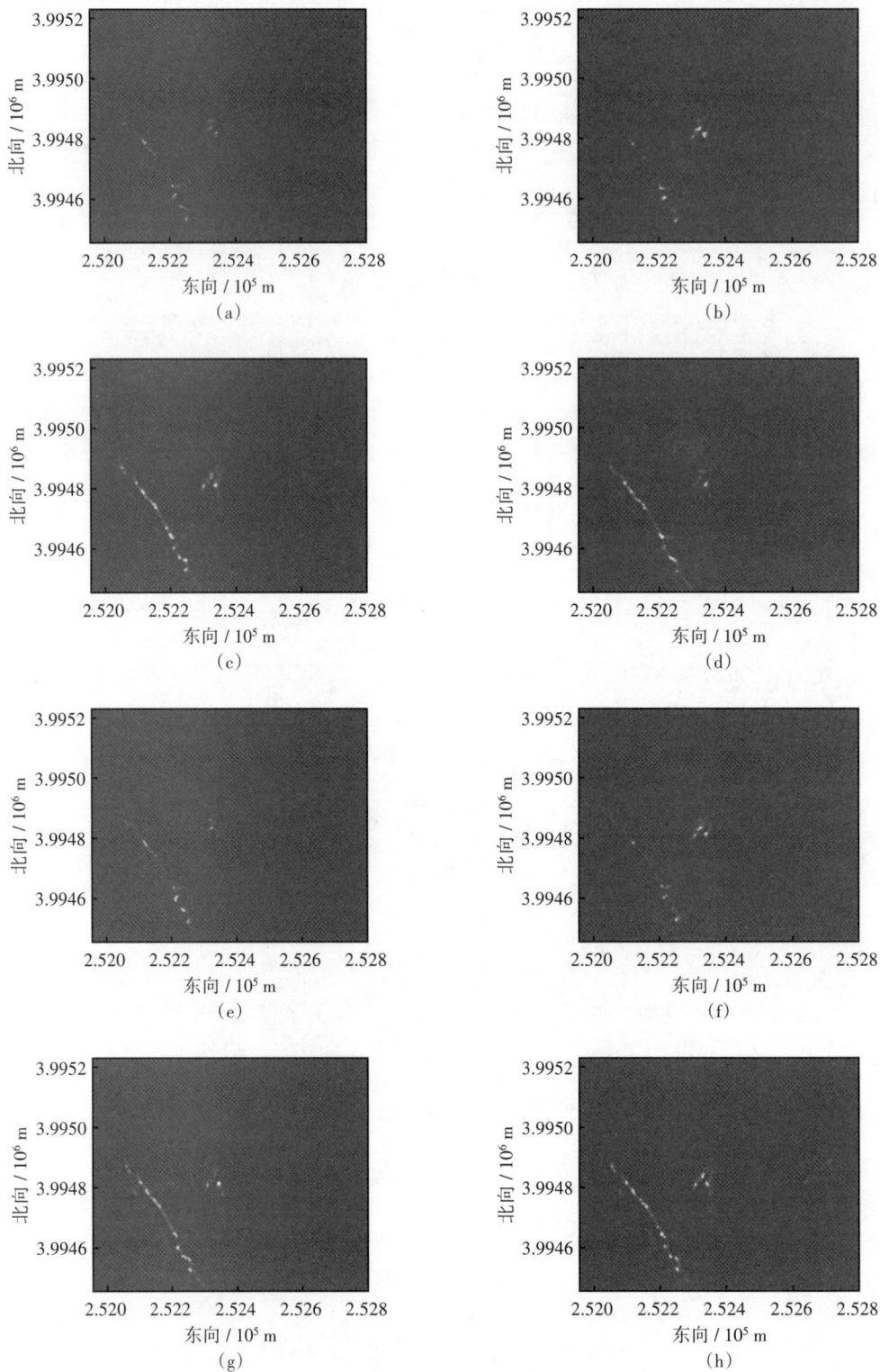

图2-36　地形8个方向上的信息量计算

② 网格化过程中的网格大小由网格边界上的地形节点数目定义，网格大小的取值区间定义为 $[p_{min}, p_{max}]$，其中，p_{min} 和 p_{max} 由多波束的条带宽度确定，其取值应该尽量接近多波束条带的宽度 b，在本文中取值为 $p_{min} = 0.75b$，$p_{max} = 1.25b$。对于某一个编号为 (k, l) 的分块，假设其网格大小为 $p \times p$，这里 p 表示网格边界上的地形节点数目。由此可以得到编号为 (k, l) 的地形网格的地形适配性

$$I_{e_i}^p(k, l) = -\frac{1}{p^2} \sum_{i=1}^{p} \sum_{j=1}^{p} \text{PSNR}_{ij}^{e_i} \qquad (2-41)$$

③ 编号为 (k, l) 的子地图的适配性 SNR_{kl} 可以由式（2-42）得到

$$\text{SNR}_{kl} = \min\left(I_{e_i}^p(k, l)\right) \qquad (2-42)$$

假设网格大小为 $p \times p$ 时，先验地形图的分块总数为 $K \times L$，其中，K 和 L 分别表示地形的图的分块行数和列数。由此可以得到分块子地图大小为 $p \times p$ 时的先验地形图适配性量化矩阵

$$\text{SNR}^p = \begin{bmatrix} \text{SNR}_{11} & \text{SNR}_{12} & \cdots & \text{SNR}_{1L} \\ \text{SNR}_{21} & \text{SNR}_{22} & \cdots & \text{SNR}_{2L} \\ \vdots & \vdots & \text{SNR}_{kl} & \vdots \\ \text{SNR}_{K1} & \text{SNR}_{K2} & \cdots & \text{SNR}_{KL} \end{bmatrix} \qquad (2-43)$$

2.3.2.2 适配区域的最优划分

根据前文的分析，对于某一个地形子块 SNR_{kl}，其取值越大，则适配性越高。假设在地形子块的大小为 $p \times p$，总分块数为 $K \times L$ 时，所有地形分块子地图的适配性序列 $\text{SNR}_{kl}(k = 1, 2, \cdots, K, l = 1, 2, \cdots, L)$，均值表示为 a_1；高适配性子块序列为 $\text{SNR}_{kl}(k = 1, 2, \cdots, K_1, l = 1, 2, \cdots, L_1)$，均值为 a_2；低适配性子块序列为 $\text{SNR}_{kl}(k = 1, 2, \cdots, K_2, l = 1, 2, \cdots, L_2)$，均值为 a_3。a_1，a_2，a_3 的取值由式（2-44）求解

$$\begin{cases} a_1 = \dfrac{1}{KL} \sum_{k=1}^{K} \sum_{l=1}^{L} SNR_{kl} \\[2mm] a_2 = \dfrac{1}{K_1 L_1} \sum_{k=1}^{K_1} \sum_{l=1}^{L_1} \text{SNR}_{kl} \quad \text{and} \quad \text{SNR}_{kl} < a_1 \\[2mm] a_3 = \dfrac{1}{K_2 L_2} \sum_{k=1}^{K_2} \sum_{l=1}^{L_2} \text{SNR}_{kl} \quad \text{and} \quad \text{SNR}_{kl} > a_1 \end{cases} \qquad (2-44)$$

图 2-37 显示了 a_1，a_2，a_3 三个量在数轴上的位置，从左向右适配性逐渐增加，a_2 越接近左边的端点表明非适配区域的分块中的地形适配性越低，而 a_3 越接近右侧端点则表明高适配性分块中的地形适配性越高。为了使适配区域和非适配区域尽可能地划分到不同的网格中，要求 a_2，a_3 的取值尽可能地向两端靠近。用式（2-45）表示 a_2 与 a_3 在数轴上的距离，当 a_2 与 a_3 分别向两端靠近时 a^p 的取值增加，并在最优分割位置取得最大值，定义此时的子块大小为 $p_{\text{optimal}} \times p_{\text{optimal}}$，到此最优分块的所有参数求解完毕。

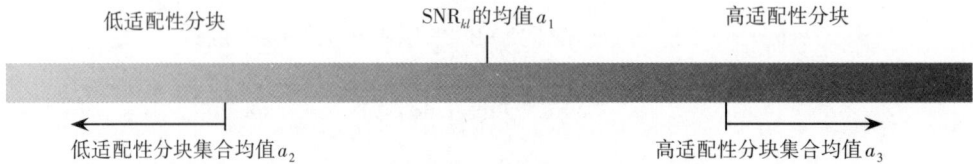

图 2-37　分块地形的适配性取值分配示意图

$$a^p = a_3 - a_2 \tag{2-45}$$

综上，地形适配区域最优划分算法描述如下。

Algorithm 1：$\left[p_{\text{optimal}} \right] = \text{Calculation of the optimal block} \left(\text{PSNR}_{ij}^{e_i} \right)$

Input：$\text{PSNR}_{ij}^{e_i}$

1: for $p = p_{\min}$：$p_{\max}$ p do（p 表示地形子块的大小，以网格数表示）

2: $K = \text{floor}\left(\dfrac{m}{p} \right)$，$L = \text{floor}\left(\dfrac{n}{p} \right)$（计算地形图的分块行列数 K，L）

3: for $k = 1$：$K + 1$ do

4: 　for $l = 1$：$L + 1$ do

　　for $e_i = 1$：8 do

5: 　　　$\text{SNR}_{kl}^{e_i} = \dfrac{1}{p^2} \sum\limits_{i=1}^{p} \sum\limits_{j=1}^{p} \text{PSNR}_{ij}^{e_i}$

　　end for

$$\text{SNR}_{kl} = \max \left(\text{SNR}_{kl}^{e_i} \right)$$

6: 　end for

7: end for

8: 　calculate a_1： $a_1 = \dfrac{1}{KL} \sum\limits_{k=1}^{K} \sum\limits_{l=1}^{L} \text{SNR}_{kl}$

9: calculate a_2 and a_3:

$$\begin{cases} a_2 = \dfrac{1}{K_1 L_1} \sum_{k=1}^{K_1} \sum_{l=1}^{L_1} \mathrm{SNR}_{kl} \quad \text{and} \quad \mathrm{SNR}_{kl} < a_1 \\[2ex] a_3 = \dfrac{1}{K_2 L_2} \sum_{k=1}^{K_2} \sum_{l=1}^{L_2} \mathrm{SNR}_{kl} \quad \text{and} \quad \mathrm{SNR}_{kl} > a_1 \end{cases}$$

10: calculate a^p: $\qquad\qquad\qquad a^p = a_3 - a_2$

11: end for

12: $a_m^p = \max\left(a^p\right)$ （计算 a^p 的最大值）

13: $p_{\mathrm{optimal}} = \mathrm{find}\left(p \rightarrow a_m^p\right)$

14: output: p_{optimal}

接下来将以实际地形说明上述算法的实用性，试验地形如图2-35所示。地图位于山东省，胶州湾，中沙礁海域，地图面积为891 m × 922 m，地图的网格大小为1 m × 1 m。假设对该地图进行分块时的网格区间为[60, 100]，根据Algorithm 1中的步骤可以计算出网格边界地形节点数与适配区域分割评价参数 a^p 之间的对应曲线。计算结果如图2-38所示，a^p 取值随着子地图边地形节点数的增加而变化，在子地图边节点数目为87时取得最大值。

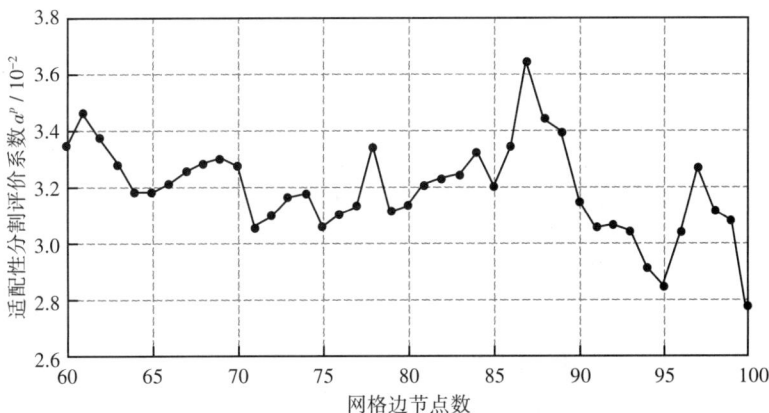

图2-38　分块子块的边界节点数和适配性分块评价指标 a^p 的关系曲线

图2-39（a）表示在适配区域最优分割条件下各个分块子地图的适配性分布，图2-39（b）表示在适配区域最优分割条件下的先验地形图划分情况。

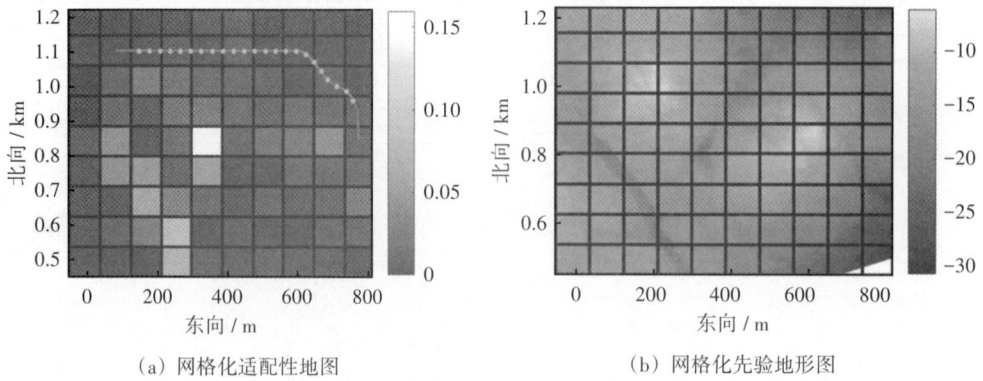

(a) 网格化适配性地图   (b) 网格化先验地形图

图2-39 先验地形图适配区域分割结果

2.4 不同适配性地形分块的定位精度比较

本小节是试验验证部分，本部分用到的先验地形图为图2-35中所示的地形图。实时测量地形通过插值方法模拟得到，其中图2-40为模拟测量过程的被插值地图，该地图同样位于山东省，胶州湾，中沙礁海域，数据采集时间为2016年10月。在模拟测量过程中，将模拟航线和测点的坐标沿垂向投影到图2-40所示的地图中，并利用双线性插值方法得到模拟测点地形高程值。图2-41所示为图2-35和图2-40中地图采集地点；图2-42表示地图数据采集的设备及其连接图，地图采集系统的主要设备及其参数如表2-3所列。

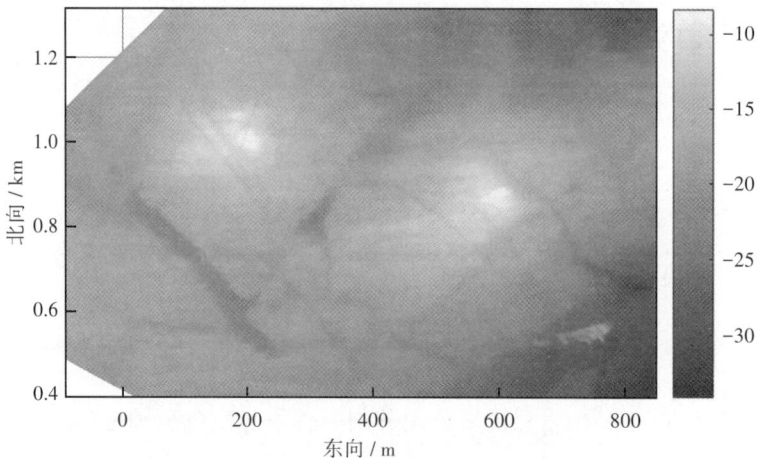

图2-40 仿真试验中用到的实时测量地形

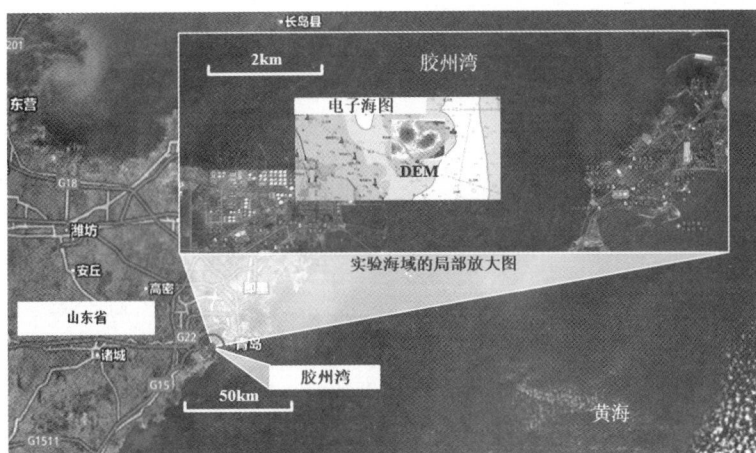

图 2-41   先验地形图的位置

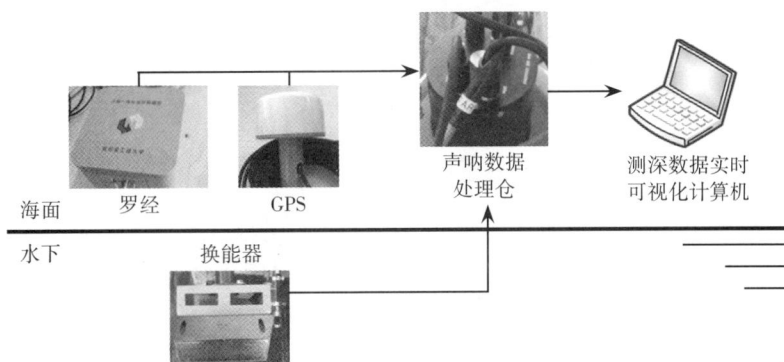

图 2-42   试验过程中的地形图测量设备

表 2-3   主要测量设备和参数

传感器	罗经	测深设备
生产单位	哈尔滨工程大学	Kongsberg maritime
设备 参数信息	Temperature bias stability： 0.05°/h	Maximum water depth： 50 m
	Random walk： 0.0025°/h	Depth resolution： 1.5 mm
	Angular resolution： 0.2 arc second	Max swath update rate： 30/s

2.4.1 适配性量化参数的比较

目前已经有相当多的地形适配性量化参数，如地形熵、地形高度序列标准差等，这里将以上两种量化方法和本文中的量化方法进行比较，地形熵和地形高度序列标准差的表达式如下：

① 地形熵（topographic entropy）H。

$$
\begin{cases}
\bar{z} = \dfrac{1}{mn}\sum_{i=1}^{m}\sum_{j=1}^{n} z_{ij} \\[3mm]
c_{ij} = \dfrac{\left| z_{ij} - \bar{z} \right|}{\bar{z}} \\[3mm]
p_{ij} = \dfrac{c_{ij}}{\displaystyle\sum_{i=1}^{m}\sum_{j=1}^{n} c_{ij}} \\[3mm]
H = -p_{ij}\sum_{i=1}^{m}\sum_{j=1}^{n}\log\left(p_{ij}\right)
\end{cases}
\tag{2-46}
$$

式中，地形测点序列的大小为 $m \times n$；(i, j) 表示地形测量序列节点的索引。

② 地形高度标准差 S。

$$
\begin{cases}
\bar{z} = \dfrac{1}{mn}\sum_{i=1}^{m}\sum_{j=1}^{n}\left(z_{ij}\right) \\[3mm]
S = \sqrt{\dfrac{1}{mn-1}\sum_{i=1}^{m}\sum_{j=1}^{n}\left(z_{ij} - \bar{z}\right)^2}
\end{cases}
\tag{2-47}
$$

这里采用 RTM1 ［图 2-32（a）］和 RTM2 ［图 2-32（b）］作为比较研究的地形数据。从前面的分析也可看到，RTM1 具有很明显的方向性特征，而 RTM2 的方向性特征不明显，这两块地形的特征是水下地形中常见的。分别计算它们的地形的信噪比、地形熵、地形高程序列标准差三个适配性量化参数，同时，采用 RTM1 和 RTM2 为测量地形进行 10 次匹配定位并统计定位偏差的均值和标准差［RTM1 和 RTM2 的定位结果来自图 2-32（c）和图 2-32（d）］，结果如图 2-43 所示。从地形匹配定位的偏差均值和偏差标准差统计结果可以看到，RTM1 和定位偏差均值和方差都要比 RTM2 的大，说明 RTM1 的适配性量化参数应该比 RTM2 低，从结果可以看出，RTM1 的 SNR 值小于 RTM2 的 SNR 值，而 RTM1 和 RTM2 的地形熵和地形高程序列标准差却几乎相同。这个比较试验说明 SNR 很好地描述了 RTM1 与 RTM2 的适配性，而地形熵和地形高程序列标准差别不能描述它们之间适配性的差别，其中的原因在于 SNR 具有描述适配性方向性特征的能力。从前面的分析可以看到，地形特征的一个重要特征就是其方向性，不同方向的特征不同，而与特征直接相关的适配性也会不同。地形熵和地形高程序列标准差是一个统计量，无法描述这种地形特征的方向性。从 RTM1 和 RTM2 的实际地形图中也可以看到，RTM1 和 RTM2 均具有较强的起伏，但 RTM1 在 SNR 的方向上的变化不太明显。

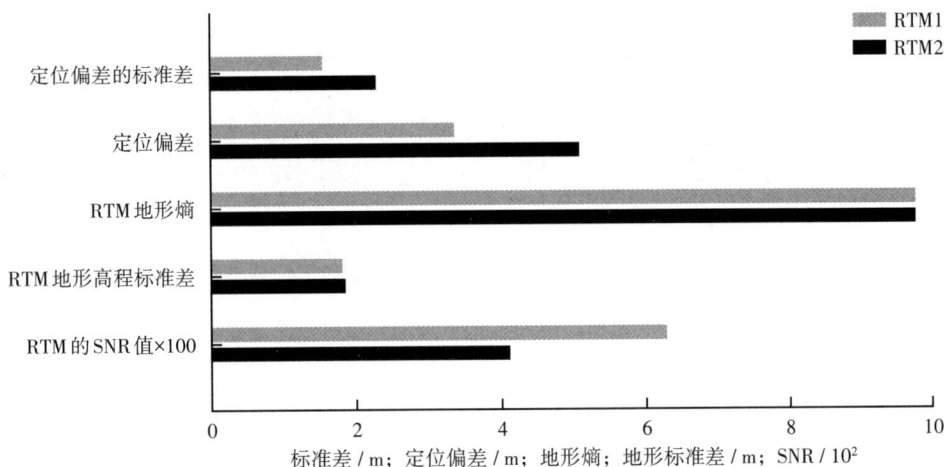

图 2-43 比较 RTM1 和 RTM2 和适配性量化结果和匹配定位精度

2.4.2 不同测量误差条件下的定位精度比较

模拟的实时测量地形图从图 2-40 中通过插值的方法获得。选择适配性有明显差别的几个区域，图 2-44（a）中红色方框内的地形分块区域 A 和 B 的适配性均值为 0.007，白色方框内的分块的适配性均值为 0.019。A 和 B 区域为低适配性区域，在 A 和 B 区域规划了 3 条航线和 7 个匹配定位点。C 区域为高适配性区域，在该区域规划了 1 条航线和 6 个匹配定位点。根据图 2-44（a）中的规划路径，在图 2-40 所示的地形中进行插值，模拟测量地形的条带宽度为 81 个脚点，脚点间隔距离为 1 m。如图 2-44（b）所示在图 2-40 中通过插值获得的 a，b，c 三个区域的插值地形。为了比较高适配性区域和低适配性区域在不同误差条件下的定位精度，对比试验的设计如下。

① 图 2-44（a）中的 C 区域定义为高适配性区域，将 A，B 区域定义为低适配性区域；图 2-44（b）中的插值地形 c 为高适配性区域的模拟测量地形，a，b 表示

低适配性区域的插值地形。

② 以图 2-44（a）所示的规划匹配定位点（·）为搜索原点，搜索区间的大小为 50 m × 50 m。为了模拟不同的测量噪声条件，在模拟测量地形中加入噪声，分别为 $\sigma = 0.4$ 和 $\sigma = 0.9$。

③ 在两种噪声条件下（$\sigma = 0.4$，$\sigma = 0.9$）分别进行 10 次定位试验，比较两种条件下的定位偏差的均值和方差作为精度对比。

最终得到的 TRP 定位精度的统计结果如图 2-45 和图 2-46 所示。

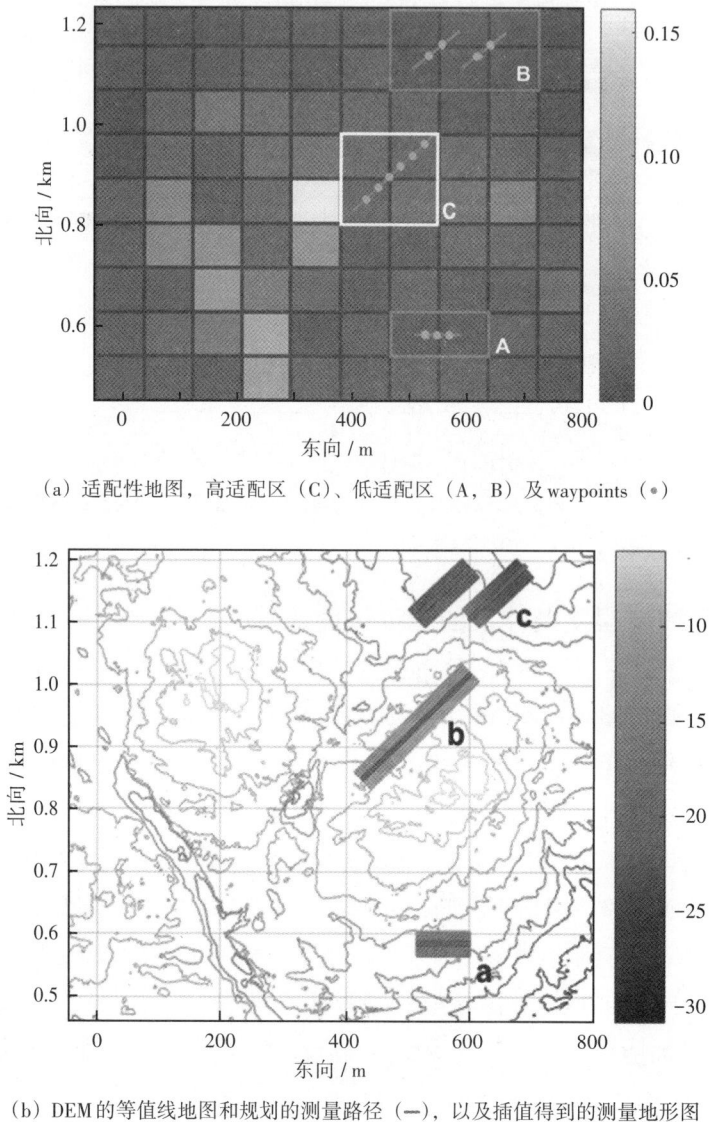

（a）适配性地图，高适配区（C）、低适配区（A，B）及 waypoints（·）

（b）DEM 的等值线地图和规划的测量路径（—），以及插值得到的测量地形图

图 2-44 仿真试验中用到的数据

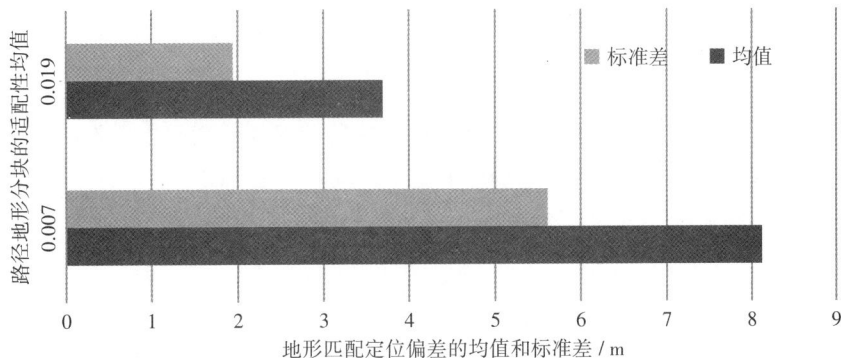

图 2-45 适配区域与非适配区域地形匹配定位精度比较（$\sigma = 0.4$）

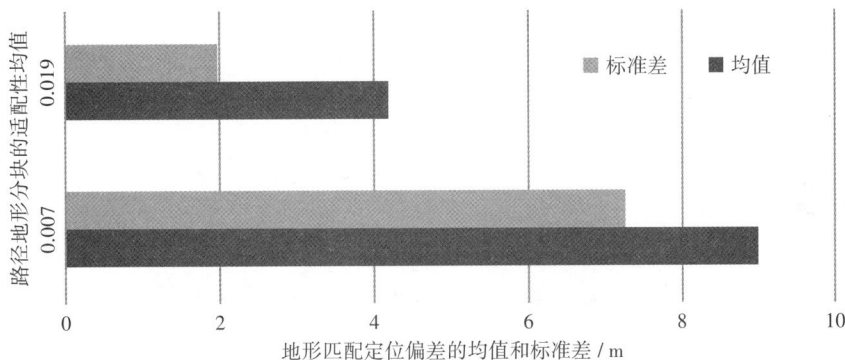

图 2-46 适配区域与非适配区域地形匹配定位精度比较（$\sigma = 0.9$）

从图 2-45 和图 2-46 的定位结果统计可以看到，地形分块的适配性为 SNR = 0.019，测量误差为 $\sigma = 0.4$ 时，地形匹配定位的偏差均值为 3.69 m，定位偏差的标准差为 1.93 m；地形分块的适配性为 SNR = 0.019，测量误差为 $\sigma = 0.9$ 时，地形匹配定位的偏差均值为 4.18 m，定位偏差的标准差为 1.96 m，定位偏差的均值增加了 13.3%，标准差增加了 1.6%。地形分块的适配性为 SNR = 0.007，测量误差为 $\sigma = 0.4$ 时，地形匹配定位的偏差均值为 8.13 m，定位偏差的标准差为 5.62 m；地形分块的适配性为 SNR = 0.007，测量误差为 $\sigma = 0.9$ 时，地形匹配定位的偏差均值为 9 m，定位偏差的标准差为 7.25 m，定位偏差的均值增加了 9.7%，标准差增加了 29%。在适配性较低的区域测量误差对定位精度的影响要高于高适配性区域，这主要表现在低适配性区域测量误差的增加将导致定位偏差的均值和测量误差明显，尤其是定位偏差的方差增加量要远高于高适配区域。

2.4.3 不同适配性路径的定位精度比较

关于不同适配性路径的定位精度对比仿真试验过程如图 2-47 所示，使用的先验地图如图 2-35 所示。将先验地形图（图 2-35）按照前文所述的方法进行地图网格化和适配区分割，如图 2-48 所示。然后任意选择路径的起点和终点，并规划两条路径 Path A 和 Path B。其中，Path A 经过高适配性分块区域，而 Path B 经过低适配性分块区域。得到规划路径后再利用规划路径数据在如图 2-35 中进行插值得到模拟的 RTM，最后将所有模拟数据输入地形匹配定位仿真系统。

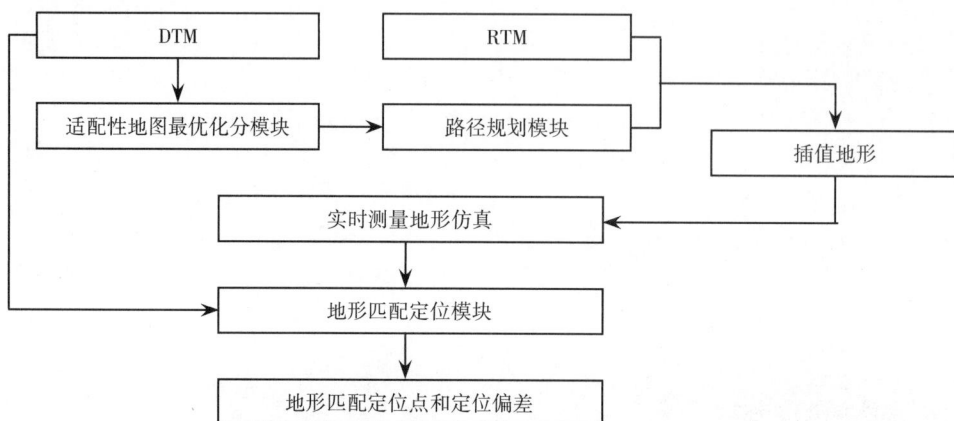

图2-47 仿真试验中的地形匹配定位系统框图

图 2-48（a）表示连接起点和终点并经过高适配性分块的规划路径 Path A，图 2-48（a）将 Path A 绘制在适配性地图中。同样地，图 2-48（c）表示连接起点和终点并经过高适配性分块的规划路径 Path B，图 2-48（d）将 Path B 绘制在适配性地图中。图 2-49 表示经过高适配区域的路径（Path A）的地形匹配定位结果。图 2-49（a）表示地形匹配定位的规划匹配定位点（•）及实时测量地形（RTM）。同时，路径区域的地形子块的 SNR 取值在图 2-49（b）中，可以看到，规划匹配定位点的 SNR 取值均高于 0.02。图 2-49（c）绘出了各个地形匹配定位规划点的地形匹配定位偏差，可以看到所有的定位偏差均小于 6.5 m。

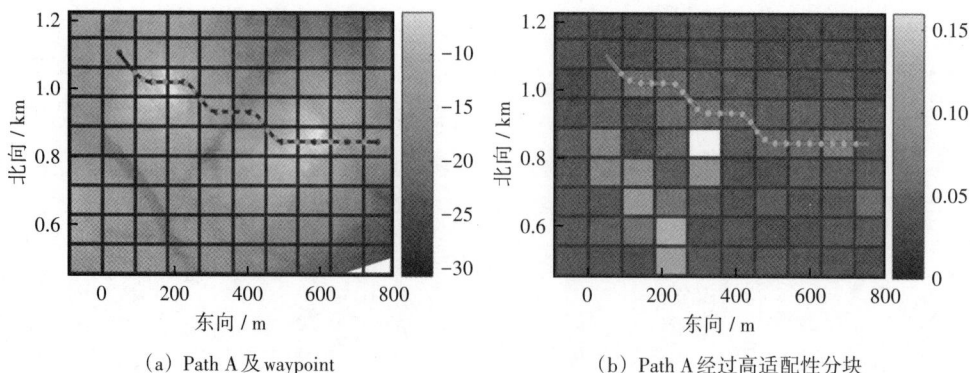

（a）Path A 及 waypoint

（b）Path A 经过高适配性分块

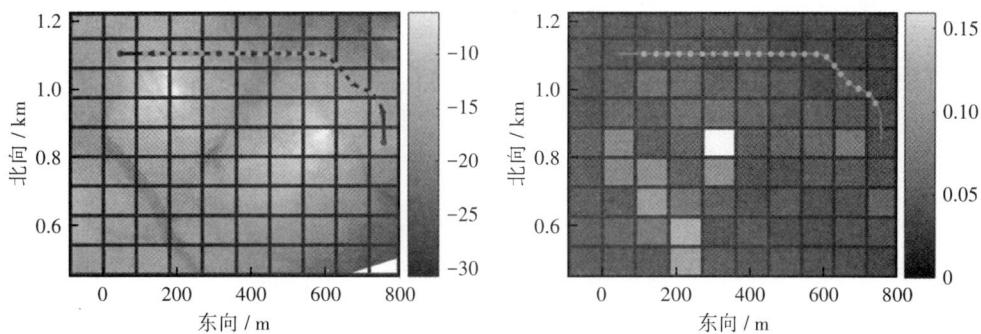

（c）Path B 及 waypoint

（d）Path B 经过低适配性分块

图 2-48 两条试验路径及规划地形匹配定位点

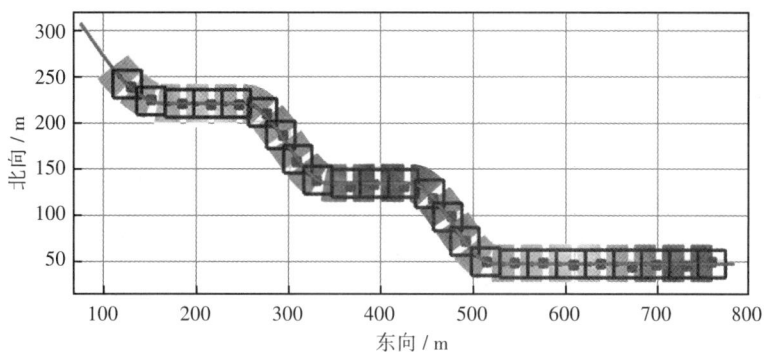

（a）Path A 及在其 waypoint 位置获得测量地形和 TRP 定位点

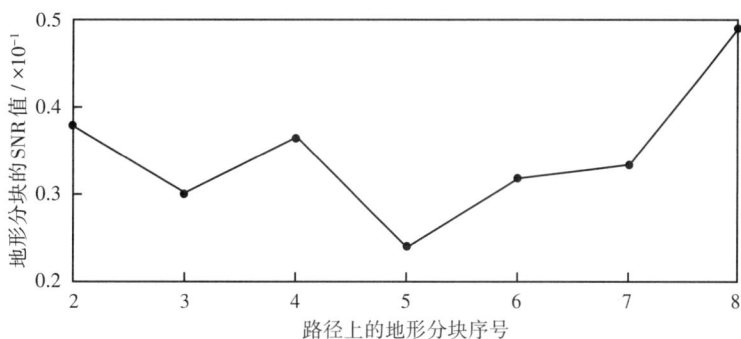

（b）Path A 经过的地形分块的适配性

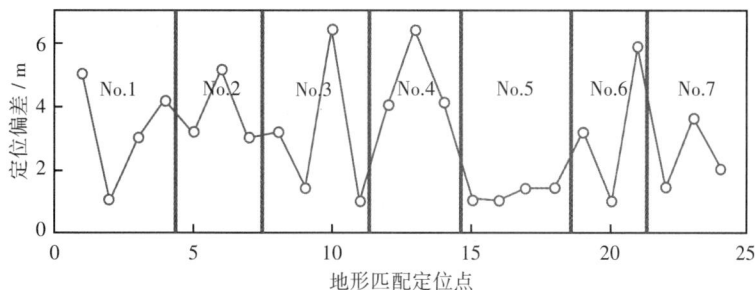

（c）Path A 上各个 waypoint 的 TRP 定位偏差

图 2-49 经过高适配性区域的路径上的匹配定位点偏差

图 2-50 表示经过低适配区域的路径（Path B）的地形匹配定位结果。图 2-50
（a）表示地形匹配定位的规划匹配定位点（•）及其对应的 RTM。同时，路径区
域的地形子块的 SNR 取值在图 2-50（b）中，可以看到，规划匹配定位点的 SNR
取值均高于 0.02。图 2-50（c）展示了各个地形匹配定位规划点的地形匹配定位偏
差，可以看到，在 5 号和 6 号分块内部的地形匹配定位结果出现了较大的偏差，
Path B 路径上获得的地形匹配定位结果稳定性要比 Path A 差。

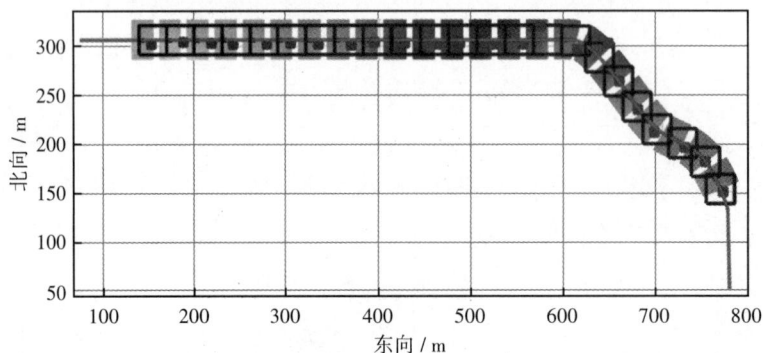

（a）Path B 及在其 waypoint 位置获得测量地形和 TRP 定位点

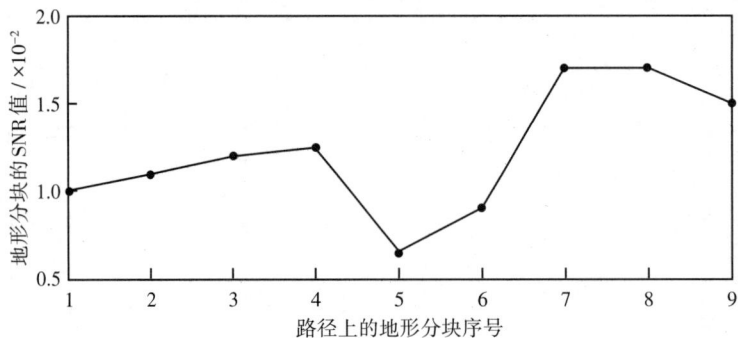

（b）Path B 经过的地形分块的适配性

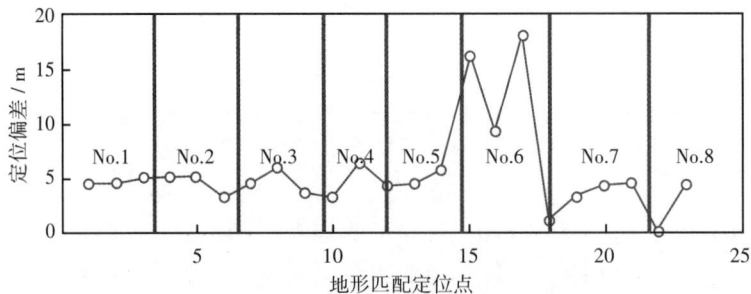

（c）Path B 上各个 waypoint 的 TRP 定位偏差

图 2-50　经过低适配性区域的路径上的匹配定位点偏差

通过图 2-51 中的 Path A 和 Path B 两条路径上的匹配定位点的定位精度和稳定

性比较，可以看到，经过高适配性分块的路径（Path A）上的匹配定位点获得的定位点偏差均值要比经过低适配性分块的路径（Path B）上的匹配定位点获得的定位点偏差均值小。而且经过高适配性分块的路径（Path A）上的匹配定位点获得的定位点偏差标准差要比经过低适配性分块的路径（Path B）上的匹配定位点获得的定位点偏差均值小。这说明经过 SNR 取值较高的区域可以提高定位的精度和稳定性。

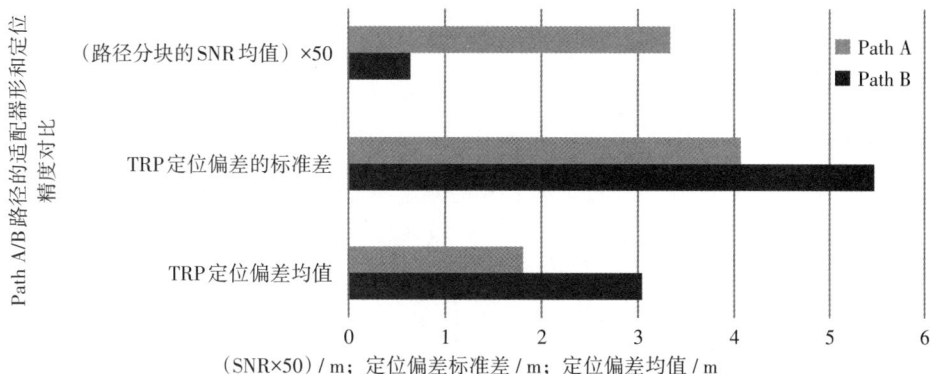

图2-51　高适配性路径和低适配性路径的地形匹配定位精度比较

2.5　本章小结

本章主要研究了地形匹配定位精度分析的相关理论，建立了新的地形匹配定位的观测模型，提出了地形匹配定位置信区间估计的地形匹配定位点跳变模型，算法考虑了地形面的非线性对地形匹配定位置信区间的影响，可以处理具有多伪波峰的地形匹配定位置信区间估计问题，较现有的基于残差统计的估计方法更准确；分析了地形匹配定位精度的影响因素，发现地形特征的方向性对定位精度有直接的影响，并提出了考虑地形特征方向性的适配性量化参数、地形 SNR 参数；基于新的适配性参数构建了地形适配性区最优网格化适配性地图。

参考文献

［1］　DONOVAN G T. Development and testing of a real-time terrain navigation method for AUVs［C］// OCEANS'11 MTS/IEEE KONA，2011：1-10.

［2］ TEIXEIRA F C, PASCOAL A, MAURYA P. A novel particle filter formulation with application to terrain-aided navigation［C］// IFAC Proceedings. 2012, 45（5）: 132-139.

［3］ LEE J, BANG H. A robust terrain aided navigation using the rao-blackwellized particle filter trained by long short-term memory networks［J］. Sensors, 2018, 18（9）: 2886.

［4］ DE KTOR S, ROCK S. Robust adaptive terrain-relative navigation［C］// OCEANS. 2014, 9:14-19.

［5］ TEIXEIRA F C, QUINTAS J, MAURYA P, et al. Robust particle filter formulations with application to terrain-aided navigation: robust particle filter for terrain-aided navigation［J］. Adaptive control and signal processing in marine systems, 2016, 31（4）: 608-651.

［6］ ANONSEN K B, HALLINGSTAD O. Terrain aided underwater navigation using point mass and particle filters［C］// IEEE/ION Position, Location, & Navigation Symposium, 2006:1027-1035.

［7］ 黄谟涛, 翟国君, 欧阳永忠, 等. 海洋测量技术的研究进展与展望［J］. 海洋测绘, 2008, 28（5）: 77-82.

［8］ KRUKOWSKI S, ROCK S. Waypoint planning for autonomous underwater vehicles with terrain relative navigation［C］// OCEANS 2016 MTS/IEEE Monterey, 2016: 1-7.

［9］ FRANCA R P, SALTÓN A T, CASTRO R D S, et al. Trajectory generation for bathymetry based AUV navigation and localization［J］. IFAC papers online, 2015, 48（16）: 95-100.

［10］ LI Y, MA T, CHEN P Y. et al. Autonomous underwater vehicle optimal path planning method for seabed terrain matching navigation［J］. Ocean engineering, 2017, 133: 107-115.

［11］ CHAARI I. Design and performance analysis of global path planning techniques for autonomous mobile robots in grid environments［J］. International journal of advanced robotic systems, 2017, 14（2）: 1-15.

［12］ XIE Y R. Terrain aided navigation［D］. Stockholm: Royal Institute of Technology, 2005.

［13］ BOX G E P, JENKINS G M, REINSEL G C, et al. 时间序列分析: 预测与控制［M］. 北京: 人民邮电出版社, 2005.

[14] NYGREN I. Terrain navigation for underwater vehicles [D]. Stockholm: Royal Institute of Technology, 2005.

[15] WANG R P, LI Y, MA T, et al. Improvements to terrain aided navigation accuracy in deep-sea space by high precision particle filter initialization [J]. IEEE access, 2020, 8: 13029-13042.

[16] 冯庆堂. 地形匹配新方法及环境适应性研究 [D]. 长沙: 国防科学技术大学, 2004.

[17] WANG R P, LI Y, MA T, et al. Underwater digital elevation map gridding method based on optimal partition of suitable matching area [J]. International journal of advanced robotic systems, 2019, 16 (2): 1-16.

[18] WANG R P, LI Y, MA T, et al. A new model and method of terrain-aided positioning confidence interval estimation [J]. Journal of marine science and technology, 2022, 27: 27-39.

[19] 王汝鹏, 李晔, 马腾, 等. 水下地形匹配定位置信区间估计 [J]. 武汉大学学报 (信息科学版), 2019 (6): 830-836.

第3章

∨

有效地形测量点识别与筛选

3.1 引言

由于水下通信的限制，AUV 在水下长时间潜伏运行后需要上浮接受卫星信号进行位置修正，对于担负大潜深和长航程任务的 AUV 来说不仅增加了时间、能源和成本的消耗，也限制了 AUV 的实际应用范围。一些声学定位的修正方法也被用于 AUV 位置修正，但出于水声定位的距离限制和成本等因素的考虑也不适合长航程的 AUV 使用。地形匹配导航主要是利用地形特征的局部唯一性、时间和空间不变性为 AUV 提供位置参考，从而获得 AUV 相对于先验地形图的位置。水下地形匹配导航技术主要是借鉴陆地地形匹配技术而发展起来的，但水下环境与陆地环境的区别也导致水下地形匹配与陆地地形匹配导航有很大的差别。第一，在水下很难得到大范围的高精度先验地形图，且水下地形图特征较少；第二，AUV 航速低导致测深传感器的数据更新慢；第三，海洋环境的干扰噪声使得地形测量畸变误差增加。此外，地形的强非线性和随机性使得水下地形定位算法很难获得令人满意的输出结果，其主要原因是先验地形图剖面测量、剖面提取环节均会引入误差，而全局地形图插值重构过程不仅引入误差，而且还会造成各个插值节点的误差传播和耦合，导致先验地形和实时测量地形产生较大的畸变误差。

地形测量误差导致的局部地形畸变是地形匹配定位似然函数产生伪波峰和误匹配的主要原因，本章的内容将重点讨论地形图中畸变节点的识别方法，并通过识别和筛选有效测量点（高程畸变较小的节点），降低畸变误差对匹配定位结果的负面影响，从而有效地提高地形匹配定位精度和稳定性。

3.2 地形局部畸变及误匹配机理分析

第2章内容重点分析了水下地形匹配定位的误差估计和地形适配性分析两个问题，从中可知水下地形匹配定位的精度主要受地形特征（梯度）和测量误差的影响。由于水下地形测量过程中和插值过程中各种误差的耦合作用导致测量地形相对于先验地形产生了较大的畸变，所以地形匹配定位点的匹配残差并非完全服从高斯分布。如图3-1（a）所示为先验地形图，图3-1（b）为对应的测量地形图，图中红色椭圆标注的区域是地形发生较大畸变的区域，从其匹配残差地图[图3-1（c）] 中可以看到红色标记的区域残差明显高于其他区域。如图3-1（d）所示，通过测量地形得到的似然函数出现了误匹配，图中红色圆点表示GPS定位位置，黑色圆点表示水下地形匹配定位位置，红色实线表示水下地形匹配定位置信区间。这里定义这些畸变较大区域内的地形测点为无效测量点，无效的地形测量点包含有错误的地形高度信息，这些错误的高度信息容易导致水下地形匹配定位的似然函数出现伪波峰和误匹配。接下来的内容将讨论这些局部畸变测点的

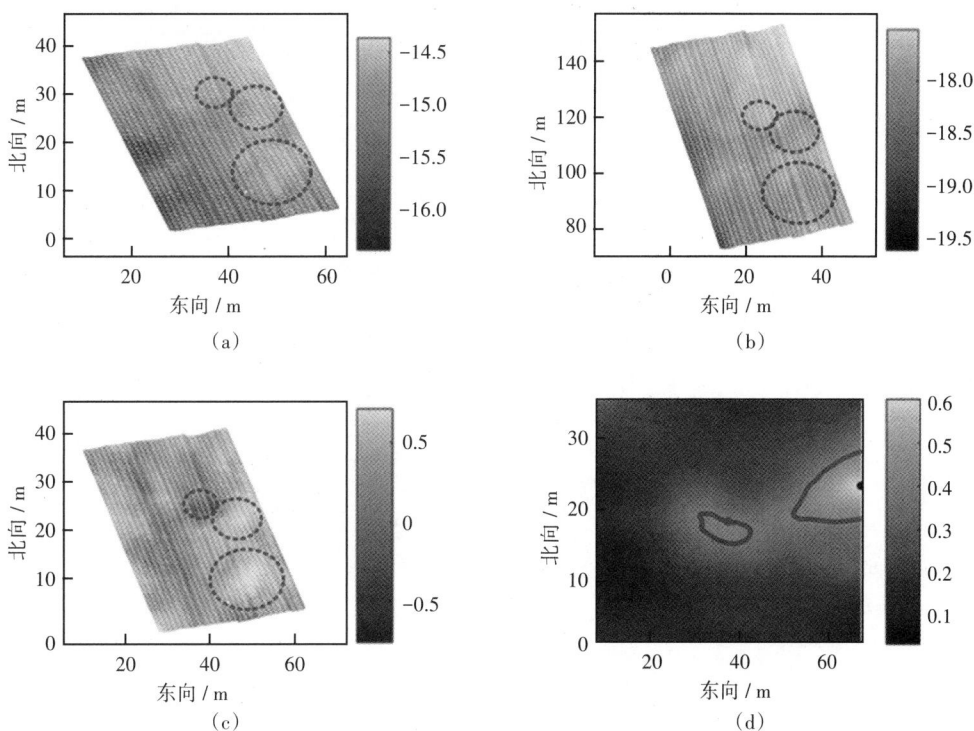

(a)

(b)

(c)

(d)

图3-1 水下地形测量中的地形局部畸变现象和误匹配

识别的剔除问题，通过识别的剔除测量地形中的异常节点，以提高地形匹配定位的定位精度和稳定性，这里将讨论利用统计方法和PCNN识别方法筛选有效测量点。

地形匹配导航中常用的地形测量设备是多波束声呐（图3-3），与单波束测量设备（图3-2）相比，它可以在一个航迹段内获取一个地形面数据，地形匹配实际上就是在DEM中寻找与RTM相似性最高的插值地形，假设有两个地形高程向量A和B，$A_i \in A$，$B_i \in B$，其中$A_i = a_i + \delta_i$和$B_i = b_i + \eta_i$，通过计算两个向量间的距离得到相似度的度量关系，向量A和B的距离表示如式（3-1）所列。

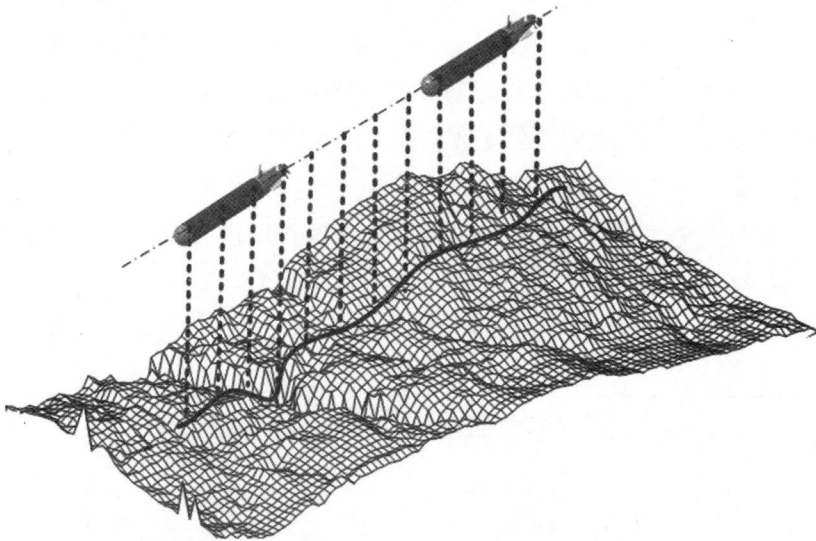

图3-2　单波束测量AUV路径下的地形面

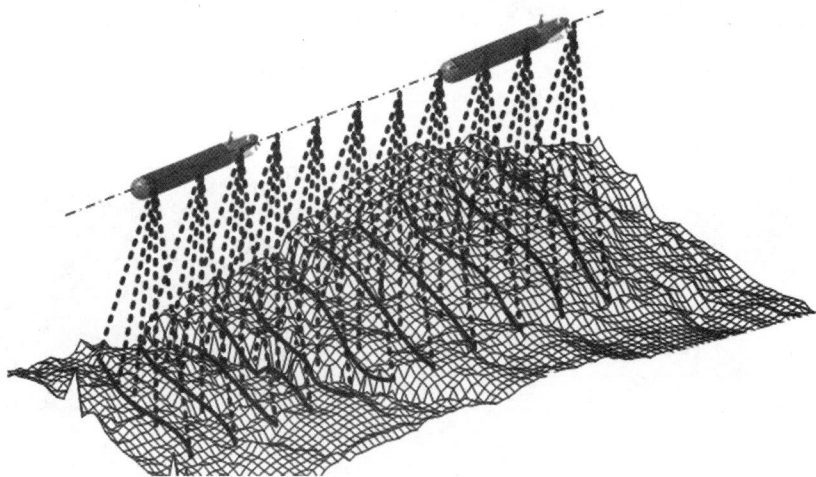

图3-3　多波束测量AUV路径下的地形面

$$d(\boldsymbol{A},\ \boldsymbol{B}) = \left[\sum_{i=1}^{n}\left[\left(a_i + \delta_i\right) - \left(b_i + \eta_i\right)\right]^2\right]^{\frac{1}{2}} \qquad (3\text{-}1)$$

设向量 $\boldsymbol{A}$ 是当前的观测向量，向量 $\boldsymbol{B}$ 是先验样本中的一个向量。向量 $\boldsymbol{B}$ 的集合用 $\boldsymbol{B}_i$ 表示，现在要判断 $\boldsymbol{A}$ 为哪一个样本的观测值就是计算观测向量 $\boldsymbol{A}$ 与 $\boldsymbol{B}_k$ ($k = 1, 2, 3, \cdots, K$) 中哪一个向量更相似。将向量 $\boldsymbol{B}_k$ 代入式（3-1），得到 K 个相似度：

$$d_k(\boldsymbol{A},\ \boldsymbol{B}_k) = \left[\sum_{i=1}^{n}\left[\left(a_i + \delta_i\right) - \left(b_{ki} + \eta_{ki}\right)\right]^2\right]^{\frac{1}{2}} \qquad (3\text{-}2)$$

实际上，在地形匹配定位中同样也是通过计算两个向量间的距离来获得两个测量点地形和搜索点地形之间的相似度，当 $\boldsymbol{B}_k$ 表示先验地形图中存储的节点序列高度，$\boldsymbol{A}$ 代表 AUV 实时测量的地形图时，整个比较过程就是 AUV 搜索最佳定位位置的过程。然而，前面的计算过程是存在疑问的，如果不考虑先验样本和观测量的测量误差，那么，最终的比较结果是同一个测量点的先验值和测量值具有最小距离，且距离为 0。然而，误差的出现使得这样的比较结果不可能出现，也使得最终比较结果可能并非准确。假设同一点对应的先验序列和观测序列为 $\boldsymbol{A}$ 和 $\boldsymbol{B}_j$，而且 $\boldsymbol{B}_j$ 为与观测值接近的先验序列，计算 $\boldsymbol{A}$ 与 $\boldsymbol{B}_j$ 和 $\boldsymbol{A}$ 与 $\boldsymbol{B}_k$ 之间的相似度。不妨省略式（3-2）中的开方，将 $\boldsymbol{A}$ 与 $\boldsymbol{B}_j$ 和 $\boldsymbol{A}$ 与 $\boldsymbol{B}_k$ 之间的相似度表示为

$$\begin{cases} d_j(\boldsymbol{A},\ \boldsymbol{B}_j) = \sum_{i=1}^{n}\left[\left(a_i + \delta_i\right) - \left(b_{ji} + \eta_{ji}\right)\right]^2 \\ d_l(\boldsymbol{A},\ \boldsymbol{B}_l) = \sum_{i=1}^{n}\left[\left(a_i + \delta_i\right) - \left(b_{li} + \eta_{li}\right)\right]^2 \end{cases} \qquad (3\text{-}3)$$

进一步展开式（3-3），得到

$$\begin{cases} d_j(\boldsymbol{A},\ \boldsymbol{B}_j) = \sum_{i=1}^{n}\left(a_i - b_{ji}\right)^2 + 2\sum_{i=1}^{n}\left(a_i - b_{ji}\right)\left(\delta_i - \eta_{ji}\right) + \sum_{i=1}^{n}\left(\delta_i - \eta_{ji}\right)^2 \\ d_l(\boldsymbol{A},\ \boldsymbol{B}_l) = \sum_{i=1}^{n}\left(a_i - b_{li}\right)^2 + 2\sum_{i=1}^{n}\left(a_i - b_{li}\right)\left(\delta_i - \eta_{li}\right) + \sum_{i=1}^{n}\left(\delta_i - \eta_{li}\right)^2 \end{cases} \qquad (3\text{-}4)$$

式中，$\left(a_i - b_{li}\right)$ 是一个确定的量，其值就是两个点之间的高度偏差，当两个比较项是同一个点的先验值和测量值时，该值是 0；而后面的两项 $2\sum_{i=1}^{n}\left(a_i - b_{ji}\right)\left(\delta_i - \eta_{ji}\right) + \sum_{i=1}^{n}\left(\delta_i - \eta_{ji}\right)^2$ 所表示的内容就是由于测量误差引起的。根据以上分析，式（3-4）

进一步写成

$$\begin{cases} d_j\left(\boldsymbol{A},\,\boldsymbol{B}_j\right) = \sum_{i=1}^{n}\left(\delta_i - \eta_{ji}\right)^2 \\ d_l\left(\boldsymbol{A},\,\boldsymbol{B}_l\right) = \sum_{i=1}^{n}\left(a_i - b_{li}\right)^2 + 2\sum_{i=1}^{n}\left(a_i - b_{li}\right)\left(\delta_i - \eta_{li}\right) + \sum_{i=1}^{n}\left(\delta_i - \eta_{li}\right)^2 \end{cases} \quad (3\text{-}5)$$

假设误差 δ 和 η 是服从同分布的高斯噪声，则 $(\delta - \eta) = \xi$ 与 δ，η 同分布，设两个匹配序列的偏差为 Δh，把式（3-5）简写成

$$\begin{cases} d_j\left(\boldsymbol{A},\,\boldsymbol{B}_j\right) = \sum_{i=1}^{n}\xi_j^2 \\ d_l\left(\boldsymbol{A},\,\boldsymbol{B}_l\right) = \sum_{i=1}^{n}\Delta h_{li}^2 + 2\sum_{i=1}^{n}\Delta h_{li}\xi_l + \sum_{i=1}^{n}\xi_l^2 \end{cases} \quad (3\text{-}6)$$

式（3-6）表示两个先验序列与测量序列之间的相似度比较，其中，$\boldsymbol{B}_j$ 序列与测量序列为同一样本点的值，所以应该有如式（3-7）所列的不等式成立：

$$d_j\left(\boldsymbol{A},\,\boldsymbol{B}_j\right) < d_l\left(\boldsymbol{A},\,\boldsymbol{B}_l\right) \quad (3\text{-}7)$$

由于式（3-6）中有噪声项 ξ 使得确定值 Δh 的信息被掩盖，两个值的大小关系难以确定甚至出现错配的可能，图 3-4 展示了噪声点对匹配过程的影响。正是这一项的存在使得匹配出现偏差，真实匹配定位点难以与邻近点区别，也就是说很难通过 $d_j\left(\boldsymbol{A},\,\boldsymbol{B}_j\right)$ 与 $d_l\left(\boldsymbol{A},\,\boldsymbol{B}_l\right)$ 的大小来判断测量序列 $\boldsymbol{A}$ 对应的先验序列。这个例子正说明了地形匹配定位的伪波峰和误匹配产生的原因，序列 $\boldsymbol{A}$ 如同实时的地形测量序列，而 $\boldsymbol{B}_j$ 正是测量序列 $\boldsymbol{A}$ 对应的先验地形序列，而 $\boldsymbol{B}_l$ 则如同先验地形中与地形区域 $\boldsymbol{B}_j$ 相似的地形序列，而上例中的误匹配产生正是因为测量地形中存在畸变，导致产生了错误的地形高度信息。

如果 $\Delta h \gg \xi$，则可确定关系式（3-7）仍然成立；若 $\Delta h \approx \xi$ 或者 $\Delta h = \xi$；则情况就不一样了，甚至出现相反的情况。也就是说，影响式（3-7）成立的主要因素是先验地形与测量地形高程差和地形测量噪声之间的不等关系，先验地形与测量地形的高程偏差越大，并且地形测量误差越小，则式（3-7）成立的可能性越大。假设有某种方法可以把 $\Delta h \leq \xi$ 和 $\Delta h > \xi$ 的点分开，那么，式（3-6）可以写成式

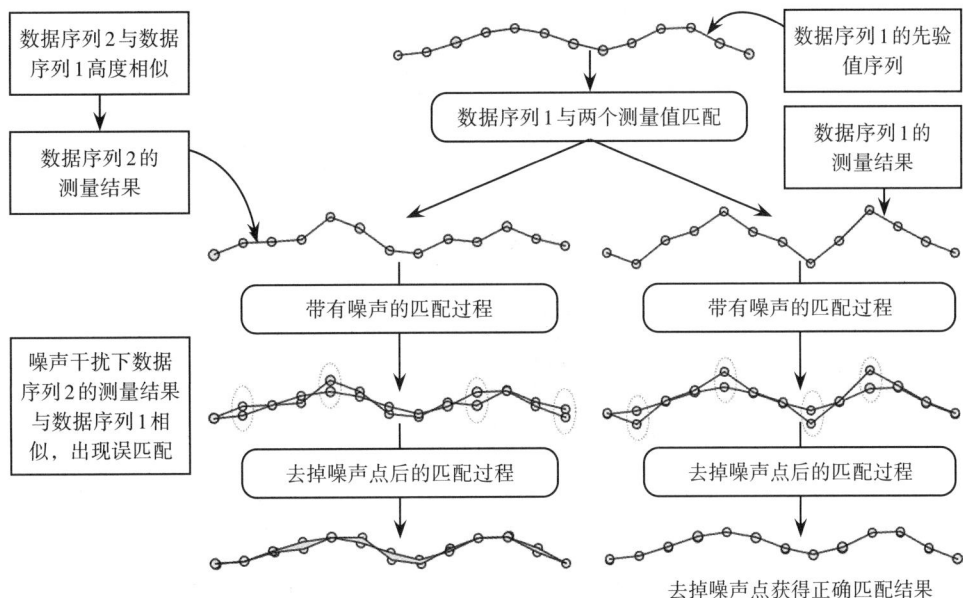

图 3-4 测量误差对匹配结果的影响示意图

$$
\begin{cases}
d_j(\boldsymbol{A},\ \boldsymbol{B}_j) = \displaystyle\sum_{i=1}^{n_1} \xi_j^2 + \sum_{i=n_1}^{n} \xi_j^2 \\[3mm]
d_l(\boldsymbol{A},\ \boldsymbol{B}_l) = \displaystyle\sum_{i=1}^{n_1} \left(\Delta h_{li}^2 + 2\Delta h_{li}\xi_l + \xi_l^2\right) + \sum_{i=n_1}^{n} \left(\Delta h_{li}^2 + 2\Delta h_{li}\xi_l + \xi_l^2\right)
\end{cases}
\tag{3-8}
$$

其中，$\Delta h > \xi$ 的项全部包含在 $\displaystyle\sum_{i=1}^{n_1}$ 的求和中，$\Delta h \leqslant \xi$ 的项全部包含在 $\displaystyle\sum_{i=n_1}^{n}$ 的求和中，由于 $\displaystyle\sum_{i=n_1}^{n}$ 中包含的求和项都是噪声较大的点，所以该项提供的定位信息可靠性极低，而且很可能会导致错误的匹配结果，这也是地形匹配过程中产生误匹配的原因。考虑到该项包含了错误的地形高程信息，为了使匹配结果达到最优，该噪声项应该剔除：

$$
\begin{cases}
d_j(\boldsymbol{A},\ \boldsymbol{B}_j) = \displaystyle\sum_{i=1}^{n_1} \xi_j^2 \\[3mm]
d_l(\boldsymbol{A},\ \boldsymbol{B}_l) = \displaystyle\sum_{i=1}^{n_1} \left(\Delta h_{li}^2 + 2\Delta h_{li}\xi_l + \xi_l^2\right)
\end{cases}
\tag{3-9}
$$

去掉噪声项之后的匹配节点总数变为 n_1。由于式（3-9）中包含的都是小噪声点，即节点的高度差远大于测量噪声，所以可以正确地判断两个匹配序列之间的相似度，比较过程如图3-5所示。

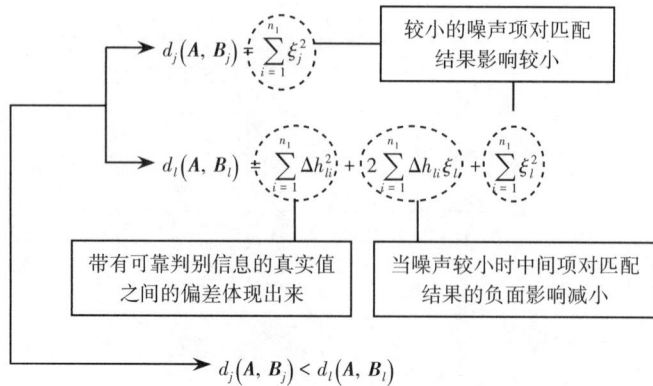

图3-5　去掉噪声点之后节点序列的比较示意图

3.3　有效地形测量点的统计筛选法

水下地形测量的一大特点就是地形的局部畸变现象，这主要是由于测量过程中的各种干扰和误差，以及插值构图过程中的误差耦合形成的。正如3.2节的分析，测量地形的畸变将导致地形的高度序列出现失真，从而导致观测数据中存在错误的地形节点高度信息，因此，局部地形畸变很容易导致TRP伪点和误匹配。为了降低地形局部畸变造成的定位偏差，接下来的内容将讨论基于畸变测量点筛选的匹配定位问题。利用统计方法进行大畸变测量点的识别和剔除；同时，利用筛选后的有效测量点进行匹配定位，以提高地形匹配定位的精度和稳定性。

3.3.1　有效测点统计法筛选模型

假设测量地形 RTM 已经在初次匹配中获得了定位点 X^p 匹配残差 Δh^p，与 RTM 配准的先验地形记为 SDEM（sub digital terrain map），则 SDEM 和 RTM 可以视为对同一处地形面的两次测量。假设地形配准后的残差服从高斯分布，那么，就可以根据式（2-16）计算潮差和匹配残差的方差。根据2.2.3节所述，可获得 RTM 和 SDEM 的匹配残差序列及其残差序列的标准差估计 σ_p，对于局部失真的测量地形节点可以根据统计学中的假设检验方法对其有效性进行检验。根据统计学中的 $3\sigma_p$ 原则进行无效测量点的识别原则，假设测量地形的分块数为 $k \times l$，对于 RTM 内部的测量节点 (i, j) 的畸变误差匹配定位权值 λ_{ij} 由式（3-10）定义：

$$\lambda_{ij} \in \boldsymbol{\lambda} \quad \text{and} \quad \begin{cases} \lambda_{ij} = 0 & \text{if} \quad \Delta h_{ij}^{\mathrm{p}} > 3\sigma_{\mathrm{p}} \\ \lambda_{ij} = 1 & \text{if} \quad \Delta h_{ij}^{\mathrm{p}} \leqslant 3\sigma_{\mathrm{p}} \end{cases} \tag{3-10}$$

式中，$\Delta h_{ij}^{\mathrm{p}}$ 表示测量地形某一个分块中索引为 (i, j) 的地形节点的地形匹配定位残差；σ_{p} 表示地形匹配定位点的测量误差标准差估计。

同样地，根据 2.2.3 节的内容可以计算有效节点筛选后的测量误差和潮差估计，估计等式为

$$\begin{cases} \Delta h^{\mathrm{p}} = Z - h(\boldsymbol{X}^{\mathrm{p}}) \\ \Delta h_{ij}^{\mathrm{p}} \in \Delta h^{\mathrm{p}}, \ i = 1, 2, \cdots, m, j = 1, 2, \cdots, n \\ t^{\mathrm{p}} = \dfrac{1}{m'n'} \displaystyle\sum_{i=1}^{m}\sum_{j=1}^{n}\left(\lambda_{ij}\Delta h_{ij}^{\mathrm{p}}\right) \\ \sigma_{\mathrm{p}} = \sqrt{\dfrac{1}{m'n'-1}\displaystyle\sum_{i=1}^{m}\sum_{j=1}^{n}\left(\lambda_{ij}\left(\Delta h_{ij}^{\mathrm{p}} - t^{\mathrm{p}}\right)^2\right)} \end{cases} \tag{3-11}$$

式中，Δh^{p} 表示地形匹配定位点的匹配残差序列；Z 表示测量地形；$h(\boldsymbol{X}^{\mathrm{p}})$ 表示测量地形在先验地图中的定位点位置的插值高度序列；$m'n'$ 表示有效测量点的总数。

根据前文得到了表征测量点有效性的矩阵 $\boldsymbol{\lambda}$，地形匹配定位的似然函数变量一般采用距离作为衡量标准，根据测量节点的有效性矩阵，可以将索引号为 (r, t) 的搜索点匹配残差平方和等式写成

$$S_{rt} = \sum_{i=1}^{m}\sum_{j=1}^{n}\lambda_{ij}\left(h_{ij} - z_{ij} - t_{\mathrm{p}}\right)^2 \tag{3-12}$$

式中，λ_{ij} 表示地形匹配定位过程中地形节点的有效性权值，其元素由布尔数表示且 "1" 为节点有效；"0" 为节点无效标记；σ_{ij} 为地形节点的测量误差的方差；h_{ij} 和 z_{ij} 表示地形节点的高度值；t_{p} 表示地形匹配定位点的潮差。

有效性权值是衡量单个地形节点的有效性的量，对于畸变较大的节点，由于它们不能描述真实的地形曲面，将其标定为无效的点。无效的节点不参与匹配定位，在权值设定时将其表示成 "0"，相应地有效节点设置成 "1"，有效性权值的取值为布尔型（0 或 1）。最后将进行有效测量节点筛选后的匹配点残差平方和等式 S_{rt} 写成似然函数的形式，如式（3-13）所列。获得所有的搜索点的二次匹配似然函数后就可以计算二次匹配定位点了，这里的方法与初匹配一样。

$$L_{rt} = \frac{1}{\sqrt{2\pi}\,\sigma_{\mathrm{p}}}\exp\left(-\frac{S_{rt}}{2\sigma_{\mathrm{p}}^2}\right) \tag{3-13}$$

综上，基于统计方法的有效节点筛选地形匹配定位算法有两次匹配过程，第一次匹配定位用于确定匹配残差并以此计算地形测量点的有效性矩阵，第二次匹配则是利用有效性矩阵对测量点进行筛选并获得二次匹配定位，一个详细算法通过下面的伪代码进行了详细的描述。

统计方法进行有效点筛选与匹配定位算法伪代码：

RTM：实时测量地形图(X_m, Y_m, Z_m)

DEM：先验地形图

m：实时测量地形的行数

n：实时测量地形的列数

S_x：搜索点X坐标矩阵，$x_{ij} \in S_x$

S_y：搜索点Y坐标矩阵，$y_{ij} \in S_y$

I：搜索点X和Y坐标矩阵的行数

J：搜索点X和Y坐标矩阵的列数

---

for $r = 1$ to I

    for $t = 1$ to J

    根据2.2.2节的方法计算索引号为(r, t)，坐标为(x_{rt}, y_{rt})的搜索点的似然函数L_{rt}

    end

end

$X^{\mathrm{p}} = \underset{X^{\mathrm{p}} \in (x_{rt}, y_{rt})}{\arg\max} \left(L_{rt}\right)$（计算TRP定位点）

$\begin{cases} \Delta h = Z - h(X^{\mathrm{p}}) \\ \sigma_{\mathrm{p}} \\ t_{\mathrm{p}} \end{cases}$（根据2.2.3节的方法计算初次匹配定位点的残差$\Delta h_{ij} \in \Delta h$，标准差$\sigma_{\mathrm{p}}$，潮差$t_{\mathrm{p}}$）

for $i = 1$ to m

    for $j = 1$ to n

    根据式（3-10）计算测量节点(i, j)的有效性λ_{ij}

    end

end

for $r = 1$ to I

    for $t = 1$ to J

根据式（3-12）计算索引号为 (r, t)，坐标为 (x_{rt}, y_{rt}) 的匹配残差平方和函数 S_{rt}

根据式（3-13）计算似然函数 L_{rt}

  end

end

$$X^{\mathrm{P}} = \underset{X^{\mathrm{P}} \in (x_{rt}, y_{rt})}{\arg\max} \left(L_{rt} \right) \quad （计算经过有效测量点筛选后的 TRP 定位点 X^{\mathrm{P}}）$$

3.3.2 有效测点统计法筛选试验

  试验区域的先验地形图位于青岛中沙礁海域，先验地形图、试验中 GPS 航迹、DR 航迹、地形匹配定位规划点的 GPS 位置和 DR 位置如图 2-15 所示。图 3-6 所示为规划导航点的实时测量地形、推算导航误差椭圆和地形匹配定位搜索区间。实时地形图的采集利用图 2-42 所示的测深设备。

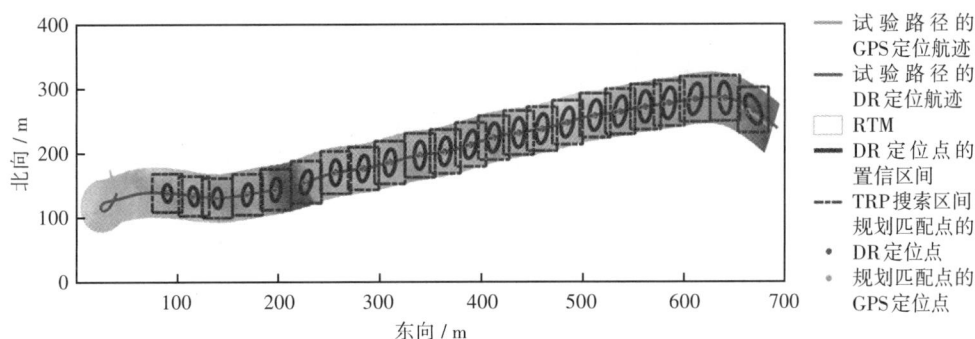

图 3-6　规划匹配定位点的实时测量地形及规划匹配定位点的测量地形

  图 3-7（a）（b）绘出了未经统计法筛选的和经过统计方法进行有效节点筛选后，4～11 号地形匹配定位规划点的 GPS 定位位置、似然函数云图、地形匹配定位点和地形匹配定位置信区间。

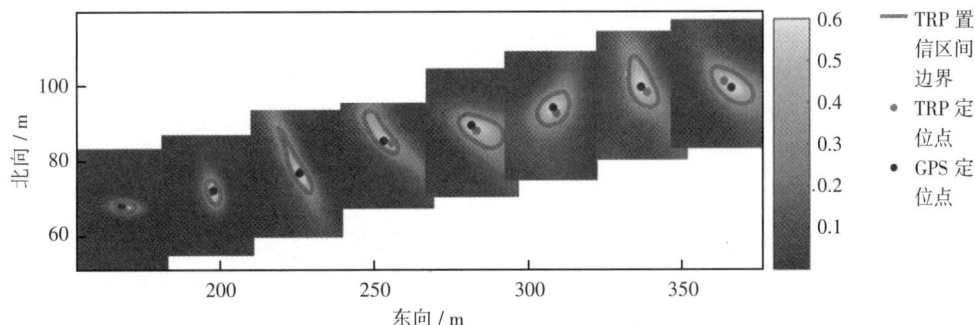

（a）有效测点筛选前，4～11 号 waypoint 上的 TRP 定位置信区间估计

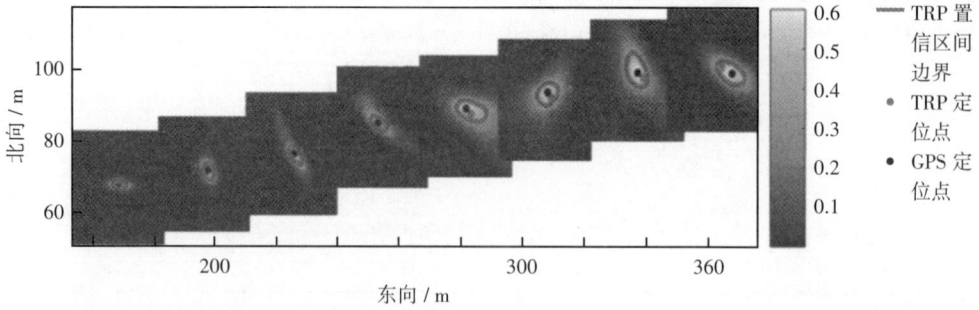

（b）有效测点筛选后，4～11号 waypoint 上的 TRP 定位置信区间估计

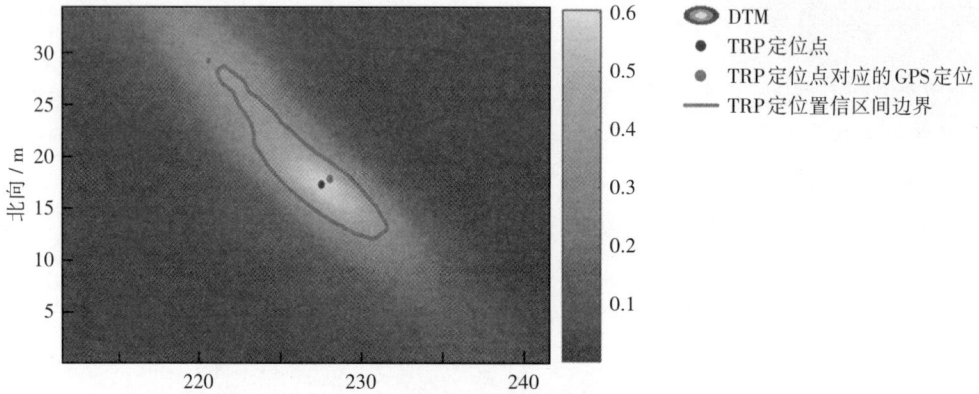

（c）有效测点筛选前，6号 waypoint 上的 TRP 定位置信区间估计

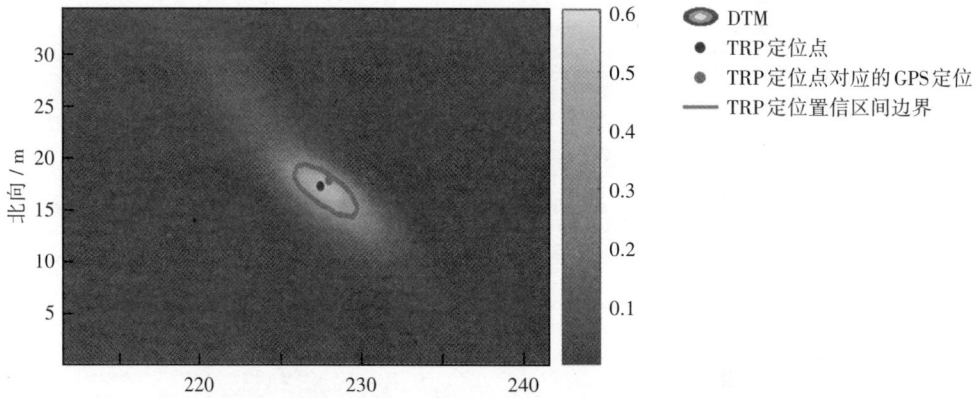

（d）有效测点筛选后，6号 waypoint 上的 TRP 定位置信区间估计

图3-7　测量节点筛选前后的似然函数和置信区间边界比较

对比图3-7（a）和图3-7（b）可以看到，经过有效地形测量点的筛选后地形匹配定位似然函数的下降梯度增加，地形匹配定位似然函数的波峰更加尖锐，而且地形匹配定位置信区间也明显减小。有效节点筛选的方法可以删除测量地形中具有较大畸变误差的测量点，避免由于地形畸变引入的错误地形高度信息而产生

的错误似然值。图3-7（c）和图3-7（d）分别表示第6号规划点在有效节点筛选前后的似然函数和置信区间，可以从似然函数云图中明显看到，经过有效测量点筛选后，似然函数的波峰更加尖锐且地形匹配定位置信区间明显缩小了。

图3-8（a）和图3-8（b）分别表示匹配残差和匹配残差的直方图统计结果，其中图3-8（a）表示有效测量点筛选前的结果，图3-8（b）表示经过有效节点筛选后的匹配残差图和匹配残差直方图统计结果。从图3-8（a）左侧图中可以看到匹配残差的分布具有明显的区域相关性。经过有效节点的筛选之后得到如图3-8（b）所示的结果，可以看到某些区域内残差较大的节点被删除，最终保留下来的测量节点是由式（3-1）进行有效节点的筛选后获得的匹配残差图和其直方图统计，采用统计的方法进行有效节点的筛选时没有考虑到节点之间的耦合关系。

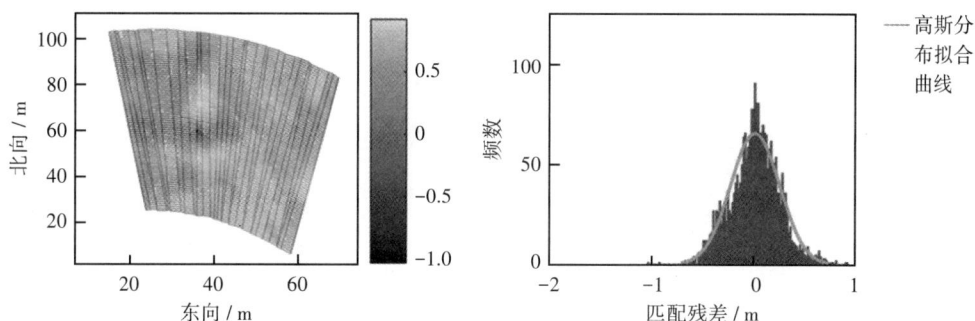

（a）6号waypoint的有效测点筛选前匹配残差和直方图统计结果

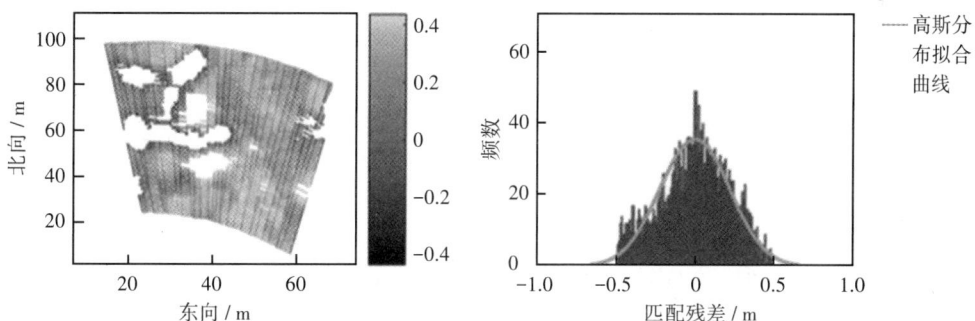

（b）6号waypoint的有效测点筛选后匹配残差和直方图统计结果

图3-8 有效测量节点筛选后的匹配残差和直方图统计结果

3.4 有效地形测量点的PCNN筛选方法

接下来将针对地形匹配过程中的噪声点干扰问题，研究利用脉冲耦合神经网络识别和剔除畸变较大的测量点。实际上，利用脉冲耦合方法进行节点筛选的过程就是考虑了地形面上节点之间的相互耦合，这一点与测量地形的畸变形成有相似之处。由于测量过程中获得的主要是地形的散点信息，这些散点就是地形面的采样点，在地形图的成图过程中需要进行插值，该过程中各个测点的误差会在插值点之间传播，测量地形的误差不再独立，而是与局部区域内的测点误差形成耦合误差，一些测量误差较大的点将导致局部区域产生较大的畸变。本节将利用脉冲耦合神经网络（pulse coupled neural network，PCNN）处理耦合问题的优势进行畸变测量点的识别和剔除。

3.4.1 有效测点 PCNN 筛选原理

采用脉冲耦合神经网络方法对测量节点进行筛选处理的整个匹配过程分为两步：① 利用初次匹配残差矩阵和 PCNN 模型进行有效节点的筛选，得到测量点的有效性矩阵；② 利用有效性矩阵进行二次匹配定位并输出结果，整个算法的处理过程如图 3-9 所示。

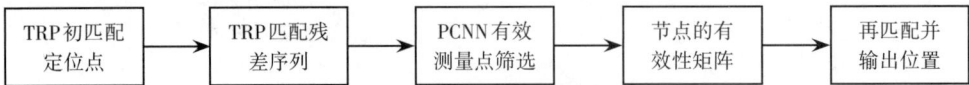

TRP初匹配定位点	→	TRP匹配残差序列	→	PCNN有效测量点筛选	→	节点的有效性矩阵	→	再匹配并输出位置

图 3-9 PCNN 节点筛选与匹配过程

脉冲耦合神经网络的输入值是一个二维的矩阵。与 3.3.1 节类似，假设测量地形 RTM 已经在初次匹配中获得了定位点 X^p 匹配残差 Δh^p，首先利用式（3-14）对残差进行归一化，得到节点归一化似然度 E_{ij}：

$$E_{ij} = \frac{1}{2\pi(\sigma_p)^2} \exp\left(-\frac{1}{2(\sigma_p)^2}\left(\Delta h_{ij}^p - t_p\right)^2\right) \tag{3-14}$$

式中，Δh_{ij}^p 表示地形匹配定位点的匹配残差序列索引号为 (i, j) 的节点匹配残差，且 $\Delta h_{ij}^p \in \Delta h^p$；$t_p$ 表示初匹配的潮差估计；$(\sigma_p)^2$ 表示地形匹配定位点匹配残差序列方差估计。

根据式（3-14）得到匹配残差的每一个节点的归一化似然度矩阵，矩阵中的每一个元素代表 DEM 中搜索区域内的节点与相应的 RTM 中节点的相似度，其取值区间为在 [0, 1]。将这个矩阵输入脉冲耦合神经网络中进行有效节点筛选处理，最终得到节点有效性输出矩阵。若输出结果是 "1"，则表示噪声较小，该点是有效的测量点；若输出结果是 "0"，则表示该点畸变点，不可用于匹配定位。实际上，脉冲耦合神经网络的作用就是处理这个相似度矩阵，判断矩阵中的点哪些是相似度高的，并且判断这些点的相似度值哪些真实地反映了节点的相似程度。在这个比较和筛选的过程中，PCNN网络通过将节点的相似度向周围的节点传播，从而影响周围节点的相似度值，图3-10描述了PCNN网络节点间的相似度传播示意图，每一次迭代中各个节点的似然度传播都将影响周围节点的似然度。

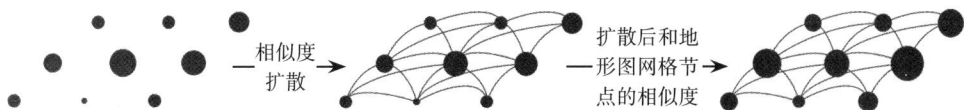

图3-10 PCNN中节点相似度的传播

3.4.2 有效测点PCNN筛选模型

借鉴现有的PCNN模型并结合地形匹配的特点，提出了PCNN地形有效测量点筛选模型，图3-11所示为有效地形测量点PCNN筛选模型，其中，红色点表示PCNN测点有效性筛选过程中的当前处理节点，黑色的点表示与当前处理节点有耦合关系的点。处理当前点(i, j)时，除了输入当前点的归一化似然度值E_{ij}之外，还要输入其连接点的归一化似然度值E_{ijkl}。图3-12所示为PCNN地形测量节点有效性筛选过程中的耦合模型，该模型中当前点(i, j)的连接点一共有8个，即是在其周围与其紧相邻的8个点，所以$(k, l) \in \{(1, 1), (1, 2), (1, 3), (2, 1), (2, 3), (3, 1), (3, 2), (3, 3)\}$，耦合模型中的耦合点权重表示为图3-12中的$M_{ij}$和$W_{ij}$权重矩阵。图3-11所示PCNN模型中的参数计算可通过式（3-15）获得：

$$
\begin{cases}
F_{ij}[n] = \mathrm{e}^{-\alpha_F} F_{ij}[n-1] + E_{ij} + V_F \sum_{kl} M_{ijkl} Y_{kl}[n-1] \\
L_{ij}[n] = \mathrm{e}^{-\alpha_L} L_{ij}[n-1] + V_L \sum_{kl} W_{ijkl} Y_{kl}[n] \\
U_{ij}[n] = F_{ij}[n](1 - \beta L_{ij}[n]) \\
Y_{ij}[n] \begin{cases} 1 & \text{if} \quad U_{ij}[n] > \theta_{ij}[n] \\ 0 & \text{otherwise} \end{cases} \\
\theta_{ij}[n] = \mathrm{e}^{-\alpha_\theta} \theta_{ij}[n-1] + V_\theta Y_{ij}[n]
\end{cases}
\tag{3-15}
$$

式中，Y_{ij}表示当前点(i, j)的筛选结果输出值，取值为0或1，且初始化取值为0；

E_{ij}表示当前处理点的归一化似然值，通过式（3-14）计算得到；α_f，α_L，α_θ，V_F，V_L，V_θ分别表示馈送项时间衰减常数、连接项时间衰减常数、动态阈值时间衰减常数、馈送项常数、连接项常数、动态阈值常数。

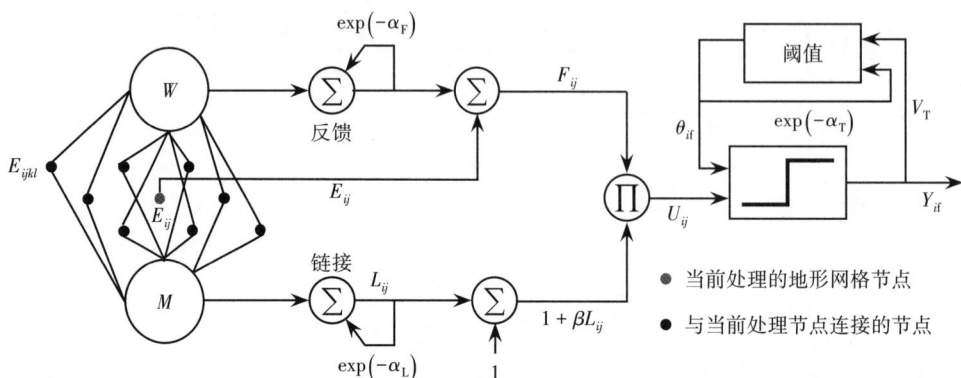

图3-11　有效测量点PCNN筛选模型

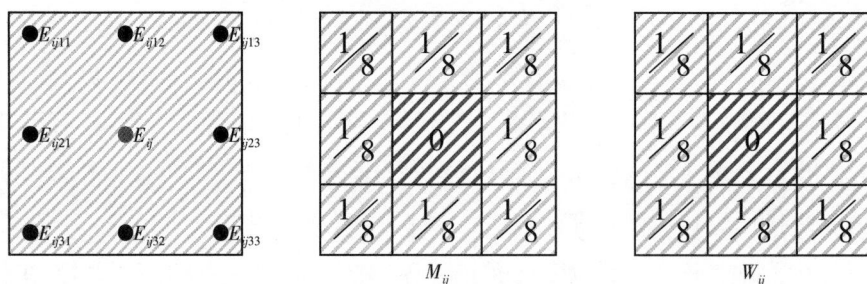

图3-12　有效测量点识别过程的PCNN耦合模型和输入节点权值矩阵

图3-13描述了基于PCNN有效节点筛选的示意图，初匹配获得定位点X^p和残差矩阵Δh^p到最终获得测量地形节点的点火矩阵，该矩阵为"0"或"1"参数的矩阵，其中，"1"表示节点的似然度超过动态阈值，"0"表示节点的似然值没有超过动态阈值。根据前文的描述，测量地形中节点与先验地形图中的测量点的似然函数值超过阈值，则表明该点的测量值与先验地形图中的测量值差别太大，该点产生了较大的畸变并被PCNN标记为无效的测量点。因此，与3.3.1小节的节点有效性矩阵一样，定义测点(i, j)的有效性标记λ_{ij}，且有式（3-16）成立：

$$\begin{cases} Y_{ij} = \lambda_{ij} \\ i = 1, 2, \cdots, m \\ j = 1, 2, \cdots, n \end{cases} \tag{3-16}$$

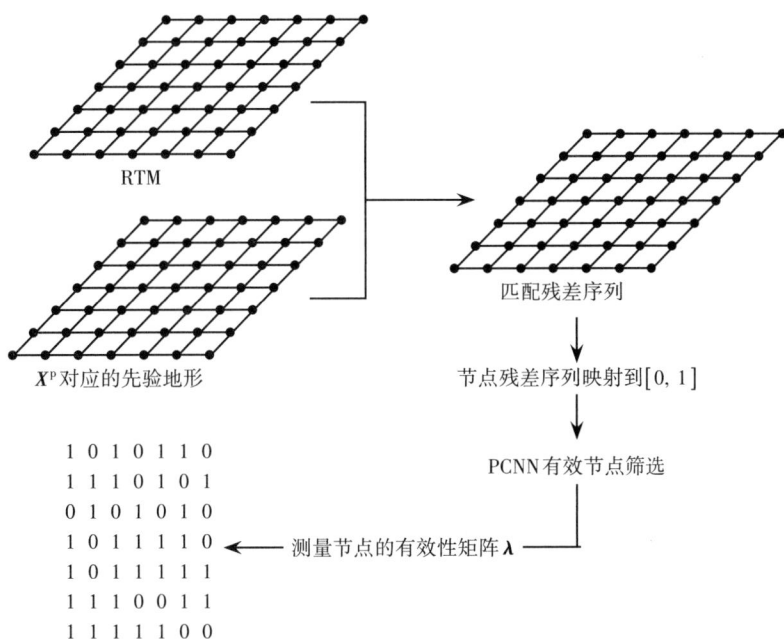

1 0 1 0 1 1 0
1 1 1 0 1 0 1
0 1 0 1 0 1 0
1 0 1 1 1 1 0
1 0 1 1 1 1 1
1 1 1 0 0 1 1
1 1 1 1 1 0 0

图3-13 脉冲耦合神经网络有效测点识别示意图

3.4.3 有效测点PCNN筛选试验

根据3.2.3.2中的内容可以得到关于测量地形节点有效性矩阵$\boldsymbol{\lambda}$。在获得节点有效性矩阵后再测量节点筛选匹配定位，该过程与3.3.1节的筛选过程相同，只需要将其中的测量节点有效性矩阵换成3.4.2节测量节点有效性矩阵即可，这里不再赘述。

PCNN有效测量点筛选匹配定位算法伪代码：

RTM：实时测量地形图(X_m, Y_m, Z_m)

DEM：先验地形图

m：实时测量地形的行数

n：实时测量地形的列数

S_x：搜索点X坐标矩阵，$x_{ij} \in S_x$

S_y：搜索点Y坐标矩阵，$y_{ij} \in S_y$

I：搜索点X和Y坐标矩阵的行数

J：搜索点X和Y坐标矩阵的列数

---

for $r = 1$ to I

    for $t = 1$ to J

    根据 2.2.3 节的方法计算索引号为 (r, t)，坐标为 (x_{rt}, y_{rt}) 的搜索点的似然函数 L_{rt}

    end

end

$$X^P = \underset{X^P \in (x_{rt}, y_{rt})}{\arg \max} (L_{rt}) \ (\text{计算 TRP 定位点})$$

$$\begin{cases} \Delta h^P = Z_m - h(X^P) \\ \sigma_P \\ t_P \end{cases} \quad \begin{array}{l} (\text{根据 2.2.3 节的方法计算初次匹配定位点的残差 } \Delta h_{ij}^P \in \Delta h^P, \\ \text{标准差 } \sigma_P，\text{潮差 } t_P) \end{array}$$

利用式（3-14）对匹配残差进行归一化处理

while iter $<= N$（N 表示 PCNN 的迭代次数）

    for $i = 1$ to m

        for $j = 1$ to n

        根据 3.2.3.2 节的内容利用 PCNN 计算测量点有效性矩阵

        if $\sum\limits_{i=1}^{m}\sum\limits_{j=1}^{n} Y_{ij} < \alpha \cdot m \cdot n$；break；（如果有效测点总数小于测点总数的 α 倍则

           退出迭代，α 的取值人为设定一般为 $\alpha \in [0.5, 0.65]$）

        end

      end

    end

end

for $r = 1$ to I

    for $t = 1$ to J

    根据式（3-12）计算索引号为 (r, t)，坐标为 (x_{rt}, y_{rt}) 的匹配残差平方和函数 S_{rt}

    根据式（3-13）计算似然函数 L_{rt}

    end

end

$$X^P = \underset{X^P \in (x_{rt}, y_{rt})}{\arg \max} (L_{rt}) \ (\text{计算经过有效测量点筛选后的 TRP 定位点 } X^P)$$

试验路径和先验地形图与3.3.2节相同，实时地形图的采集利用图2-42所示的测深设备，试验中GPS航迹、DR航迹地形匹配定位规划点的GPS位置和DR位置标记如图2-15所示，地形匹配定位规划点的测量地形（RTM）在图3-6中绘出。

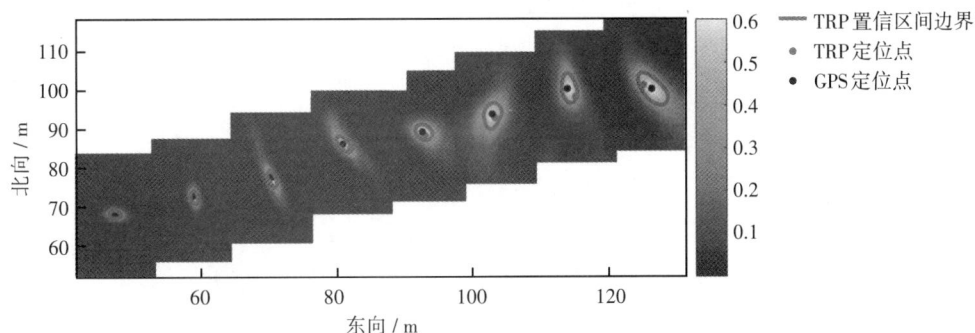

（a）有效测点PCNN筛选后，4～11号waypoint上的TRP定位置信区间估计

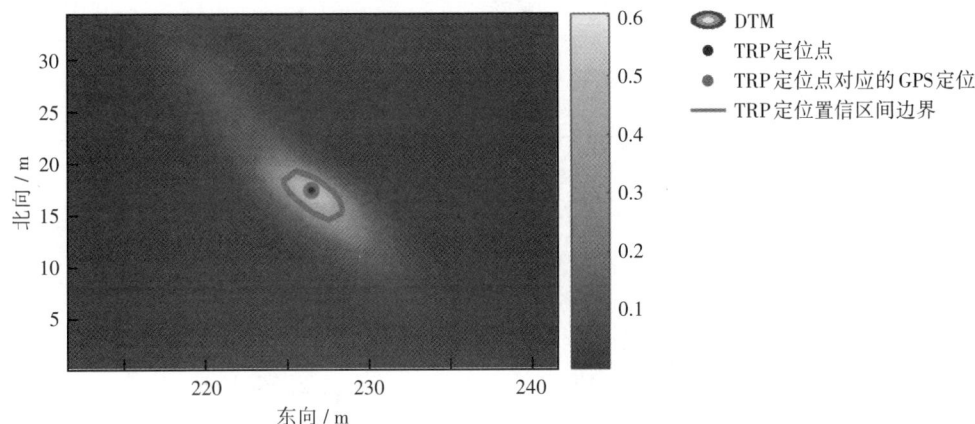

（b）有效测点筛选后，6号waypoint上的TRP定位置信区间估计

图3-14　测量节点筛选前后的似然函数和置信区间边界比较

图3-14表示经过PCNN地形有效测量点筛选后获得的匹配定位似然函数云图、规划匹配点的GPS位置、规划匹配点的TRP位置、TRP的置信区间边界。其中，图3-14（a）所示为在进行PCNN有效节点筛选的情况下，4～11号规划匹配定位点的匹配定位结果，与图3-7（a）对比可以看到，经过有效测量点筛选后地形匹配定位似然函数的下降梯度明显增加，而且地形匹配定位点的置信区间也明显减小。图3-14（b）所示为第6号规划点在有效节点筛选后似然函数置信区间，对比图3-7（c）可以从似然函数云图中明显看到，经过有效测量点筛选后似然函数的下降梯度增加了，且TRP置信区间明显减小了。

图3-15（a）为匹配残差图，图3-15（b）为利用PCNN方法获得的点火图（节点有效性的标记图），图3-15（c）为经过有效测量点筛选后的匹配残差图。图

3-16（a）（b）分别表示经过PCNN有效节点筛选后的地形匹配定位残差图和残差的直方图统计，可以看到，PCNN并非像3.3.2节中基于统计方法的有效测量点筛选那样直接将匹配残差超过阈值的测量点设置为无效测量点，PCNN删除了部分匹配残差较小的测量点。从筛选后的残差直方图统计结果中可以看到［图3-16（b）］，很多位于−0.25和0.20附近的残差节点被识别为无效的测量点，这主要是由于PCNN的耦合作用造成的。

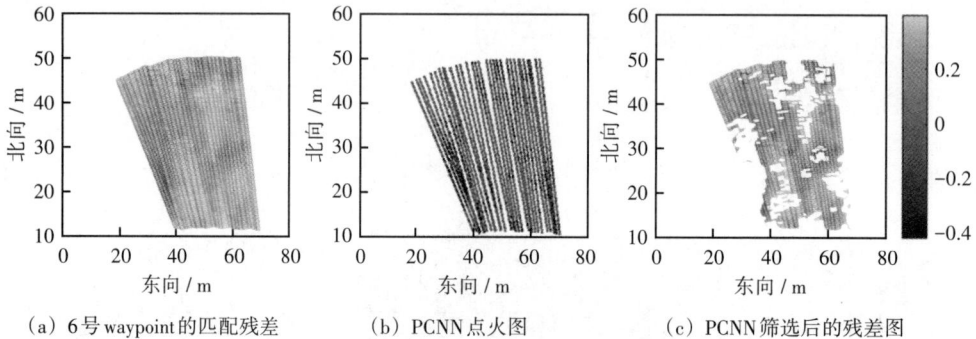

（a）6号waypoint的匹配残差　　　（b）PCNN点火图　　　（c）PCNN筛选后的残差图

图3-15　采用PCNN进行有效测量点筛选时的匹配残差、节点点火图和筛选后的残差图

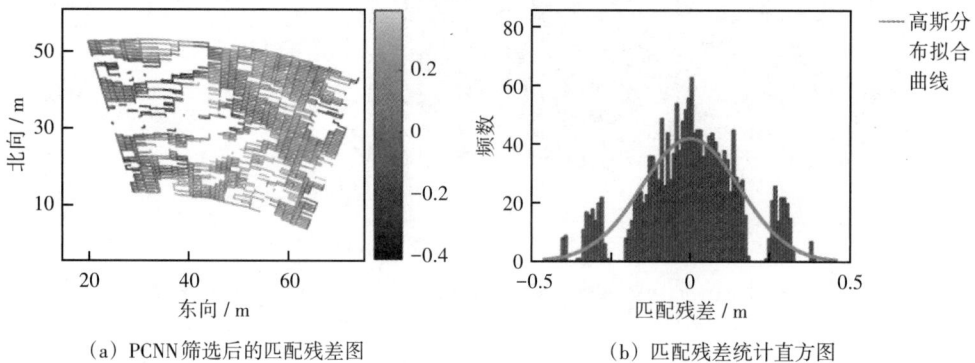

（a）PCNN筛选后的匹配残差图　　　　（b）匹配残差统计直方图

图3-16　采用PCNN进行有效测量点筛选前后的匹配残差图和统计直方图

3.5　有效测量点筛选方法对比试验

图3-18绘出了试验路径上所有地形匹配定位点未经过有效测量点筛选、统计方法有效测点筛选、PCNN方法有效测点筛选的定位偏差。从图中可以看到，未经过有效测量点筛选的TRP偏差与PCNN有效测量点筛选的TRP偏差除了在10、22号定位点有很小的偏差，在其他定位点都是相同的。而采用统计方法进行有效测

点筛选后的 TRP 结果较未经过有效测点筛选的 TRP 结果要稳定，而且从 15～17 号匹配点的定位结果可以看到经过统计方法有效测量点筛选后的匹配偏差明显减小。

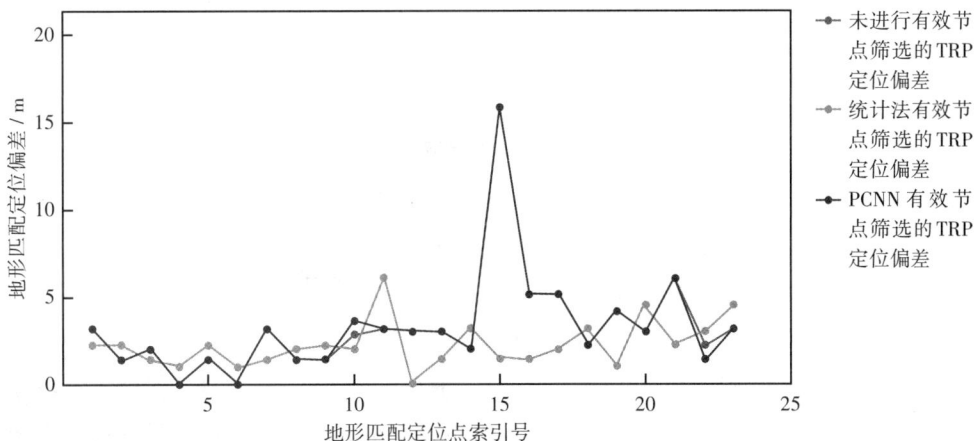

图 3-17　有效测点筛选前后地形匹配定位点的定位偏差

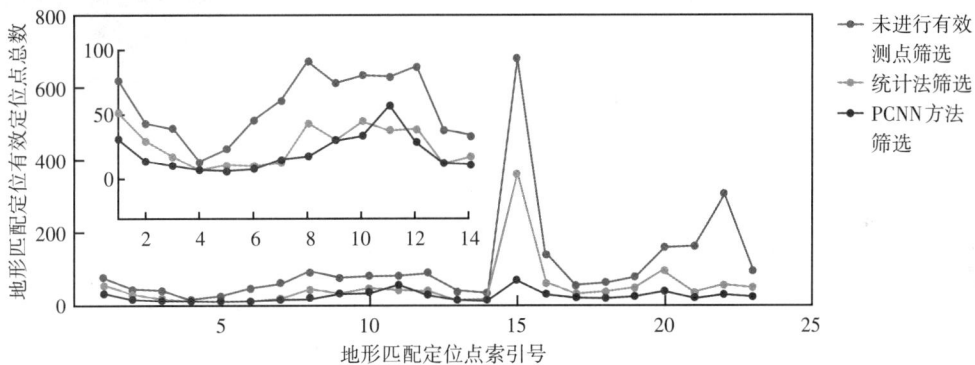

图 3-18　有效测量点筛选前后的 TRP 有效定位点的统计比较

图 3-18 显示试验路径上所有地形匹配定位点未经过有效测量点筛选、统计方法有效测点筛选、PCNN 方法有效测点筛选的有效地形匹配定位点总数，这个数量与地形匹配定位置信区间大小是正相关的。从中可以看到，未经过有效测量点筛选的匹配定位有效定位点数要高于经过有效测量点筛选后的有效定位点数。其中，PCNN 有效测量点筛选方法得到的匹配定位有效定位点数小于其他两种定位方法得到的。

通过以上的分析可以看出，未考虑测量点畸变误差的匹配算法只是计算两个匹配面中对应节点序列之间的距离，以最小距离作为最佳匹配点的判断条件，它将所有的点以同等的权重进行匹配，而没有考虑节点可能包含错误的地形高度信息。在误差较小的情况下，畸变节点对定位精度和定位稳定性的影响较小，但测量地形可能是一个具有较大测量误差畸变地形，某些区域节点的测量误差非常大，从而严重影响匹配精度和稳定性。通过对测量地形中的畸变测量点进行识别和筛选以便删除错误信息较大的测量点，可以在一定程度上避免错误的地形信息导致的伪定位和误匹配，同时提高似然函数的下降梯度并减小地形匹配定位的置信区间。

此外，基于统计方法的有效测量点筛选方法具有比较稳定的输出，没有需要调节的参数，而且该算法有具体的数学依据。脉冲耦合神经网络具有较强的处理耦合问题的能力，只要条件的输入参数选择正确，就能获得较好的匹配效果。与传统的匹配方法相比，脉冲耦合网络利用其强大的非线性处理能将数据中误差较大的点剔除，从而防止个别受噪声污染较大的点"混入"其中而引起伪定位和误匹配；但是，PCNN的调节参数多且其算法的稳定性很难保证，缺乏相关的数学基础理论。因此，目前就算法的实用性和可靠性来讲，有效测量点的统计筛选方法要比PCNN方法实用。

3.6　本章小结

本章主要研究了如何提高地形匹配定位精度和稳定性的方法。地形测量误差引起的局部地形畸变导致地形数据中存在错误的地形高度信息，从而导致地形匹配定位结果出现伪波峰和伪定位等情况。首先分析了地形局部畸变对匹配结果的影响，然后提出了利用统计检验方法和PCNN方法对测量地形中的畸变点进行识别的删除。从试验结果来看，PCNN畸变节点筛选方法在减小地形匹配定位偏差方面效果不如统计方法明显，但对于减小地形匹配定位的置信区间有很显著的效果。这也说明了畸变测量点筛选可以提高地形匹配定位的稳定性。

参考文献

［1］　MEDUNA D K. Terrain relation navigation for sensor-limited systems with application to underwater vehicles［D］. Stanford：Stanford University，2011.

［2］　NYGREN I. Terrain navigation for underwater vehicles［D］. Stockholm：Royal Institute of Technology，2005.

［3］ 王汝鹏. AUV 地形匹配导航初始定位研究［D］. 哈尔滨: 哈尔滨工程大学,
2019.

［4］ JOHNSON J L, PADGETT M L. PCNN model and applications［J］. IEEE transactions on neural networks, 1999, 10（3）: 480-498.

［5］ LI Y, TONG Q Y, FAN Y. Texture image segmentation using pulse coupled neural networks［C］// Industrial Electronics and Applications, 2007: 355-359.

第4章

∨

初始定位点的置信区间
约束方法

4.1 引言

较早的水下地形匹配定位算法主要是TERCOM算法，它属于批处理算法，由于没有加入DR信息的约束，TERCOM算法很不稳定。另外还有Sandia方法，采用地形线性化技术和递推滤波技术实现连续的位置估计，但是由于地形的线性化和地形测量误差的非高斯性质导致滤波结果很容易发散。近些年研究人员试图用一些非线性的滤波方法进行TRN，试图避开地形线性化而实现位置的递推估计，Ingmar教授提出了基于极大似然估计的TRP方法并结合后验贝叶斯估计理论完成了多次海上试验，FFI开发了TRN算法仿真系统TeerLab，对PF，MPF，TERCOM算法进行了仿真分析，并以HUGIN AUV为试验载体完成了海上试验验证，经过多年的研究实现了TRN技术的产品化。斯坦福大学Deborah K. Meduna研究了低成本和低精度传感器条件下的AUV地形匹配导航问题，提出了紧耦合积分模型（tightly-coupled integration between TRN and INS）和粒子滤波方法，在试验中取得了较好的效果。此外，日本东京大学采用粒子滤波方法实现了ROV近海底观测过程的实时定位，可以说，PF方法已成为TRN的主流算法，更多关于地形匹配导航的总结性文献可以参考。地形匹配导航一般分为两个阶段：初始定位阶段和跟踪滤波阶段。由于初始定位阶段往往存在很大的累积误差，参考导航提供的位置信息和位置概率分布已经严重偏离了实际值，此时，需要通过地形特征匹配来确定AUV的初始位置，所以初始定位阶段主要是通过TRP方法获得较准确的AUV初始位置。在跟踪滤波阶段主要是利用参考导航的时间相关性和地形的局部唯一性获得连续的位置估计，此时，需要滤波方法具有较好的稳定性，现阶段的主流滤波方法是粒子滤波方法（PF）。基于此，本书接下来的内容也将围绕PF地形匹配导航展开讨论。

实际上，对于非高斯噪声输入的非线性系统，PF滤波方法确实是比较好的选择。虽然目前粒子滤波方法可以很好地对AUV的航迹进行跟踪，但在地形匹配导航的初始阶段的滤波效果仍然很糟糕。如图4-1（a）所示，先验地形图远小于AUV作业覆盖区域。在AUV执行大深度下潜任务，长时间得不到地形匹配修正的情况下，初始匹配定位的推算导航位置不确定性往往非常大，甚至达到了几百米，此时的参考导航定位信息严重偏离实际。相比于参考导航定位信息，地形匹配定位得到的概率分布函数在真实位置的取值出现明显的峰值，但往往伴有伪波峰［图4-1（b）］，此时的融合结果会严重偏离实际［图4-1（c）］，甚至其融合定位结果比TRP还差。很显然，参考导航定位信息不能为粒子滤波初始化提供可靠的信息，而其与地形匹配定位的融合结果同样不可靠，虽然地形匹配定位概率分布有伪波峰，但在真实位置附近仍然存在峰值，这说明初始定位信息应该从地形匹配定位信息中获取。

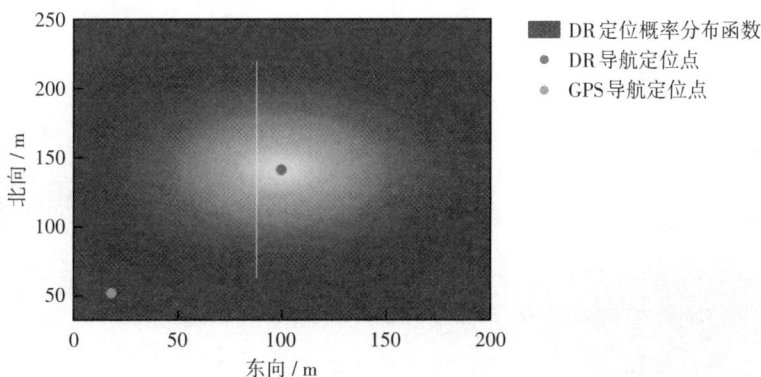

（a）DR导航给出的初始定位点及初始定位点的概率分布

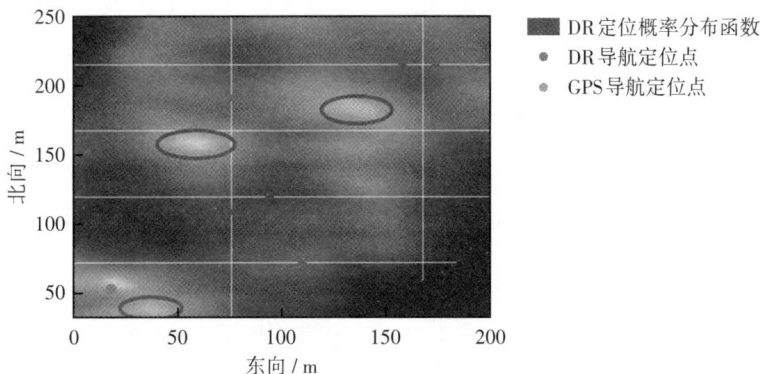

（b）TRP给出的初始定位点及初始定位点的概率分布

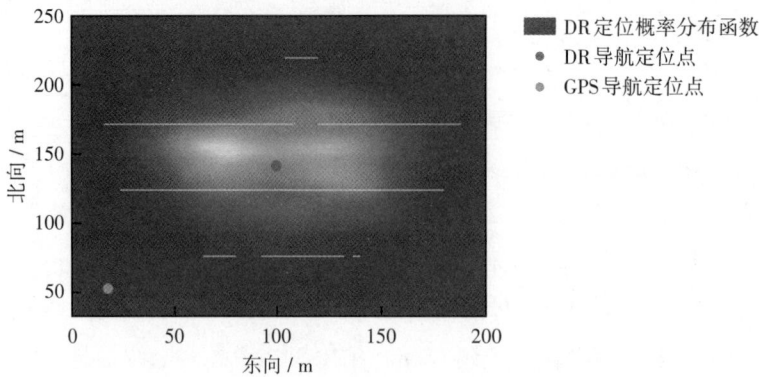

（c）TRP与DR融合后给出的定位概率分布

图4-1 AUV大深度下潜和长时间潜航导致较大的初始定位偏差

目前，粒子滤波方法没有对初始累计误差很大的情况进行讨论。试验结果表明，在初始偏差很大的情况下，一般的粒子滤波方法难以达到较好的滤波效果，主要原因在于以下几点。

① 初始时刻推算导航的偏差很大时，推算导航得到的定位点和定位概率分布函数与实际情况相差很远。

② 利用推算导航的误差对粒子进行初始化，容易导致滤波发散。

③ 初始时刻推算导航定位的不确定区间非常大，需要布设大量的粒子才能覆盖真实的位置。

本章主要讨论基于粒子滤波的初始定位问题。初始定位需要解决的问题主要是初始位置、定位概率的估计及粒子初始化。若直接采用地形匹配定位信息进行粒子初始化，则需要大量的粒子来覆盖初始搜索区间，而且位于伪波峰位置的初始粒子也会存在较高的权值，初始粒子过于分散和较大的初始权值误差容易导致滤波收敛困难。总而言之，粒子滤波地形匹配导航的初始化要求粒子少、收敛快。接下来的内容将重点讨论利用地形匹配定位置信区间约束初始粒子分布范围，从而加快粒子滤波收敛速度。

4.2 有效地形匹配定位点估计

正如第3章中描述的，地形匹配定位点是随机跳变的，我们不可能知道AUV在初始时刻的准确位置。同时，第3章中也提到了TRP的置信区间计算问题，置信区间确定了TRP定位结果的一个置信范围，这个置信区间将AUV的位置确定在一个有限的范围内，虽然没有获得AUV的准确位置，但已经将AUV的位置确定在了一个有效的范围内，而且TRP置信区间确定的范围只与局部地形特征和测量误差有关，是一个不随时间变化的量。一个可行的解决方案就是解算初始时刻TRP置信区间，并利用置信区间进行粒子滤波的初始化。根据第3章的分析可知，通过有效测量点的筛选可以进一步提高TRP的精度并减小置信区间，高精度TRP方法和TRP置信区间估计理论可以为TRN滤波初始化提供有效的解决方案。

4.2.1　粗匹配似然函数与网格密化

在地形匹配导航的初始阶段，参考导航累积误差很大时会需要有很大的搜索范围，为了加快搜索定位的速度，可在初始阶段加大搜索的步长。此外，为了在粒子初始化阶段获得密度较高的网格，也可以对初始定位的似然函数网格进行加密处理，图4-2为采用不同网格密度进行插值的示意图。

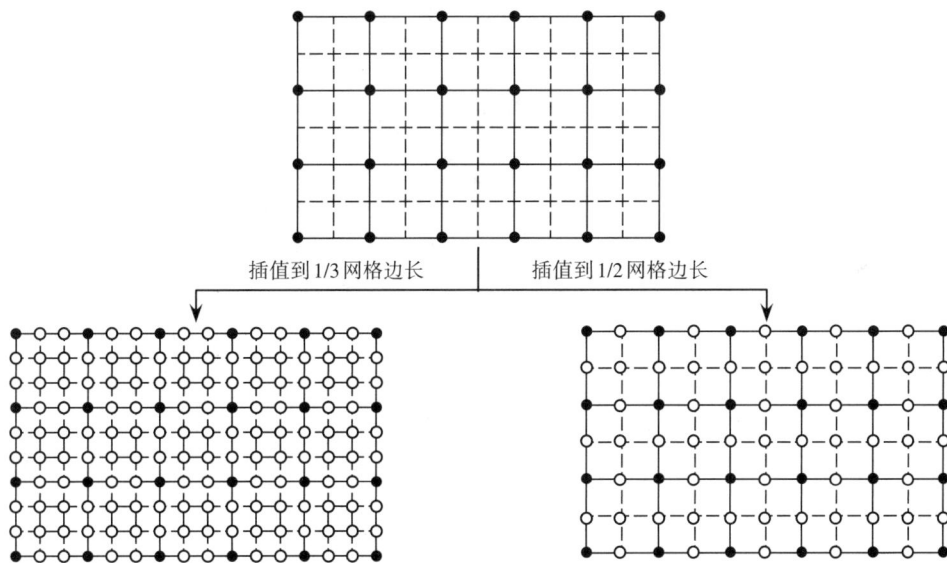

图4-2　似然函数曲面的网格加密处理示意图

图4-3（a）表示某一初始匹配定位点获得的初匹配似然函数网格曲面（网格分辨率8 m×8 m），图4-3（b）表示通过图4-3（a）中的初始匹配定位似然函数加密插值得到的似然函数（网格分辨率2 m×2 m）。图4-4（a）（b）（c）和图4-4（d）（e）（f）分别表示采用双线性插值和三次多项式插值对初始匹配定位似然函数进行加密后的结果与插值误差统计。从结果可以看到，双线性插值和三次多项式插值精度差别不大，三次多项式插值精度略高。实际上，通过似然函数的表达

形式也可以看出它是一个二次曲面。因此，采用高阶曲面拟合算法可以获得拟合更好的拟合精度，从实际的插值结果可以看到，双线性插值的拟合精度已经达到了较高的精度，在后面的仿真中均采用这一插值方法。

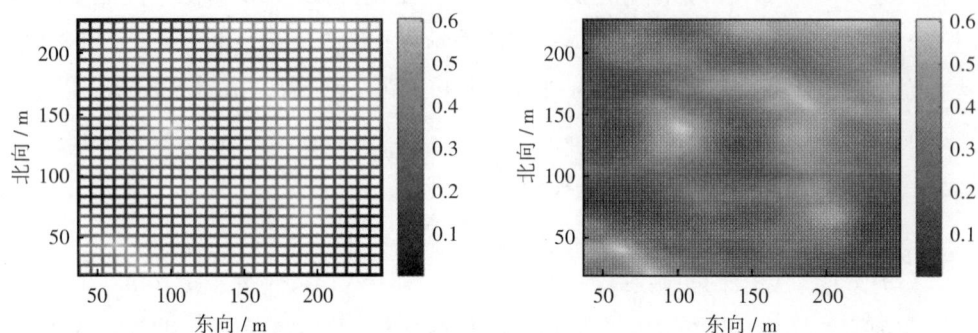

（a）初匹配似然函数网格（8 m × 8 m）　　（b）似然函数经过插值网格（2 m × 2 m）

图4-3　初始定位得到的似然函数网格（8 m）和插值后的似然函数网格（2 m）

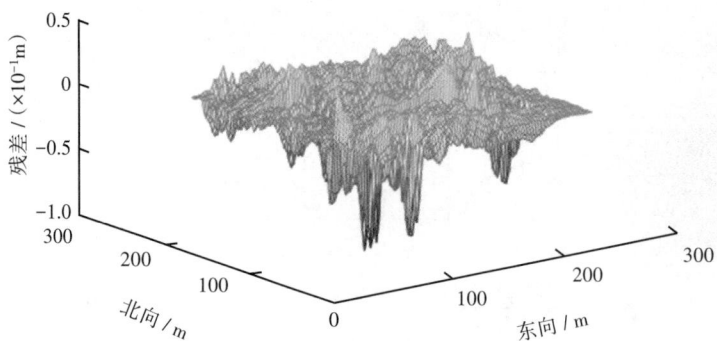

（a）双线性插值残差图

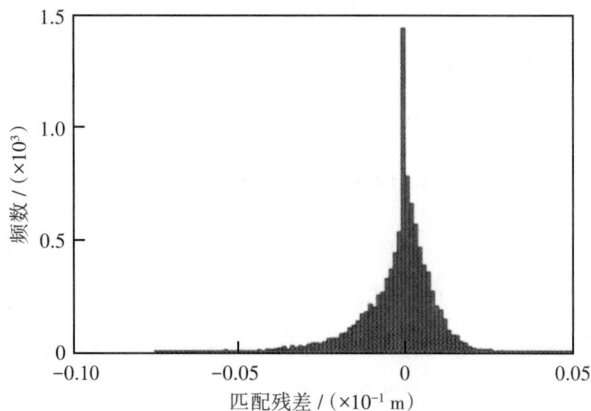

（b）双线性插值残差统计直方

116

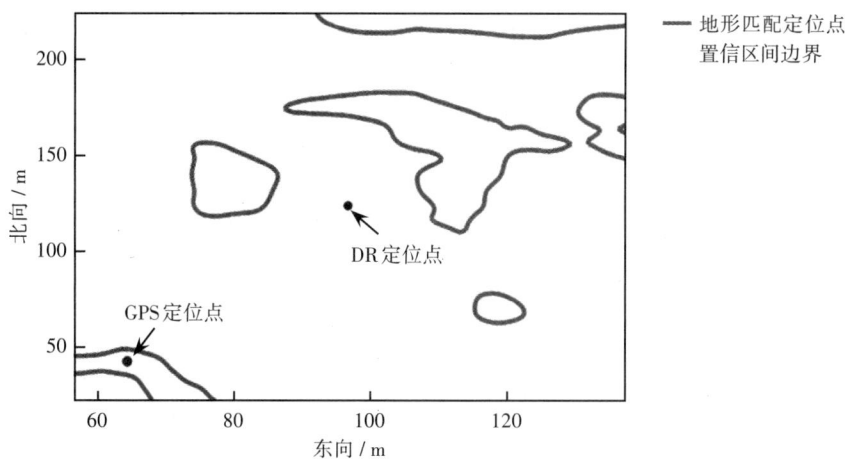

（c）双线性插值残差后的置信区间

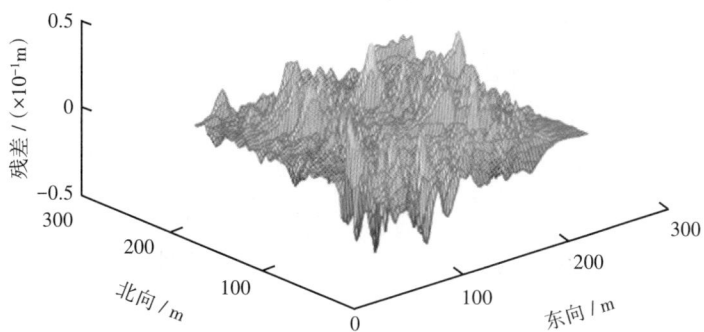

（d）三次函数插值残差图

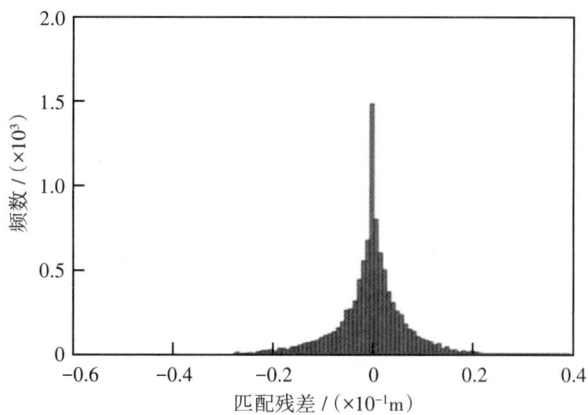

（e）三次函数插值残差统计直方

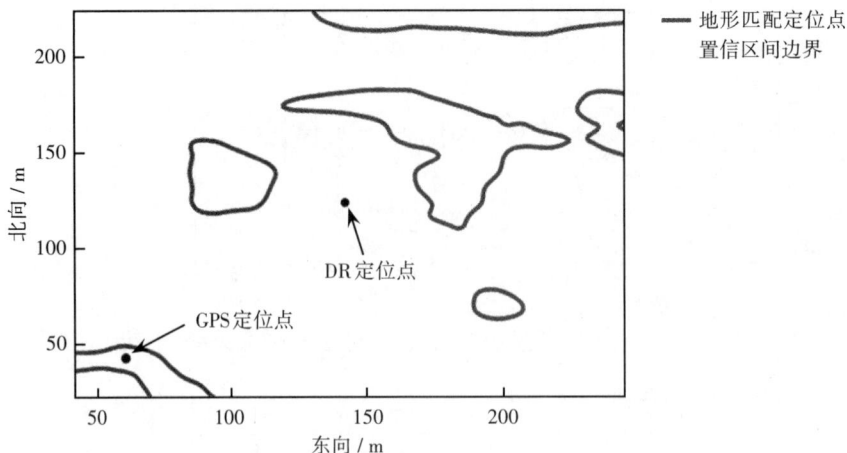

(f) 三次函数插值后的置信区间

图4-4　2 m搜索步长与8 m搜索步长插值成2 m网格后的残差、残差统计、定位点的置信区间对比

　　图4-5表示搜索步长分别为1，2，3，4，5，6 m，通过插值方式将分辨率提高到1 m时的时间消耗、超值残差的均值、差值残差的标准差比较。试验中采用MATLAB编译环境，Intel（R）Core（TM）i5-4460 CPU 320 Hz，试验中的搜索区间大小为200 m×200 m，似然函数的网格加密插值采用双线性插值算法。从试验结果可以看出，时间消耗随着搜索步长的增加迅速降低，而残差则是在3 m搜索步长时达到了最小，但是整体的取值是增加的。从插值残差的统计结果来看，增加搜索步长导致的似然函数误差非常小，但随着搜索步长的增加，误差也在迅速地增加，初始地形匹配定位的搜索网格分辨率为3 m时达到最佳，在实际的应用中一般选为2 m或3 m。

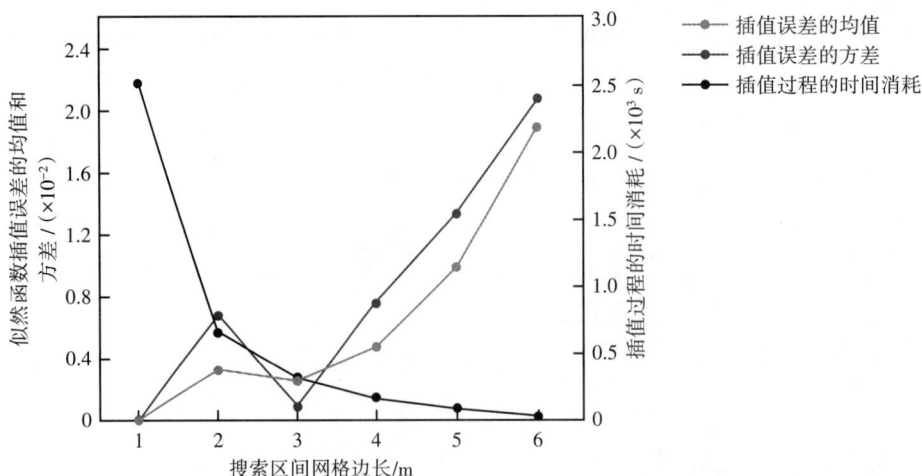

图4-5　搜索步长分别为1，2，3，4 m并插值到1 m网格分辨率过程中的时间消耗

4.2.2　地形匹配定位点有效性检验

在第4章中讨论了地形匹配地位的测量误差估计、定位精度、置信区间求解等问题，假设已由式（2-17）得到了地形匹配定位似然函数L，并得到了定位点的地形测量误差估计σ_p和定位点的似然函数L_p的取值。有时在找到地形匹配定位点后，根据地形匹配残差需要对测量数据进行额外的处理（如畸变点删除），在进行数据处理后可以重新得到误差的估计，这里假设为σ_p。可以通过将式（2-17）中的测量误差用σ_p代替，通过式（4-1）重新计算似然函数值：

$$L_{kl}^{\text{new}} = \frac{1}{\sqrt{2\pi}\,\sigma_p} \exp\left(-\frac{1}{2\sigma_p^2}\sum_{i=1}^{m}\sum_{j=1}^{n}\left(\Delta h_{ij} - t_p\right)^2\right) \tag{4-1}$$

式中，σ_p表示地形匹配定位点的新的测量误差估计；Δh_{ij}表示当前搜索点(k, l)对应的测量地形与先验地形的高度差序列中(i, j)点高度差取值；t_p表示当前搜索点估计得到的潮差。

然后根据第2章有关地形匹配置信区间的估计方法得到地形匹配定位点的似然值下确界值$L_{1-\alpha}$，由$L_{1-\alpha}$确定的等值平面与L_{kl}^{new}相交得到的等值线就是地形匹配定位的置信区间边界，由边界围成的区域就是地形匹配定位的置信区间。如果搜索点s_{kl}，$s_{kl} \in S$的似然函数值L_{kl}^{new}大于似然函数的下界$L_{1-\alpha}$，则该点搜索点就是地形匹配定位的跳变点c_{kl}，并将该点包含在置信区间C，$s_{kl} \in C$且$k \in 1, 2, \cdots, m$，$l \in 1, 2, \cdots, n$。设最终C中的元素集合用c_{kl}表示，则它们的关系可以表示成：

$$\begin{cases} \text{if} \ \left(L_{kl}^{\text{new}} > L_{1-\alpha}\right) \Rightarrow s_{kl} \in C \\ s_{kl} \in S \\ c_{kl} \in C \end{cases} \tag{4-2}$$

搜索区间S，搜索点s_{kl}，$s_{kl} \in S$，置信区间C，跳变点c_{kl}，$c_{kl} \in C$之间的关系在图4-6中描述。图4-7表示某个TRP定位点的置信区间计算结果，此次地形匹配定位的搜索区间大小为$200 \text{ m} \times 200 \text{ m}$。

式中，L_{kl}^{new}表示搜索点(k, l)位置的似然函数值；s_{kl}表示匹配定位搜索区域内的搜索点；C表示地形匹配定位的置信区间；c_{kl}表示置信区间集合C中的点；$L_{1-\alpha}$表示式（2-31）计算得到的似然函数的下界。

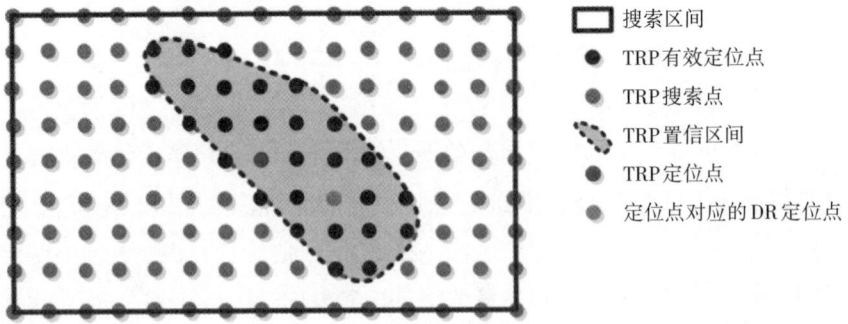

图4-6 搜索区间S、搜索点s_{kl}，$s_{kl} \in S$、置信区间C、跳变点c_{kl}，$c_{kl} \in C$之间的关系

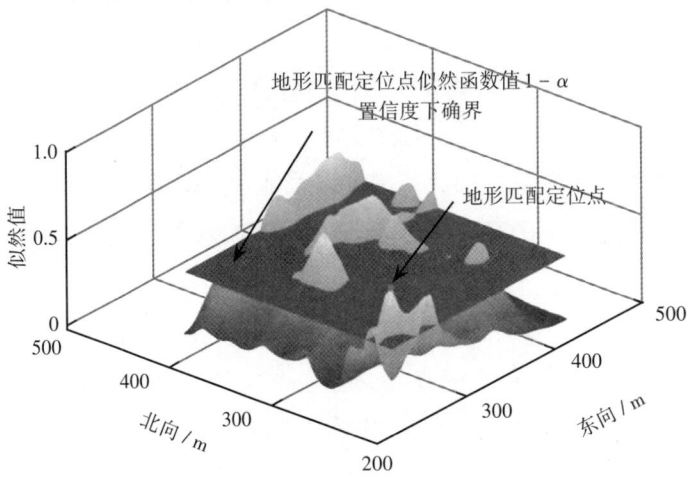

（a）地形匹配定位似然函数曲面及定位点似然函数值下确界等值面

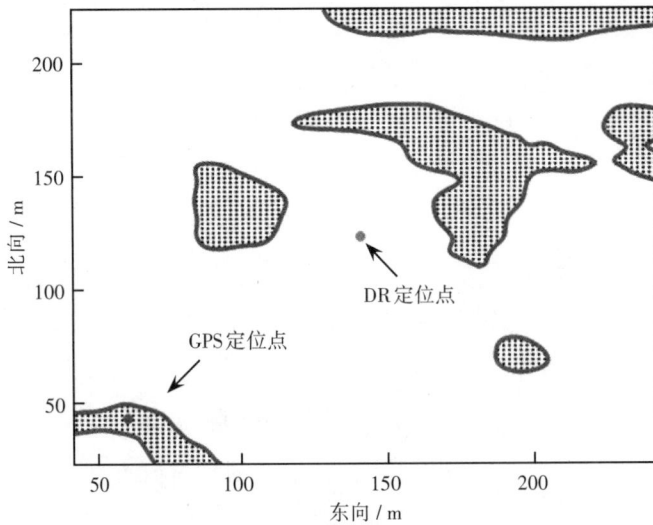

（b）地形匹配定位置信区间及有效地形匹配定位点

图4-7 地形匹配定位点的置信区间计算实例

4.3 伪波峰条件下的置信区间约束法与粒子滤波器初始化

地形匹配定位的似然函数给出了 AUV 的当前位置在搜索区间内的分布概率，而地形匹配的有效定位点实际上是给出了搜索区间内置信度大于 $1-\alpha$ 的可能位置。也就是说，有效点的似然值实际上也是 AUV 在该点的概率，理论上可以认为在进行粒子初始化时有效定位点的似然值可以作为粒子布置的参考信息，但是由于地形匹配定位误差的存在，匹配定位似然函数会存在伪波峰、误匹配等现象。这里用两种布置方案：① 等量等权值布置；② 等量似然度权值布置。

有效定位点等权值布置粒子是将初始粒子布置在 $c_{kl} \in C$ 上，根据每一个有效定位点的归一化似然函数值进行粒子的布置，每一个有效的网格点布设相同数目的粒子（图4-8），由于粒子的初始化值设置为该点的归一化似然函数值，所以在网格足够密集时对似然函数有很好的逼近效果。有效定位点等权值布置粒子是将初始粒子布置在 $c_{kl} \in C$ 上，每一个有效的网格点布设相同数目的粒子（图4-9），由于粒子的初始化权值设置为 $1/N$（N 表示地形匹配定位的有效定位点总数），所以，这种布置方式实际上忽略了似然函数所提供的定位概率信息，认为所有的初始化例子是定位点的概率相同，这种方法可以削弱似然函数波峰偏差的影响。

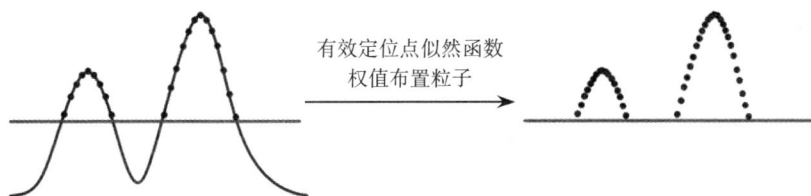

图4-8 在有效定位点均匀采样初始粒子集（a）

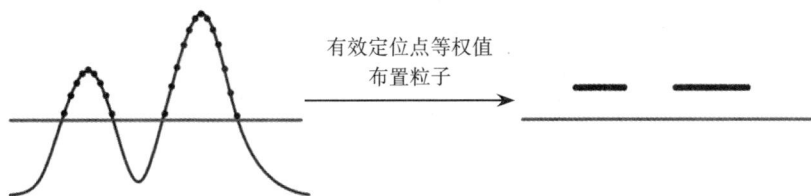

图4-9 在有效定位点均匀采样初始粒子集（b）

为了探讨两种布置方案对滤波结果的影响，下文将在两种不同的工况下（初始匹配定位结果存在伪波峰、初始匹配定位不存在伪波峰）比较两种初始化方案的滤波性能。试验的先验地形图如图3-6所示，先验地形图在 2010 年测绘得到，使用的是GS+测声测到声呐，数据采集设备和地形数据如表4-1所列。

表4-1　DEM的主要参数

DEM面积	891 m × 922 m
网格边长	1 m
地形的平均深度	−16.5148 m
最小深度	−6.03 m
最大深度	−31.00 m
DEM的原点	251931 m × 3994405 m

测量地形采用实时多波束声呐测量，该声呐能实时地获取地形剖面数据并实现在线的滤波的地形重构，实时多波束声呐的连接图如图4-10所示。图4-11（a）表示先验地形图及实时测量地形数据的路径和实时测量地形，图4-11（b）表示先验地形图及实时地形数据采集路径和规划TRN导航点。

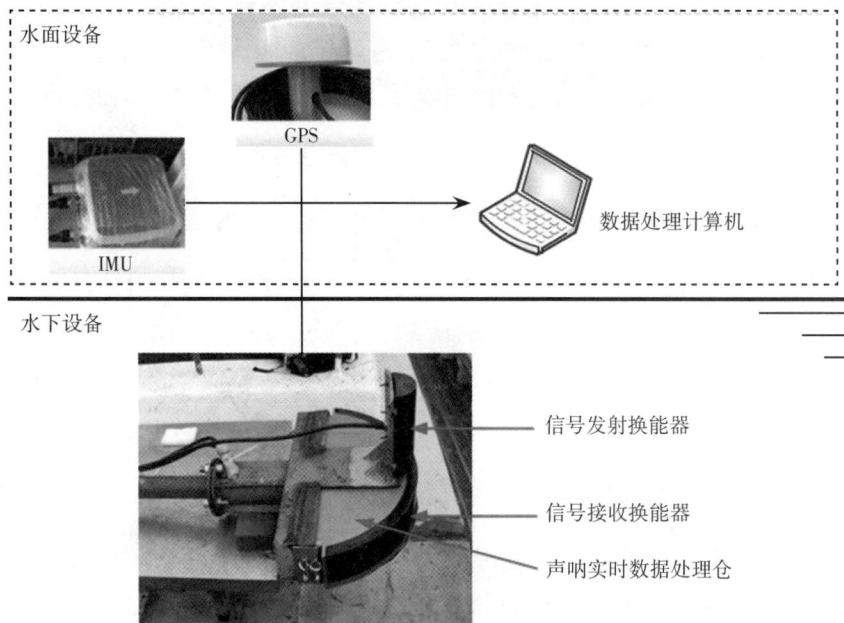

图4-10　实时多波束测量设备的连接和安装图

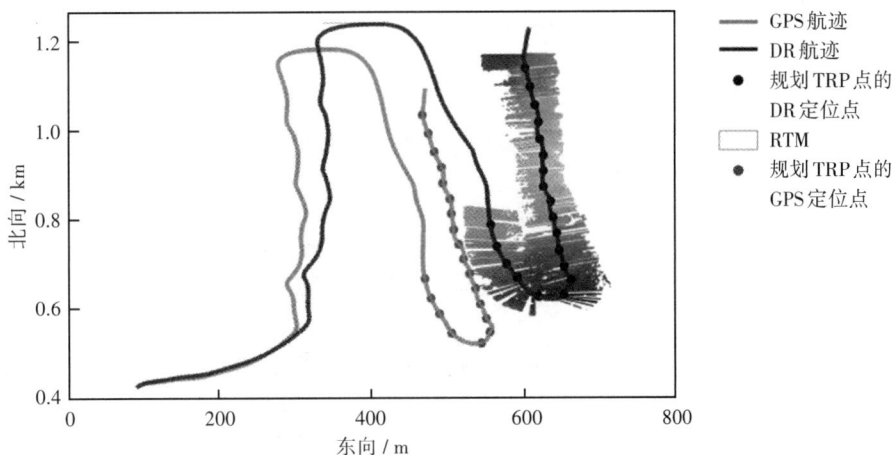

（a）试验路径的GPS航迹、DR航迹、规划TRN点及其GPS、DR定位点和RTM

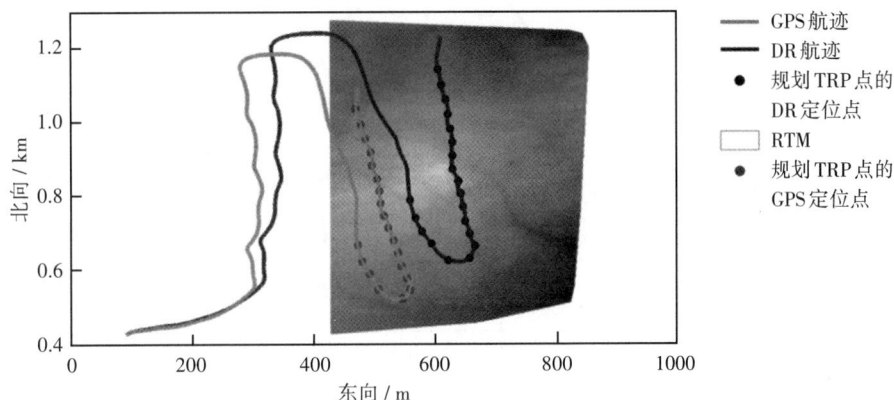

（b）试验路径的GPS航迹、DR航迹、规划TRN点及其GPS、DR定位点和DEM

图4-11　实时测量航迹、地形匹配导航规划点及先验地形图

4.3.1　多伪波峰情况下的初始粒子布置

4.3.1.1　伪波峰明显情况下的初始粒子布置

图4-12表示初始时刻地形匹配定位点的似然函数，搜索区间的大小为200 m×200 m，搜索区间的网格分辨率为1 m×1 m。其中，1号椭圆内是地形匹配定位点的位置，而且出现了两个峰值点（黑色原点是TRP定位点，红色原点是伪波峰），除此之外，在2，3，4号椭圆范围内也出现了伪波峰。根据地形匹配有效定位点粒子滤波初始化算法步骤，首先根据第2章的内容计算地形匹配定位点的置信区间，图4-13中绘出了置信区间边界和地形匹配定位似然函数云图。从图中可以看

到，此次定位的多个伪波峰很明显而且分散，伪波峰的取值与TRP定位点的峰值很接近。

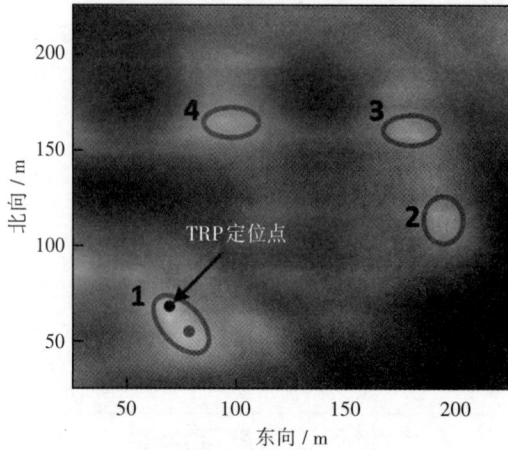

图4-12　多个伪波峰情况下的似然函数云图

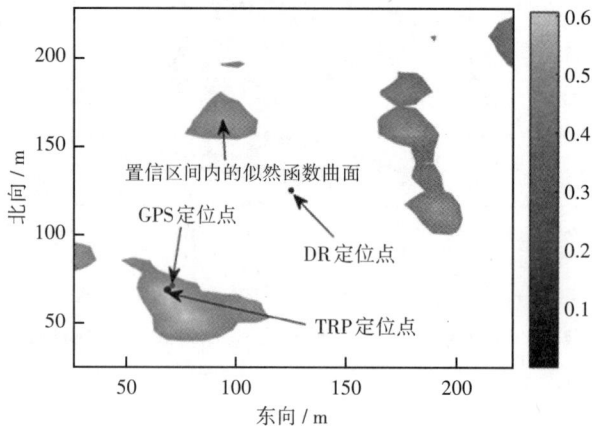

图4-13　图4-12置信区间内似然函数云图

从图4-12和图4-13可以看到，本次试验航线的初始匹配定位点似然函数有多个伪波峰，而且伪波峰的峰值很接近TRP定位点的峰值，这种工况可以认为是似然函数为多伪波峰情况下的粒子滤波初始化问题，初始粒子的布置位置为有效地形匹配定位点，初始粒子的权值分别采用似然函数值为粒子的初始权值和等权值。接下来进行两种初始化粒子布置方法的对比试验。

（1）粒子集似然函数权值布置

图4-14所示为采用似然函数值为粒子初始权值时的TRN结果。从图中可以看到，滤波结果最终收敛，收敛后的粒子分布集中在真实位置的附近。图4-15显示

滤波过程中每一个地形匹配导航的规划定位点的地形匹配导航定位偏差，可以看到，粒子被初始化后便迅速收敛，收敛后的滤波偏差都在25 m以内。

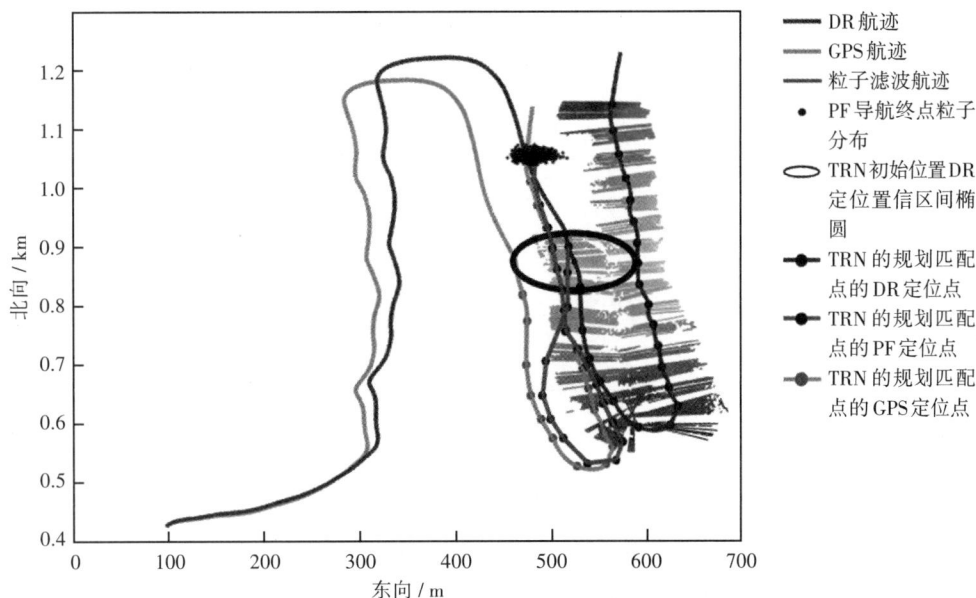

图4-14 采用似然值初始化粒子集获得的导航航迹

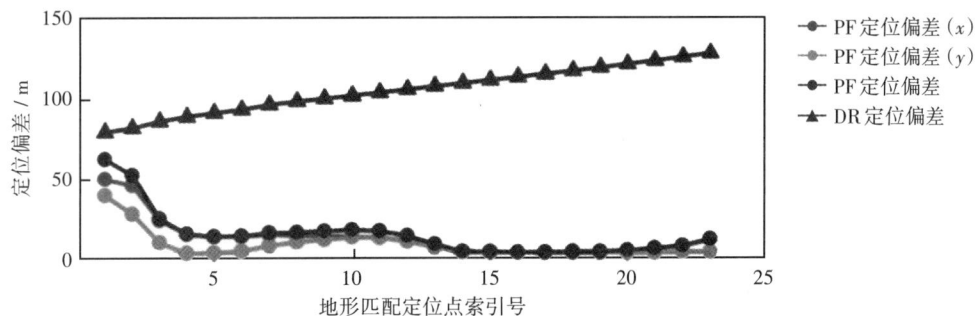

图4-15 采用似然值初始化粒子集获得的导航偏差

（2）粒子集等概率权值布置

图4-16显示采用初始粒子等权值布置时的TRN结果。从图中可以看到，滤波结果最终也收敛了，收敛后的粒子分布集中在真实位置附近。图4-17显示滤波过程中每一个地形匹配导航的规划定位点的地形匹配导航定位偏差，可以看到，粒子被初始化后缓慢收敛，从1～13号匹配定位点均处于收敛阶段。对比图4-15和图4-17的5～12号匹配定位航迹段也可以看到，在滤波收敛阶段等权值布置初始化粒子的滤波偏差要大于似然函数权值滤波结果；从15～23号匹配定位点的定位偏差可以看到，滤波收敛之后的输出结果几乎相同。

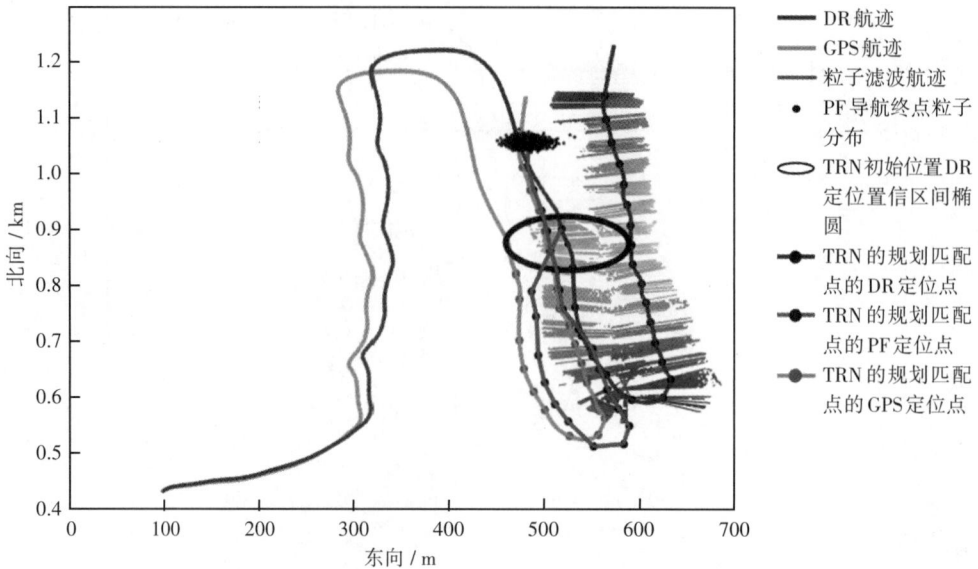

图 4-16 采用等权值初始化粒子集获得的导航航迹

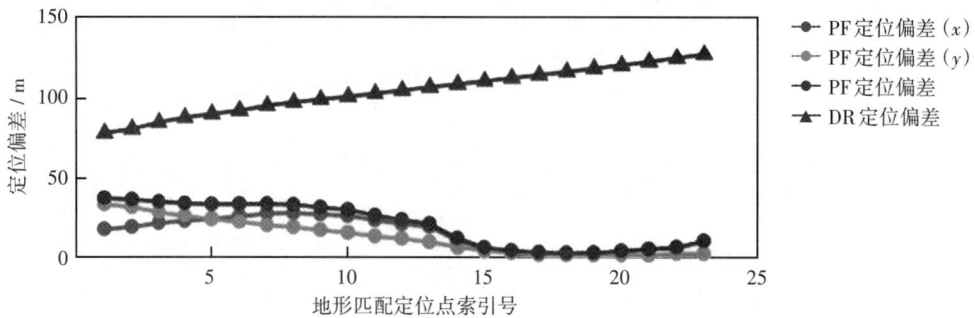

图 4-17 采用等权值初始化粒子集获得的导航偏差

对比两种粒子初始化方法可知，在出现多伪波峰但是没有误匹配的情况下，采用似然函数和平均权值的权值初始化方法在地形匹配导航的滤波收敛阶段会有差别，但在滤波结果收敛后这种差别变得很小。这种情况存在的主要原因是地形匹配定位结果虽然存在定位伪波峰，但地形匹配定位的似然函数在真实定位点附近的概率分布或者似然函数的峰值仍然较好地逼近了真实位置，而且此时似然函数未出现伪定位，所以似然函数权值更为合理。由于在滤波收敛阶段 1 ~ 5 号匹配定位点位于地形适配性较好的区域，所以在初始阶段滤波结果迅速收敛。但是从图 4-16 和图 4-17 中的 5 ~ 10 号匹配定位点定位结果可以看到，这段位于适配性较差的区域且定位偏差又增加的趋势，这也说明了初始滤波收敛的快速性也是十分重要的，这部分的内容将在后文讨论。

4.3.1.2 伪波峰不明显情况下的初始粒子布置

有时候伪波峰不明显甚至可以认为不存在伪波峰的情况，但是置信区间的估计结果仍然会有多个独立分散的区间。图4-18表示初始定位似然函数的伪波峰不明显的情况。图4-19所示为该地形匹配定位结果的置信区间估计，从图中可以看到，置信区间为分散在搜索区间内的三个独立的小块，但是也可以看到其他两个小块的峰值要明显小于真实定位点的峰值，这里仍然采用等权值粒子和似然值为权值的粒子两种布置方法。

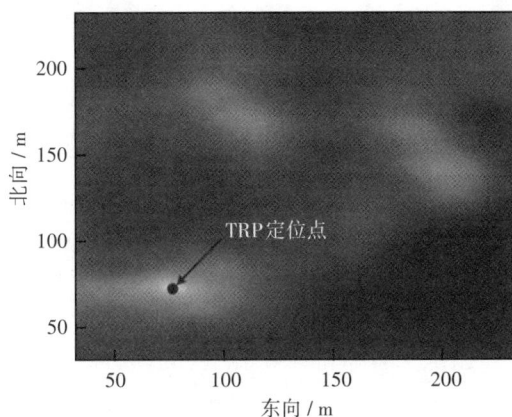

图4-18　单波峰情况下的似然函数云图

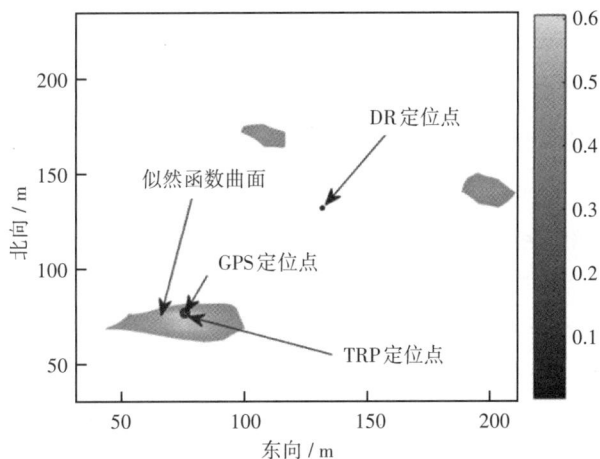

图4-19　图4-18置信区间内的似然函数

（1）粒子集似然函数权值布置

图4-20显示采用似然函数值为粒子初始权值时的地形匹配导航结果。从图中可以看到，滤波结果最终收敛，收敛后粒子的分布集中在真实位置附近。图4-21

所示为滤波过程中每一个地形匹配导航规划定位点的地形匹配导航定位偏差，可以看到，粒子被初始化的定位偏差在25.6 m且滤波开始后迅速收敛，收敛后的滤波偏差都在13.8 m以内。从地形匹配导航的结果可以看到，在伪波峰不明显的情况下，采用地形匹配定位有效定位点初始化粒子并给初始粒子以似然值为权值的方案具有良好的实用性。

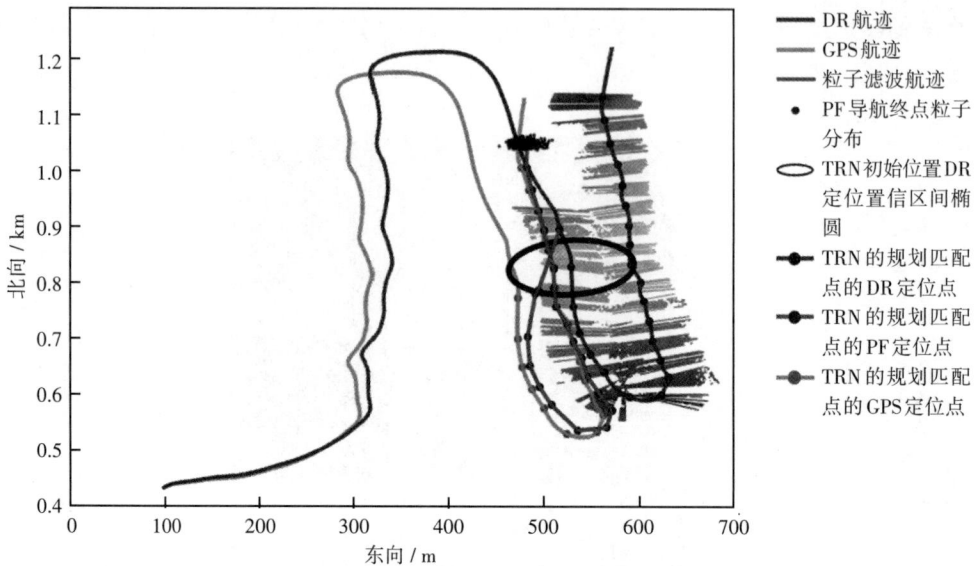

图4-20 采用似然值为初始粒子集权值时的导航航迹

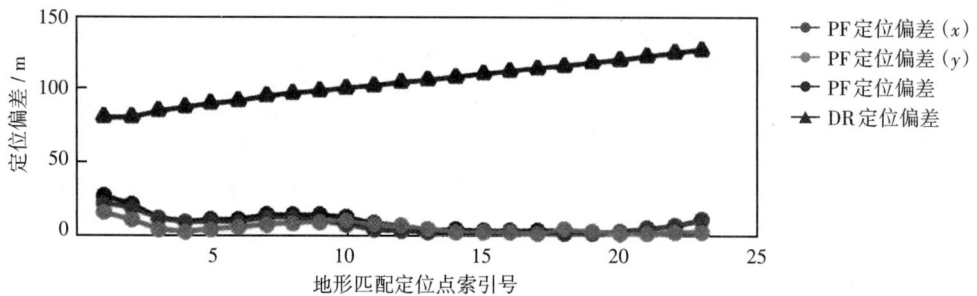

图4-21 采用似然值为初始粒子集权值时的导航偏差

（2）粒子集等概率权值布置

同样地，这里采用粒子等权值布置作为对比，图4-22表示采用粒子等权值布置时的地形匹配导航结果。从图中可以看到，滤波结果最终虽然收敛了，大部分的粒子集中在真实位置的附近，但是仍然有部分的粒子出现了分离。图4-23为滤波过程中每一个地形匹配导航规划定位点的地形匹配导航定位偏差，可以看到，粒子被初始化的定位偏差在21.26 m且滤波开始后偏差在缓慢地增加，经过适配性较差的区域后滤波偏差达到了40.14 m。从TRN结果可以看到，在伪波峰不明显的情况下，采用地形匹配定位有效定位点初始化粒子并给初始粒子以等权值的方案是不合理的。实际上，在似然函数为单峰值函数并且伪波峰很弱的情况下，TRP定位结果要比4.3.1.1中的可靠得多，采用似然函数值为权值更加合理。

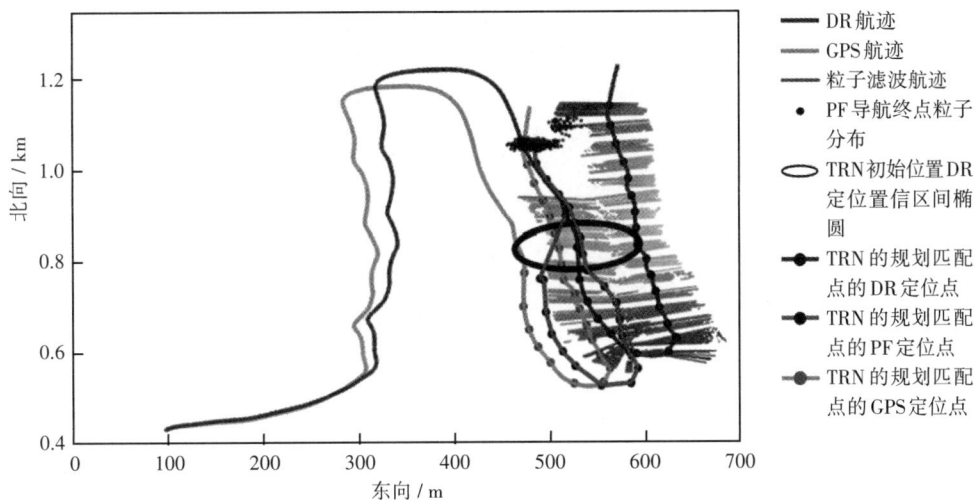

图4-22 等权值初始化粒子集获得的导航航迹

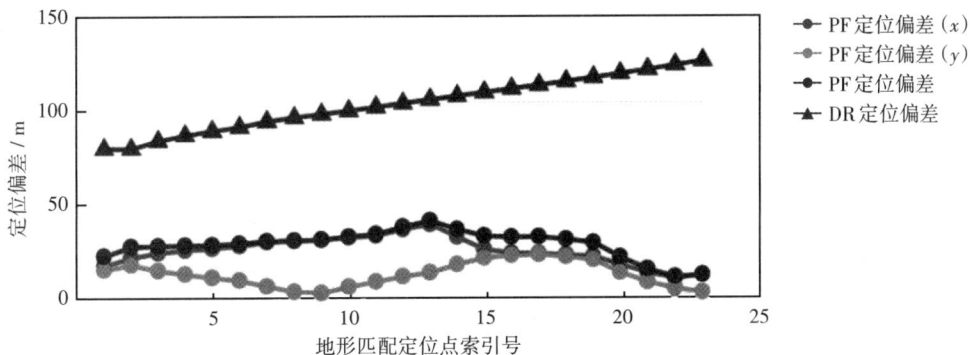

图4-23 等权值初始化粒子集获得的导航偏差

4.3.2 伪波峰及伪定位情况下的初始粒子布置

另外一种比较极端的情况是初始定位的似然函数存在多个伪波峰且出现了伪定位点，图4-24表示似然函数存在多个伪波峰和伪定位点的情况，真实的定位位置位于7号椭圆标记内，而地形匹配定位的位置在1号椭圆标记内。从置信区间的估计结果（图4-25）也可以看到，搜索区间内出现了多个取值较大的地形匹配定位伪波峰，而且伪定位点的峰值（0.6065）要明显比真实位置（GPS定位点）的峰值（0.4128）高。同样地，在似然函数存在多伪波峰和伪定位情况下采用似然函数为权值和采用等权值布置初始粒子。

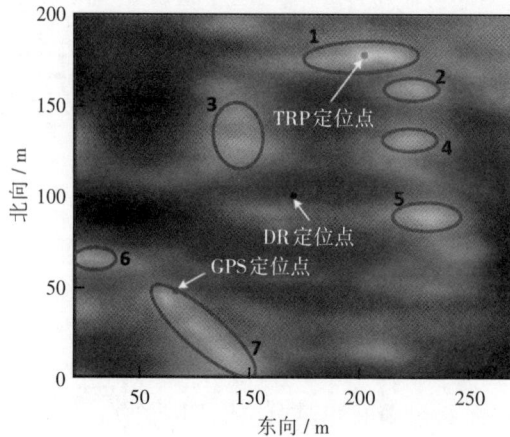

图4-24　多伪波峰似然函数云图

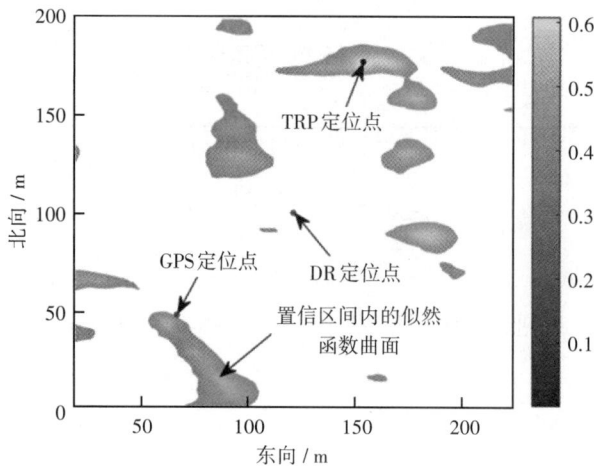

图4-25　多个伪波峰置信区间内部似然函数

4.3.2.1　初始粒子似然值权值

图4-26表示似然函数多伪波峰且存在伪定位时采用似然值为初始粒子权值的滤波结果。从图中可以看到，滤波终点粒子分布集中在真实位置附近，在地形匹配导航的初始位置定位偏差较大，但是在滤波初始阶段粒子的轨迹迅速跟踪到GPS的轨迹，并在滤波收敛之后始终保持跟踪状态。这表明在伪波峰较多且出现伪定位点的情况下，采用似然函数值为初始粒子的权值具有很高的滤波性能。图

4-27表示地形匹配导航的定位偏差，可以看到初始位置的定位偏差达到89.03 m，但是滤波开始之后偏差迅速减小，滤波收敛后全程最大定位偏差为13.42 m。

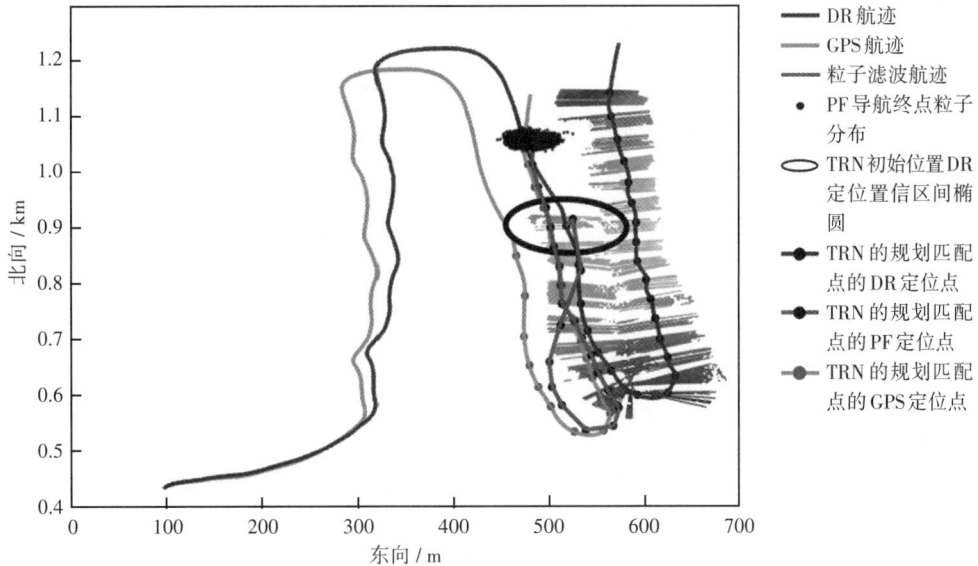

图4-26　似然值初始化粒子集获得的导航航迹

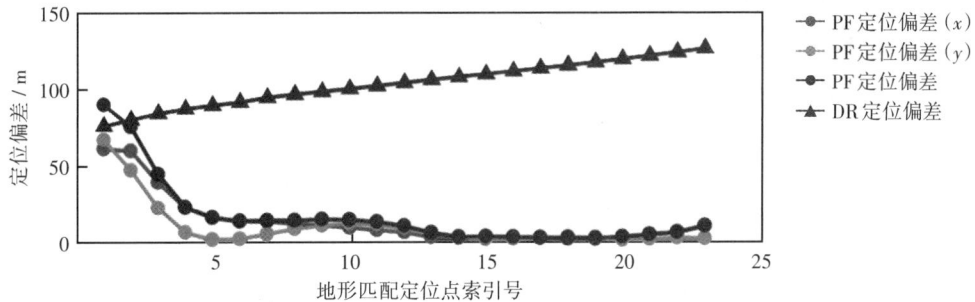

图4-27　似然值初始化粒子集获得的导航偏差

4.3.2.2　初始粒子等概率权值

同样地，以初始粒子等权值布置为对比试验。图4-28表示以等权值布置初始粒子时得到的粒子路线，粒子在导航终点收敛到真实位置附近，而且从地形匹配导航的定位偏差结果来看（图4-29），采用等权值的初始粒子布置方法与似然函数值为权值的布置方法得到的定位偏差几乎一样。

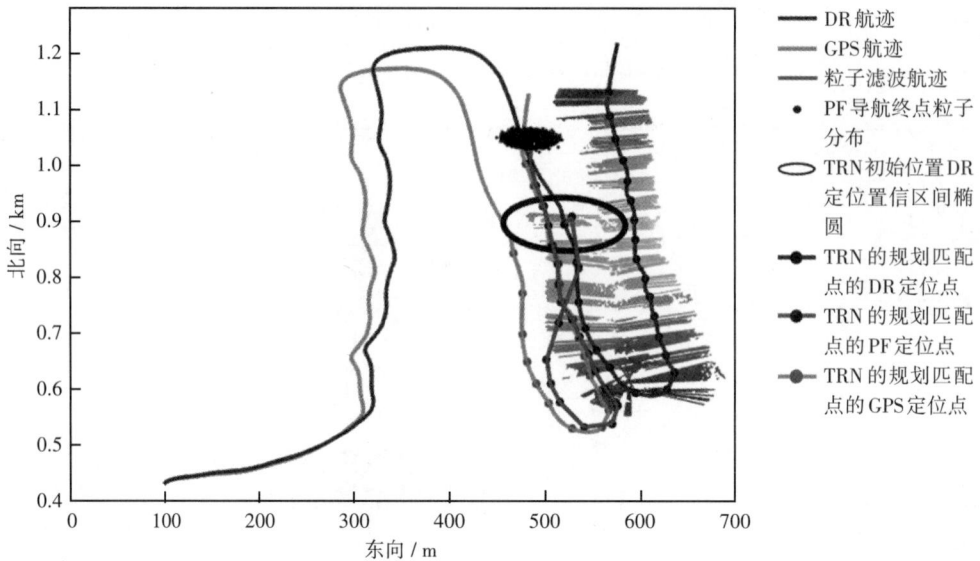

图 4-28 等概率权值初始化粒子集获得的导航航迹

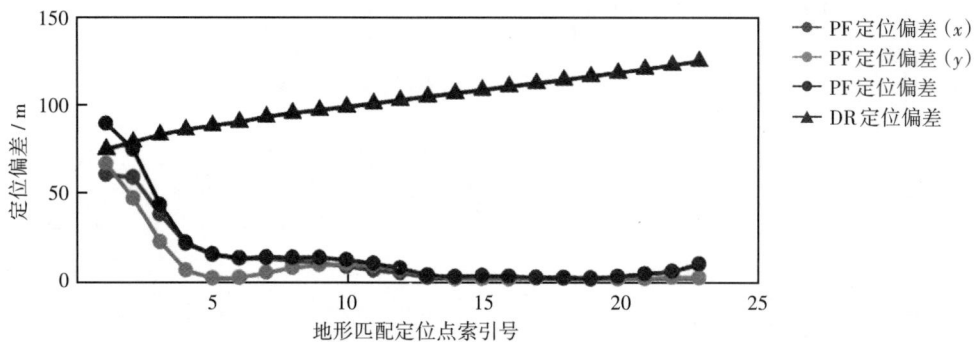

图 4-29 等概率权值初始化粒子集获得的导航偏差

通过以上三组试验结果可以看出，在地形匹配导航的初始阶段参考导航的累积误差较大时，采用地形匹配定位的有效定位点作为初始粒子分布的位置参考是有效的，而且似然函数取值可以为初始粒子的权值提供参考。无论是似然函数存在伪波峰还是出现了伪定位点，采用地形匹配定位的有效定位点和以似然为权值的初始粒子布置方法均可以使滤波结果收敛，而且以似然函数为权值的布置方法优于等权值的布置方法。其主要原因在于虽然地形匹配定位会存在伪波峰，当时在 AUV 的真实位置地形匹配定位的似然函数仍然会有较高的峰值，在初始时刻采用似然函数值作为粒子的初始权值，可以使位于真实位置附近的初始粒子获得相对较高的权重。而以等权值的方法给初始粒子赋值则会使真实位置附近的粒子权值与伪波峰附近的粒子相同，从而影响滤波收敛的速度，所以等权值布置粒子时滤波收敛速度会较慢。即便出现了伪波峰的峰值高于真实位置附近的峰值，采用似然函数权值仍然不会有明显的劣势，因为伪波峰的峰值并不会比真实位置的峰值有太大的差别。因此，无论是否存在伪波峰还是伪定位点，采用地形匹配定位的有效定位点和似然函数权值布置初始粒子是一种有效的应对初始位置偏差较大情况的地形匹配导航粒子滤波初始化方案。

4.4 三种粒子集初始化方案对比试验

4.3节的内容主要讨论了利用地形匹配定位的有效定位点进行粒子滤波初始化的问题，并且提出了采用有效定位点和似然函数权值的初始粒子布置方法，而且是专门针对地形匹配导航初始时刻参考导航的累积偏差较大的情况（试验中初始时刻的搜索区间达到了200 m×200 m）。滤波阶段要求滤波结果能够在较短的距离内尽快地收敛到真值附近并且保持稳定，在考察不同初始化方案的性能时主要是从两个方面进行比较：一是滤波收敛阶段的误差，二是跟踪滤波阶段的误差。接下来的内容将通过船载测量数据进行回放式仿真试验对比各个初始化方案的性能。试验采用回放式仿真进行算法的测试，测试数据由实时多波束测量得到的原始数据和由IMU推算得到的DR数据作为数据的输入，由于DR数据的误差非常大，约为5%~6%的航程误差，在初始的地形匹配导航位置偏差达到了128 m，初始的搜索区间达到了200 m×200 m。粒子滤波采用推算导航的估计误差为参考，采用四种初始化方式。

4.4.1 主导航误差约束初始粒子

地形匹配导航初始定位的搜索区间可以根据推算导航得到的初始定位点误差估计出，假设推算导航的累计误差在初始地形匹配导航位置为P_t，并表示为如下形式：

$$P_t = \begin{bmatrix} \sigma_x^2 & \sigma_{xy} \\ \sigma_{xy} & \sigma_y^2 \end{bmatrix} \tag{4-3}$$

根据推算导航给出的定位点误差协方差矩阵可以得到初始粒子的采样分布函数。值得注意的是，这个采样函数是以协方差椭圆的长轴和短轴为采样空间的坐标轴，所以还需要将采样点的坐标轴旋转到先验地图的坐标系中：

$$\begin{cases} \lambda_1 = \dfrac{1}{2}\left[\sigma_x^2 + \sigma_y^2 + \sqrt{\left(\sigma_x^2 - \sigma_y^2\right)^2 + 4\sigma_{xy}^2}\right] \\[4mm] \lambda_1 = \dfrac{1}{2}\left[\sigma_x^2 + \sigma_y^2 - \sqrt{\left(\sigma_x^2 - \sigma_y^2\right)^2 + 4\sigma_{xy}^2}\right] \\[4mm] x_t' = x_t + \gamma\lambda_1 \mathrm{rand}(1) \\[2mm] y_t' = y_t + \gamma\lambda_2 \mathrm{rand}(1) \end{cases} \quad (4\text{-}4)$$

根据推算误差的相关系数对采样粒子的坐标进行旋转，并计算相应的概率值：

$$\begin{cases} \alpha = \dfrac{1}{2}\arctan\left(\dfrac{2\sigma_{xy}}{\sigma_x^2 - \sigma_y^2}\right) \\[4mm] x_i = \cos\alpha \cdot x_i' - \sin\alpha \cdot y_i' \\[2mm] y_i = \sin\alpha \cdot x_i' + \cos\alpha \cdot y_i' \\[4mm] l_i = \beta \cdot \exp\left(-\dfrac{1}{2}\left(\dfrac{\left(x_i' - x_t\right)^2}{\lambda_1^2} + \dfrac{\left(y_i' - y_t\right)^2}{\lambda_2^2}\right)\right) \end{cases} \quad (4\text{-}5)$$

式中，γ 表示误差的放大系数；α 表示推算导航的误差椭圆长轴与 x 轴的夹角；l_i 表示采样粒子的归一化权值；β 表示 l_i 的归一化常量 $1/\sum l_i$；(x_t, y_t) 表示推算导航的位置；(x_i, y_i) 表示采样粒子的坐标。

　　由于初始时刻推算导航的累计偏差非常大，将放大系数设置为 1.5，这样粒子可以尽可能地覆盖真实的位置。假设初始时刻搜索区间内的搜索点个数为 $m \times n$，则初始化粒子的权重为 $1/mn$。图 4-30（a）显示初始化后粒子的分布情况，大多数的粒子分布在推算导航定位附近，真实定位点附近的粒子非常少；图 4-30（b）显示导航终点粒子的分布情况，可以看到，粒子收敛到了错误的位置；图 4-31 表示导航过程中的位置偏差，导航终点的偏差仍然很大。在导航的初始时刻，推算导航定位点与真实位置相差太远，推算导航的定位和概率分布不能为粒子的初始化提供可靠的信息。

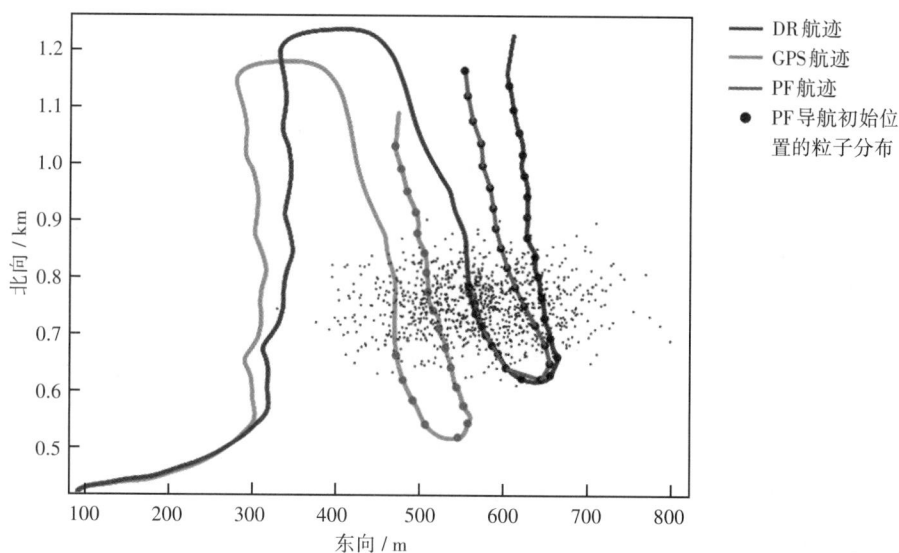

（a）试验路径的GPS航迹、DR航迹、规划导航点及滤波初始位置的粒子分布

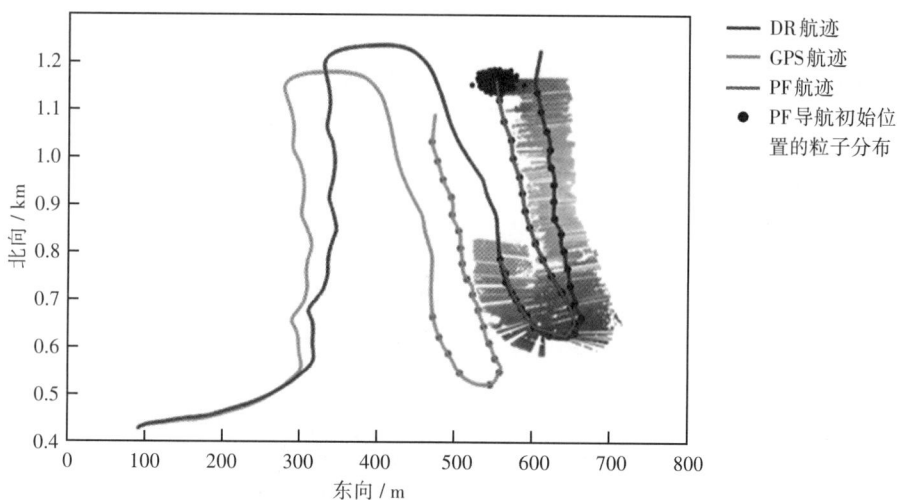

（b）试验路径的GPS航迹、DR航迹、规划导航点及滤波终点的粒子分布

图4-30　主导航定位信息初始化粒子获得的导航航迹及起点和终点粒子集分布

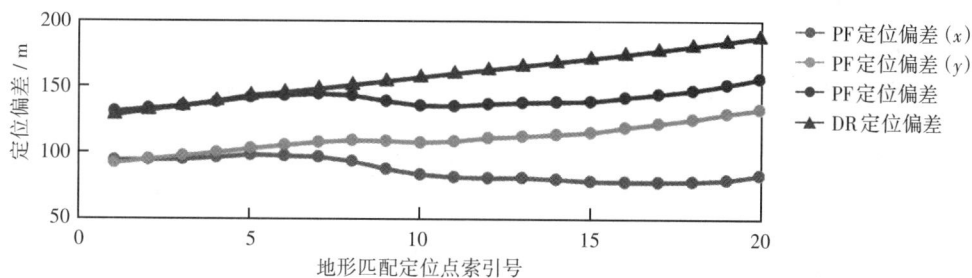

图4-31　主导航信息初始化粒子集获得的导航偏差

4.4.2 匹配搜索区间约束初始粒子

初始搜索区间粒子初始化方法是在整个地形匹配搜索区间内均匀地布置粒子，矩形搜索区间的计算方法在 1.1.1 节中有详细的推导，这里不再赘述。假设在水下地形匹配导航系统初始点获得的主导航误差为 $P_0 = \begin{bmatrix} \sigma_x^2 & \sigma_{xy} \\ \sigma_{yx} & \sigma_y^2 \end{bmatrix}$，$l_x$ 和 l_y 分别表示 x 和 y 方向的搜索长度。根据 1.1.1 节的公式求解搜索区间。匹配搜索区间约束初始粒子的初始化方法认为，根据推算导航的误差得到的搜索区间内的每一个点是定位点的概率相等，AUV 位于任意一个搜索点的先验概率如式（4-6）所列。图 4-32（a）显示根据搜索区间平均采样得到的粒子初始化结果，图 4-32（b）显示粒子滤波导航路径和收敛后的粒子分布，图 4-33 表示粒子滤波过程中的导航偏差。

$$P_{ij} = \frac{1}{m \times n} \tag{4-6}$$

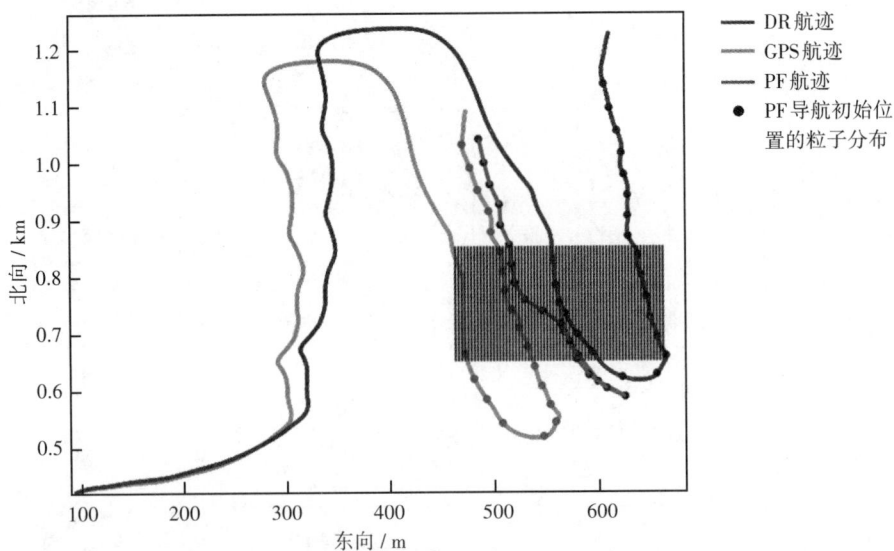

（a）试验路径的 GPS 航迹、DR 航迹、规划导航点及滤波初始位置的粒子分布

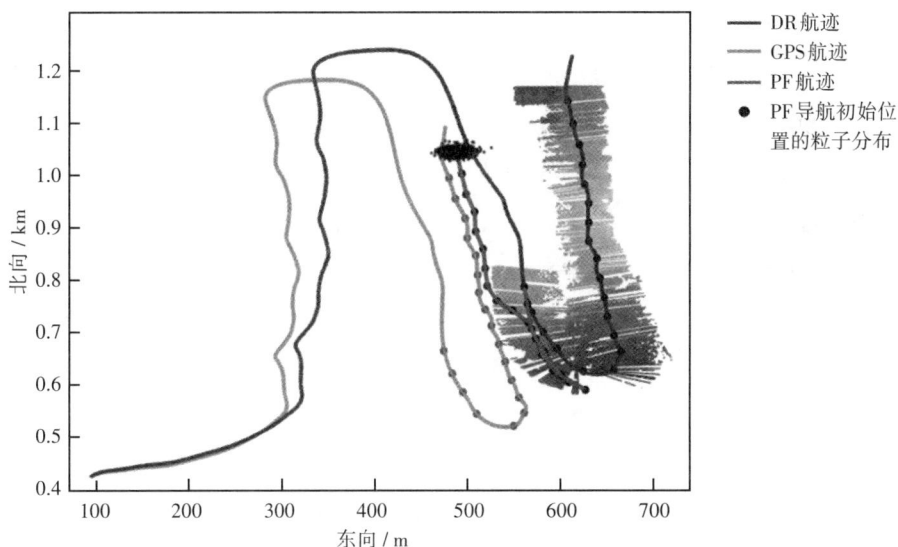

（b）试验路径的GPS航迹、DR航迹、规划导航点及滤波终点的粒子分布

图4-32 等概率初始化粒子集获得的导航航迹及滤波起点和终点粒子集分布（4489粒子）

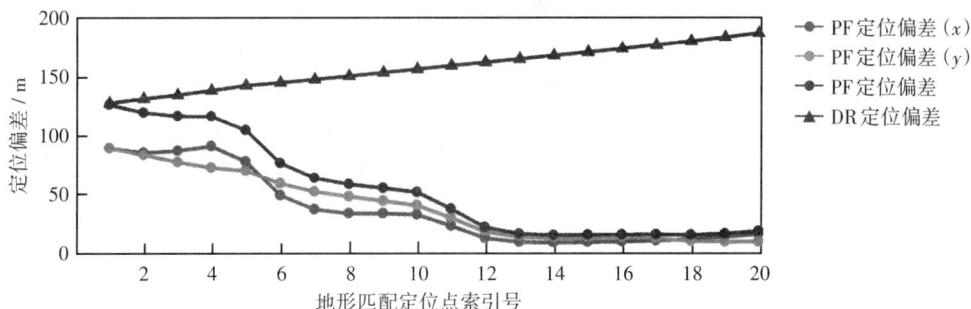

图4-33 等概率初始化粒子集获得导航偏差

从最终的导航结果可以看到，对搜索区间内的点进行等概率初始化并作为初始粒子可以避免初始时刻推算导航定位偏差和定位概率分布的影响，虽然在初始时刻滤波收敛速度较慢并出现了波动，但最后粒子收敛到了正确的位置。从试验结果可以看到，在推算导航的累计误差较大时，利用搜索区间等概率初始化粒子方法可以获得较好的滤波效果；但是这种初始化过程得到的初始化粒子数量非常大，导致后期的滤波过程计算量增加，当网格分辨率为2 m×2 m时，粒子的数量达到了10000个。

4.4.3 有效地形匹配定位点约束初始粒子

根据文中的计算方法可以得到地形匹配定位的似然函数和定位点置信下界面。

图 4-34（a）绘出了地形匹配定位点的似然函数及其定位点似然值的下确界，图 4-34（b）显示了地形匹配似然函数的等值线和置信区间边界及置信区间内的有效定位点，图 4-35 表示有效定位点和初始化后的粒子（每一个有效定位点初始化两个粒子）。图 4-36 表示初始时刻粒子的分布，可以看到初始粒子分布在搜索区间内较小的区域且覆盖到了真实位置 [图 4-36（a）]，最终粒子很好地跟踪到了真实位置 [图 4-36（b）]。图 4-37 表示粒子滤波导航过程中的导航偏差，从结果来看偏差远比 4.4.2 节中的要小，粒子的数量仅有 1252 个，要比 4.4.2 节中的粒子数（10000）少，这对于降低滤波过程中的计算量是非常有意义的，而且在降低粒子数量的基础上跟踪精度没有降低。

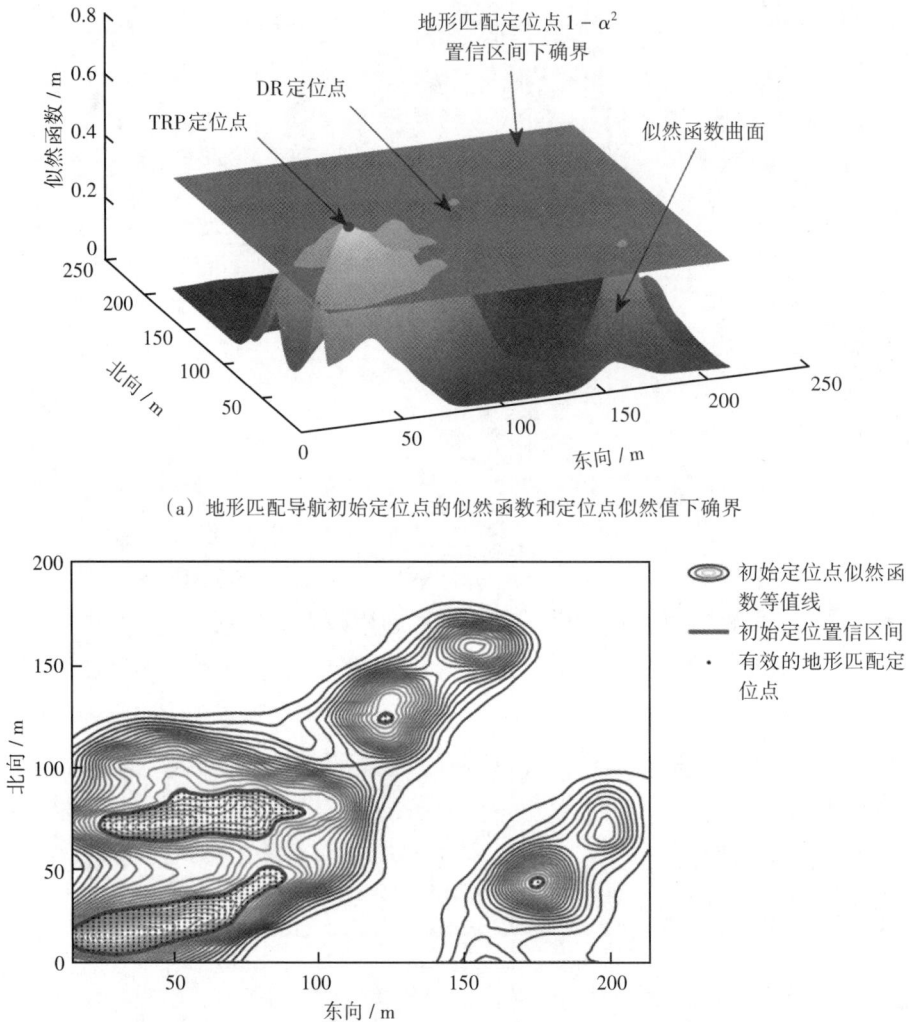

（a）地形匹配导航初始定位点的似然函数和定位点似然值下确界

（b）地形匹配导航初始定位点的似然函数等值线、置信区间边界和有效定位点

图 4-34　地形匹配导航初始定位点置信区间和有效定位点的计算结果

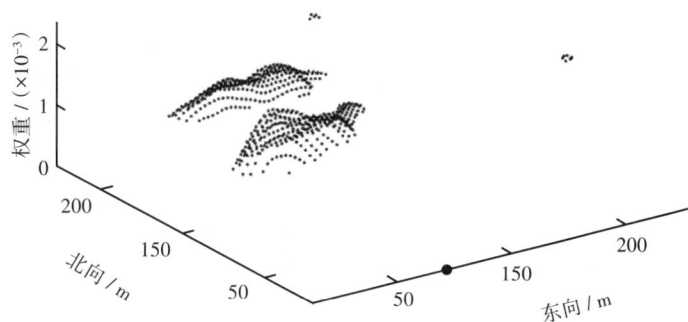

图4-35 初始定位的有效地形匹配定位点初始化粒子（1252粒子）

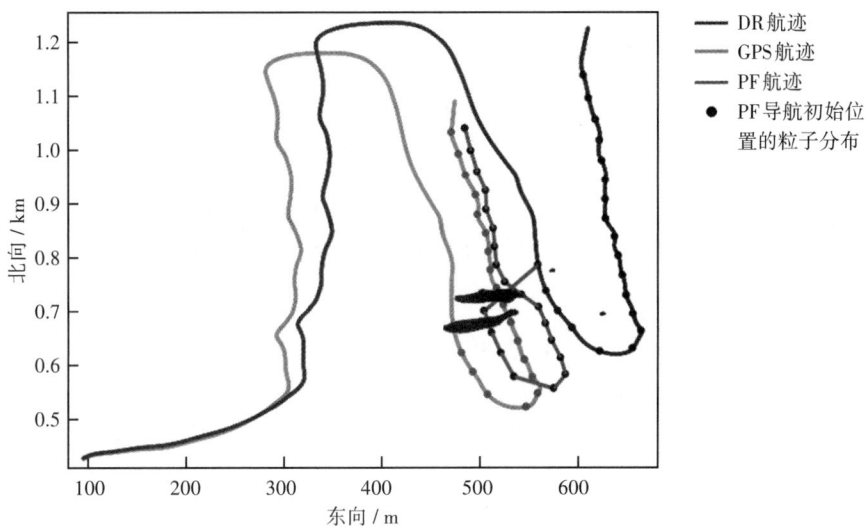

（a）试验路径的GPS航迹、DR航迹、规划导航点及滤波初始位置的粒子分布

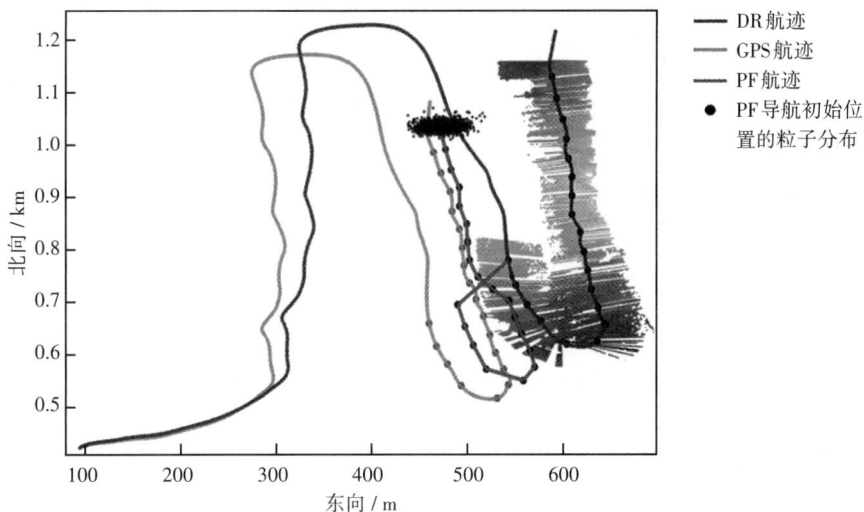

（b）试验路径的GPS航迹、DR航迹、规划导航点及滤波终点的粒子分布

图4-36 有效定位点初始化粒子集获得的航迹及滤波起点和终点的粒子集分布

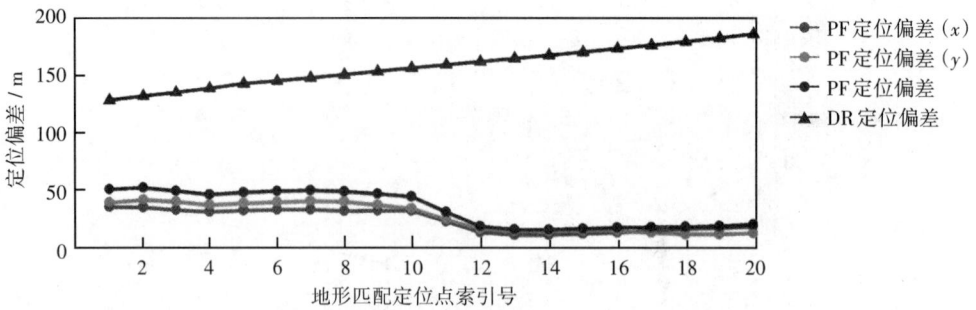

图 4-37　有效定位点初始化粒子集获得导航偏差

4.4.4　提高匹配定位精度对约束效果的影响

从上面的试验结果可以发现，在初始定位时刻若定位精度可以进一步提高，并且似然函数的伪波峰和伪定位可以进一步得到抑制，那么，初始时刻的粒子就可以更好地跟踪真实位置。根据第3章的研究内容，地形测量误差导致的地形畸变影响定位精度和稳定性，并研究了一种利用PCNN技术进行有效点筛选的匹配定位方法，同时，讨论了有关高精度地形匹配定位的相关方法，即在初次匹配定位位置的残差中识别畸变误差比较大的点，并将其标记为无效定位点，然后利用有效节点进行二次匹配，剔除异常的畸变节点后可以使匹配定位的似然函数更加稳定。这里通过增加初始位置的测量波束和有效节点筛选方法来提高初始位置的定位精度，同时，在滤波过程中测量波束保持原来的数量。图4-38（a）显示了初始搜索区间内的地形匹配定位似然函数云图、地形匹配定位的置信区间边界及有效定位点，图4-38（b）表示在有效地形匹配定位点布置的初始粒子（每一个有效定位点初始化两个粒子）。图4-39表示粒子滤波初始化后和滤波收敛后的粒子分布，初始粒子分布在搜索区间内较小的区域且已经覆盖到了真实位置［图4-39（a）］，滤波终点的粒子很好地跟踪到了真实位置［图4-39（b）］。图4-40表示粒子滤波导航过程中的导航偏差。

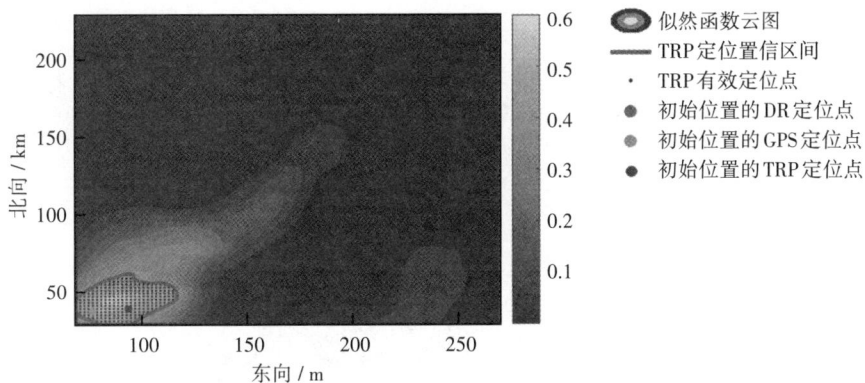

（a）初始定位精度提高后的似然函数、置信区间和有效地形匹配定位点

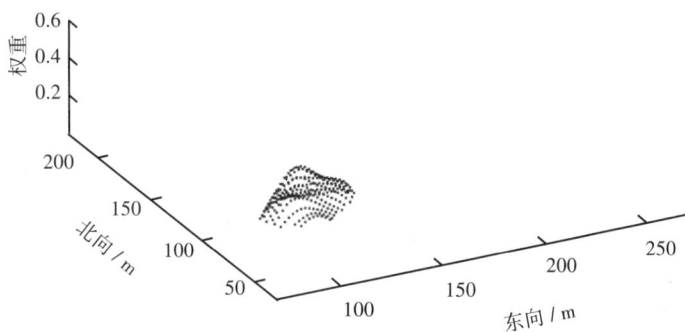

（b）有效地形匹配定位点初始化粒子

图4-38 提高初始定位精度后的初始化粒子（825粒子）

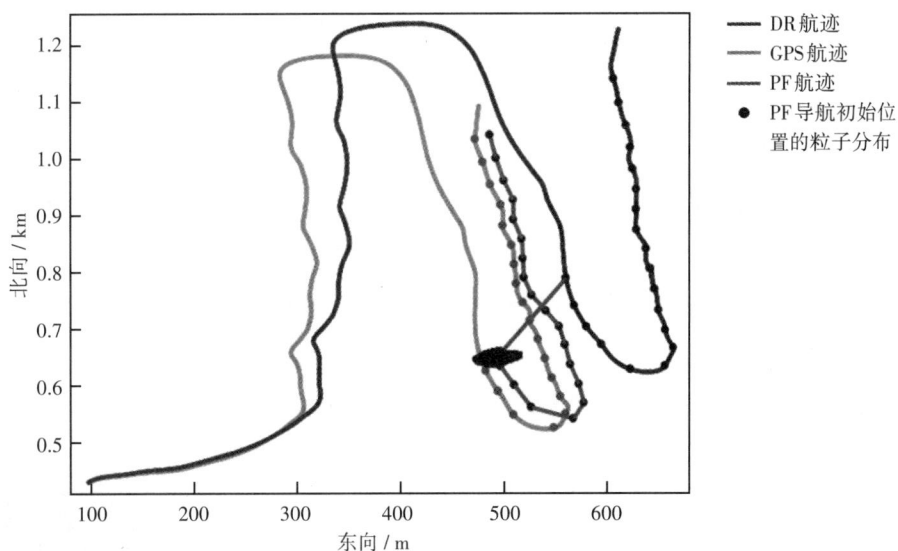

（a）试验路径的GPS航迹、DR航迹、规划导航点及滤波初始位置的粒子分布

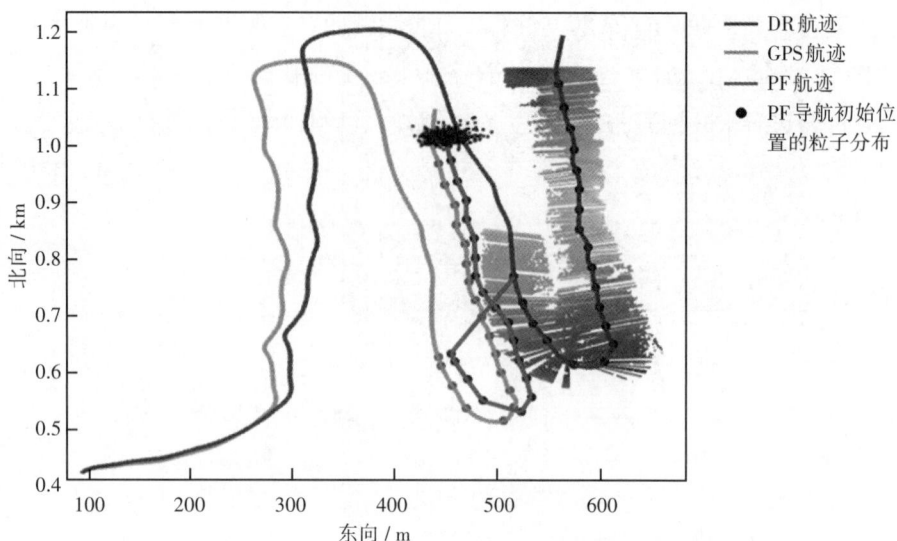

（b）试验路径的GPS航迹、DR航迹、规划导航点及滤波终点的粒子分布

图4-39　滤波初始时刻和滤波终点的粒子分布

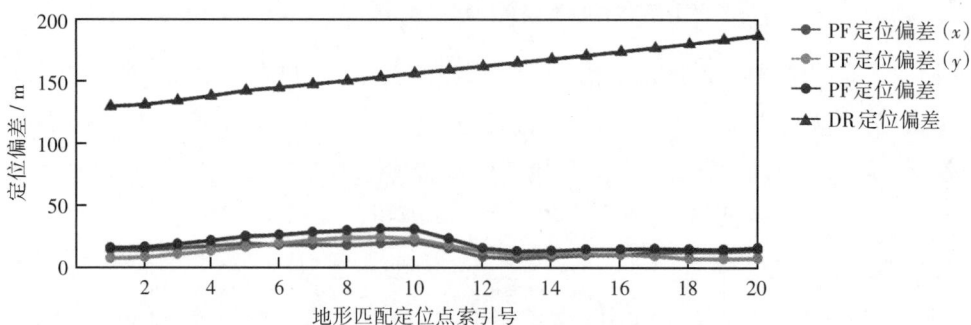

图4-40　粒子滤波过程中的定位偏差

4.4.5　粒子滤波器初始化对比试验结果

这里记4.4.1~4.4.4节分别为TEST1~TEST4。从滤波结果可以看到当初始时刻的定位精度提高后，地形匹配定位点的伪波峰得到了明显的抑制，初始时刻的粒子分布更加逼近真实位置，滤波初始阶段粒子迅速收敛到正确的位置并跟踪到真实航迹。此外，由于地形匹配定位点的定位精度提高，以有效地形匹配定位点作为粒子初始化参考信息可以有效地降低初始化粒子的数量，在TEST4中粒子的数量仅为825个。对TEST1，TEST2，TEST3和TEST4的试验结果进行统计比较，并选用A，B，C，D四个统计量，可以得到图4-41的对比图，其中的四个统计量分别是：

A. TRN定位偏差的均值；

B. TRN在收敛阶段的定位偏差的均值（1~11TRN点位定位阶段）；

C. TRN在滤波稳定阶段的定位偏差的均值（12~20TRN点位定位阶段）；

D. 初始化粒子的总数/100。

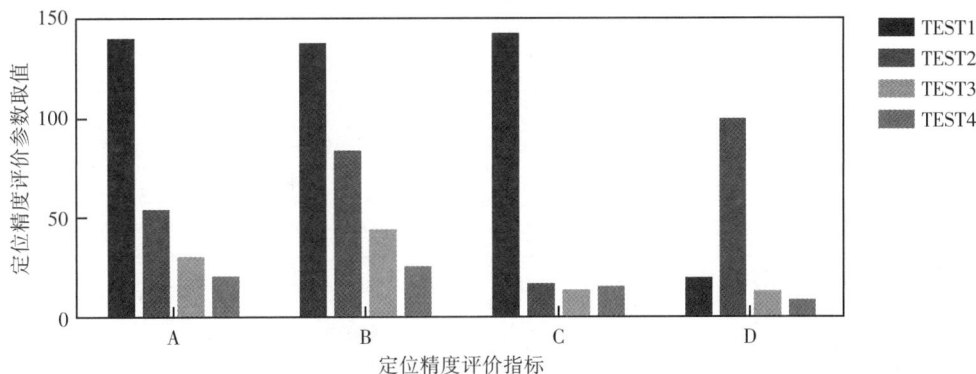

图4-41 四种初始化方法试验结果的比较

从图4-41中可以清楚地看到，在TEST1中，DR导航偏差非常大时，利用DR定位信息进行粒子初始化后得到的导航结果非常差，无论是在收敛阶段还是在滤波稳定阶段滤波结果均没有收敛到正确的位置。若采用TRP结果进行粒子的初始化，可以得到更加接近真实定位点和定位概率分布的粒子初始化结果，使得粒子滤波结果在初始阶段逐渐收敛到正确位置。在TEST2中，采用在搜索区间内平均布置粒子，可以看到粒子缓慢收敛到正确的位置；在TEST3中，采用TRP有效定位点进行粒子的初始化，可以看到TRN结果迅速地收敛到准确的位置，且较TEST2的收敛速度更快；在TEST4中，采用了提高定位精度的方法进行初始定位，结果显示初始定位可以得到更加准确的初始定位信息，同时，精确的初始定位信息可以有效地提高收敛速度和降低初始化粒子的数量。在粒子滤波地形匹配导航系统的收敛阶段，采用有效定位点粒子滤波初始化方法得到的定位偏差均值为43.37 m，而常规初始化方法和搜索区间初始化方法分别为83.62 m和138.50 m，若提高地形匹配导航初始点的定位精度，则采用有效定位点初始化粒子滤波器后，将收敛阶段的定位偏差均值减小到25.09 m。

4.5 本章小结

本章主要研究了在地形匹配导航的初始时刻，参考导航累积误差很大的情况下的粒子滤波地形匹配导航的粒子初始化问题。书中利用地形匹配定位点的置信区间对初始时刻的粒子分布进行约束。本章重点研究了基于有效地形匹配定位点初始化粒子的方案，其中讨论了三种典型工况下初始粒子的似然度权值和等权值两种权值初始化方法。研究结果表明，似然函数权值布置方法更优。同时，本章也比较了其他常用的粒子滤波初始化方案，通过对比试验验证了新方法的有效性。

参考文献

[1] MEDUNA D K. Terrain relation navigation for sensor-limited systems with application to underwater vehicles [D]. Stanford：Stanford University，2011.

[2] ANONSEN K B，HAGEN O K. Terrain aided underwater navigation using pockmarks [C] // Oceans 2009，2010：1-6.

[3] HEGRENAES Ø，SÆBØ T O，HAGEN P E，et al. Horizontal mapping accuracy in hydrographic AUV surveys [C] // in 2010 IEEE/OES Autonomous Underwater Vehicles，2010：1-13.

[4] HAGEN O K，ÅNONSEN K B，MANDT M. The HUGIN real-time terrain navigation system [C] // Oceans 2010，2010：1-7.

[5] HAGEN O K，ÅNONSEN K B. Improving terrain navigation by concurrent tidal and sound speed error estimation [C] // Oceans 2013，2014：1-7.

[6] BJRN J，MAGNE M，OVE K H. Terrain referenced navigation of AUVs and submarines using multibeam echo sounders [C] // UDT Europe 2004，2004：1-10.

[7] ÉNONSEN K B，HAGEN O K. Recent developments in the HUGIN AUV terrain navigation system [C] // Oceans'11 MTS/IEEE KONA，2011：1-7.

[8] ÅNONSEN K B，HALLINGSTAD O. Terrain aided underwater navigation using point mass and particle filters [C] // IEEE/ION Position，and Navigation Symposium，2006：1027-1035.

[9] NAKATANI T，URA T，SAKAMAKI T，et al. Terrain based localization for pinpoint observation of deep seafloors [C] // Oceans IEEE Xplore，2009：1-6.

[10] TEIXEIRA F C，JOÃO Q，MAURYA P，et al. Robust particle filter formulations with application to terrain-aided navigation [J]. Adaptive control and signal processing in marine systems，2017，31（4）：608-651.

［11］ CARRENO S, WILSON P, RIDAO P, et al. A survey on terrain based naviga-tion for AUVs ［C］// Washington State Conference and Trade Center, 2010: 1-7.

［12］ LEE J, BANG H. A robust terrain aided navigation using the rao-blackwellized particle filter trained by long short-term memory networks ［J］. Sensors, 2018, 18 (9): 2886.

［13］ WANG R P, LI Y, MA T, et al.Improvements to terrain aided navigation accu-racy in deep-sea space by high precision particle filter initialization ［J］. IEEE access, 2020, 8: 13029-13042.

第5章

多匹配点融合定位理论与方法

5.1 引言

第4章的内容介绍了提高地形匹配定位精度和稳定性的方法，以及利用地形匹配定位的置信区间进行粒子滤波初始化的有关问题。根据第4章引言部分的描述，在地形匹配导航系统运行初始时刻，主导航系统往往具有较大的累积误差，从而造成初始阶段的滤波不稳定。在这种情况下，需要一种初始定位方法能够较准确地确定AUV的当前位置，并将初始的位置偏差减小到可控的范围内。与第4章的思路有所不同，本章将从信息融合的角度出发探索提高地形匹配定位精度的方法。本章的内容仍然是为了解决在地形匹配导航系统运行初始阶段主导航累积误差很大的情况下如何获取高精度初始定位点的问题，但采用与第4章完全不同的解决思路。此外，本章采用的多匹配点融合定位方法可以通过控制参与融合的地形匹配定位点数目进而控制其融合定位精度，且具有对地形匹配定位似然函数伪波峰的主动抑制效果。

5.2 多地形匹配定位点线性融合定位原理

地形匹配导航系统的滤波模块主要是将多源定位信息进行融合，从而输出更加稳定的定位估计。在地形匹配导航过程中，地形匹配导航系统的信息融合算法通过融合估计并逐步修正主导航系统的累计偏差，最后滤波结果收敛到载体的实际位置。试验结果表明，滤波收敛速度与地形匹配定位的精度及初始定位偏差有直接联系。从前面的分析也可以看到，当地形匹配导航的初始定位偏差较大，而且地形匹配导航路径位于适配性较差的地形区域时，地形匹配导航系统的滤波收敛速度非常缓慢，甚至有滤波发散的危险。地形匹配导航滤波收敛速度慢和滤波发散的原因除了地形适配性的影响之外，地形匹配导航系统的初始定位精度也是非常重要的影响因素。为了确保水下地形匹配导航系统能稳定可靠运行，不仅在其导航初始化阶段需要高精度、高稳定性的定位结果［图 5-1（a）］，在先验地形信息不足的情况下更加需要高精度、高稳定性的地形匹配导航定位结果［图 5-1（b）］。由于大范围、高分辨率的水下地形图的获取难度非常大，现有的先验地形图基本都是小范围的。这就导致 AUV 作业区域的覆盖范围远大于先验地形图的覆盖范围［图 5-1（b）］，先验地形图中没有足够的地形区域用于地形匹配导航系统滤波过程的收敛。在这种情况下，只能通过对主导航系统的累积偏差进行一次

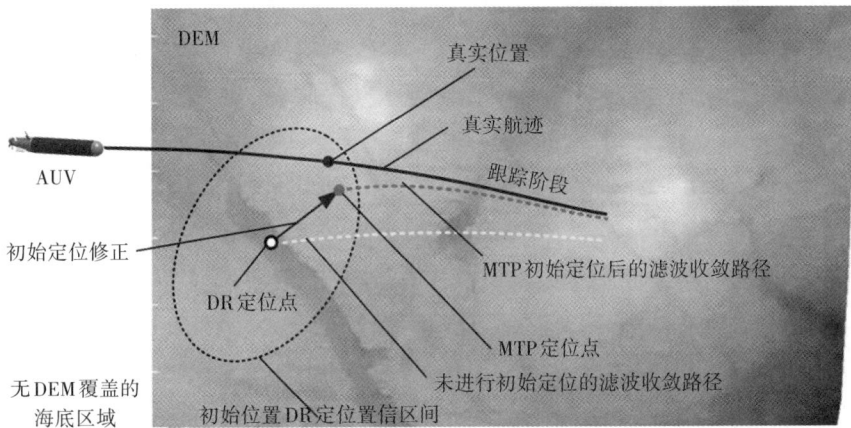

（a）地形匹配导航初始阶段初始定位及滤波收敛示意图

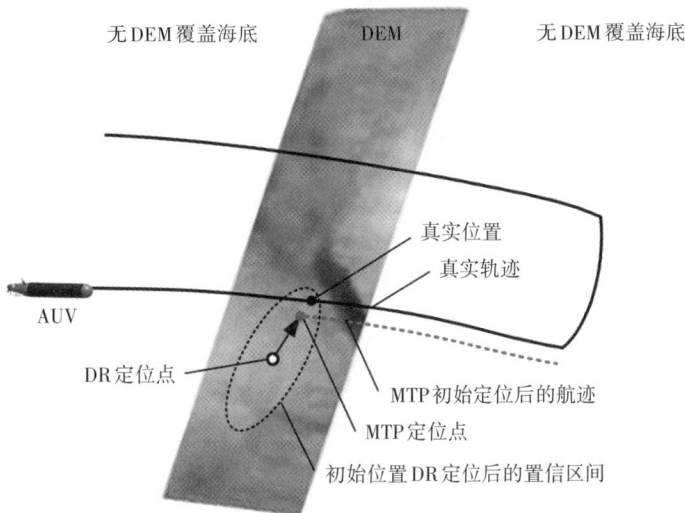

（b）先验地图不足条件下的地形匹配定位示意图

图 5-1 高精度与高稳定性地形匹配定位技术的应用场景示意图

高精度校准，从而获取较高精度的初始定位信息，以确保系统滤波器在短距离内完成收敛。但现有的地形匹配定位算法已经不能满足上述需求，亟须开发高精度和高稳定性的地形匹配定位算法。本节将介绍一种基于信息融合思路的地形匹配定位方法，并命名为多地形匹配定位点融合定位估计方法（multi-TRP fusion positioning，MTP）。

图 5-2 表示主导航（假设主导航采用 DR 导航）系统的时间累计误差缓慢增加，DR 定位系统的定位输出是一个时间相关的递推估计序列，所以各个 DR 定位点之间具有很强的相关性。地形具有较强的随机性和非线性特征，导致地形匹配定位点之间几乎没有相关性，但地形匹配定位点具有误差有界的特点。从图 5-2 中可以看到，相比于 DR 导航定位，地形匹配定位点的跳变性极强，从图 5-3 可以看到 DR 定位点之间具有较强的相关性，局部航迹段内 DR 航迹与真实航迹保持了较好的一致性，而地形匹配定位得到的航迹发生了严重的变形，完全无法表达局部航迹的真实几何形态。

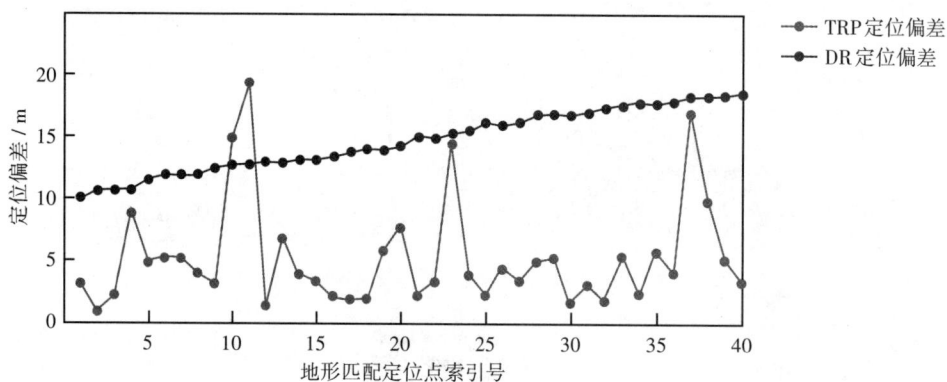

图 5-2　地形匹配定位和 DR 的误差比较

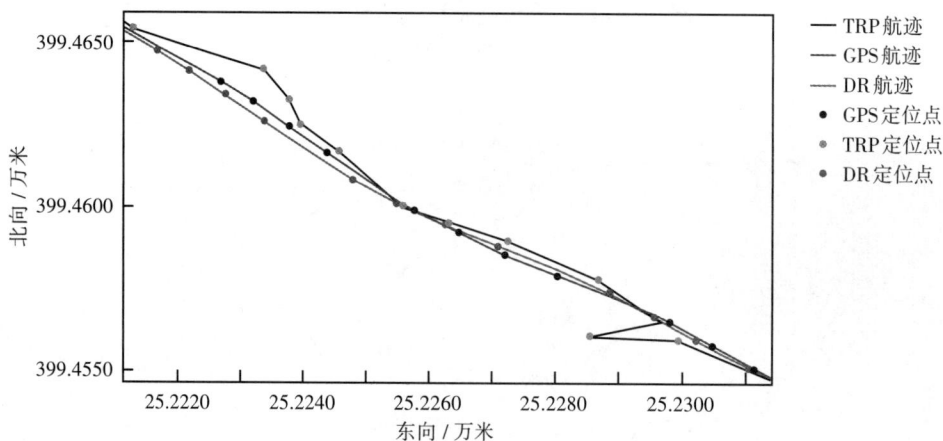

图 5-3　地形匹配定位、DR 导航、GPS 定位航迹比较

综上所述，现有的地形匹配定位方法的不足如下。

① 高分辨率、大范围的先验地形图的获取受限。

② 实时测量地形图的更新速率低。

③ 增加测量波束导致计算量增加。

④ 测量距离增加导致测量地形变形增加。

如图5-4所示，图5-4（a）表示500 m测量距离下得到的实时测量地形图（real time map，RTM），红色的虚线表示测量路径的GPS航线，蓝色虚线表示测量路径的DR航迹，红色实线表示RTM的边缘，蓝色实线表示GPS路径下RTM的边缘，图中黑色箭头所指示的位置是导航误差引起的地形变形区域；图5-4（b）表示对于图5-4（a）中的RTM将其分割成3个小的RTM进行测量所得到的结果，每一个小的RTM的测量长度为150 m，可以看到当原来的RTM分解成小的RTM后，分解后的RTM变形减小；图5-4（c）表示利用图5-4（a）中的RTM进行TRP得到的残差统计结果；图5-4（d）表示利用图5-4（b）中的RTM进行TRP得到的残差统计结果，从统计结果可以看到，采用测量距离更短的RTM［图5-4（b）］进行匹配得到的残差要比采用长距离测量得到的RTM［图5-4（a）］进行匹配得到的残差小。RTM的测量距离增加而导致DR误差增加，将引起RTM发生更大的变形，并且变形随着测量距离增加而增加。因此，增加测量波束虽可增加匹配信息，但由此引入的地形畸变和计算负担也会抵消因增加匹配信息所带来的优势。

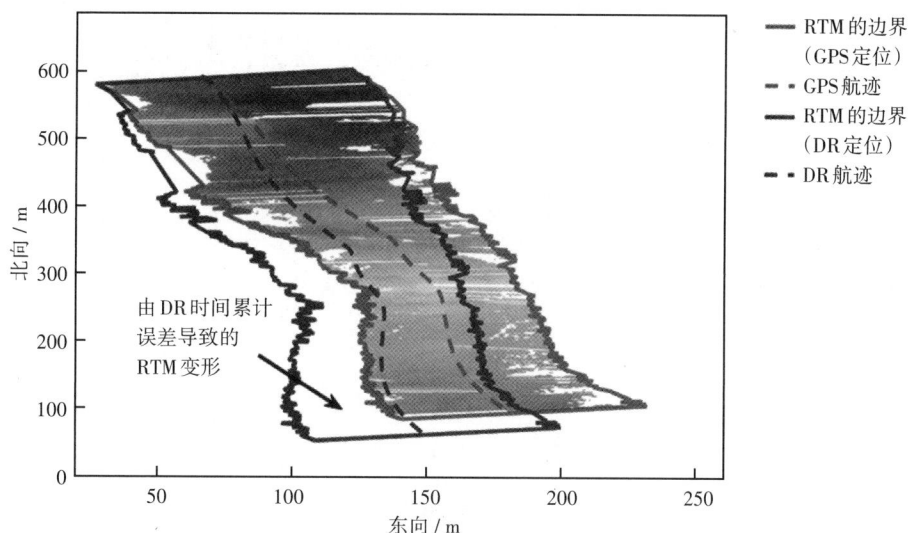

（a）DR的时间累计误差导致测量地形变形

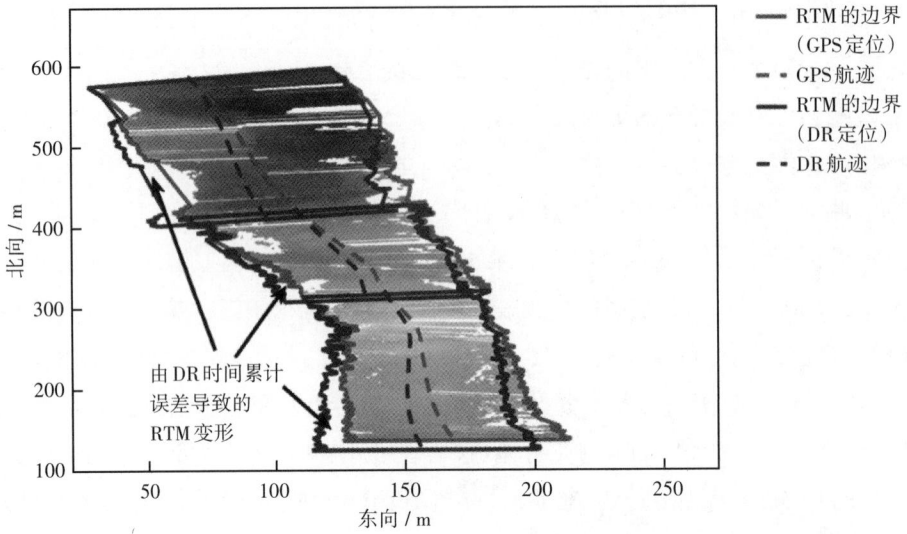

（b）将大测量地形分解成较小的测量地形使地形内部的变形减小

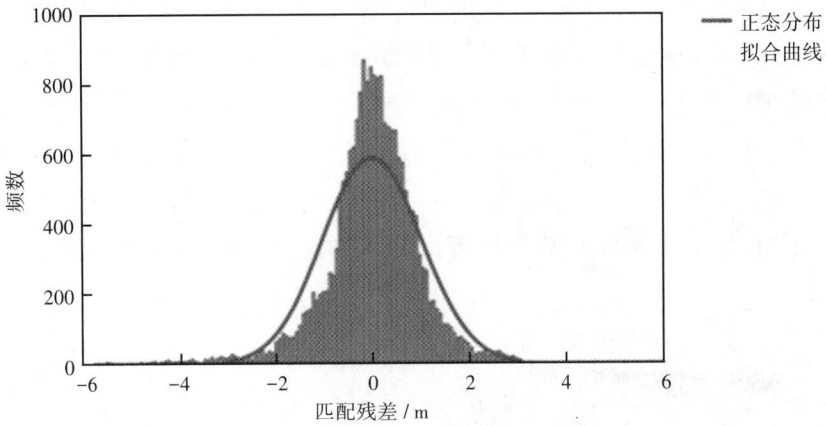

（c）大测量地形获得的匹配残差统计直方图

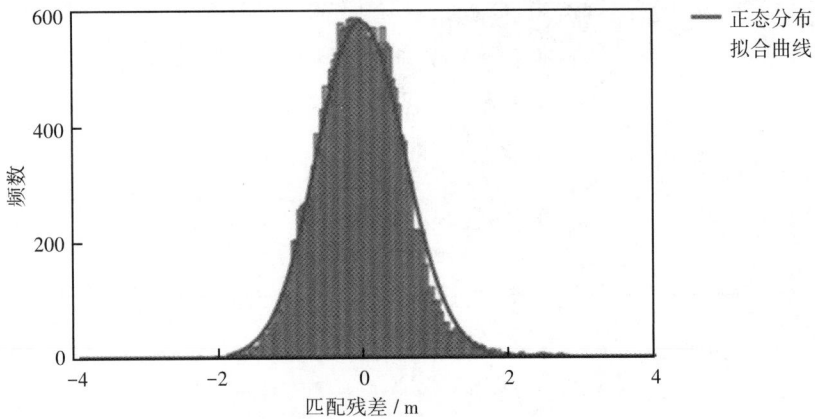

（d）小测量地形获得的匹配残差统计直方图

图5-4　DR误差引起的RTM畸变示意图（误差为航程的5%~6%）

基于上述分析，依靠增加测量波束的方法来提高匹配定位的精度和稳定性并不能从根本上解决当前遇到的问题。虽然在初始阶段DR系统有较大的定位偏差且DR系统定位概率分布范围较大，但由于DR定位点具有较高的相关性，其在短时间内获得的导航航迹与真实航迹的几何形态仍然具有较好的一致性。因此，通过航迹的一致性，将沿DR航迹连续获得的多个地形匹配定位点进行关联，利用多个地形匹配定位点的定位信息作为航迹段的位置约束条件，通过信息融合的方法进行航迹段的位置估计，以此得到更加精确和稳定的定位结果。依据以上的思路，我们将其命名为多地形匹配定位点融合定位估计（multi-TRP fusion positioning，MTP）。基于以上考虑，首先给出MTP的算法框图（图5-5），算法的执行过程分为地形匹配定位和多点融合估计两个部分，将两部分的任务分别描述如下。其中，DRP-N表示航迹段内第N号规划匹配定位点的DR定位信息，包括定点和各定位概率分布；RTM表示规划地形匹配导航定位点的测量地形；TRP-N表示航迹段内第N号规划匹配定位点的TRP定位信息，包括定位点和定位概率分布。

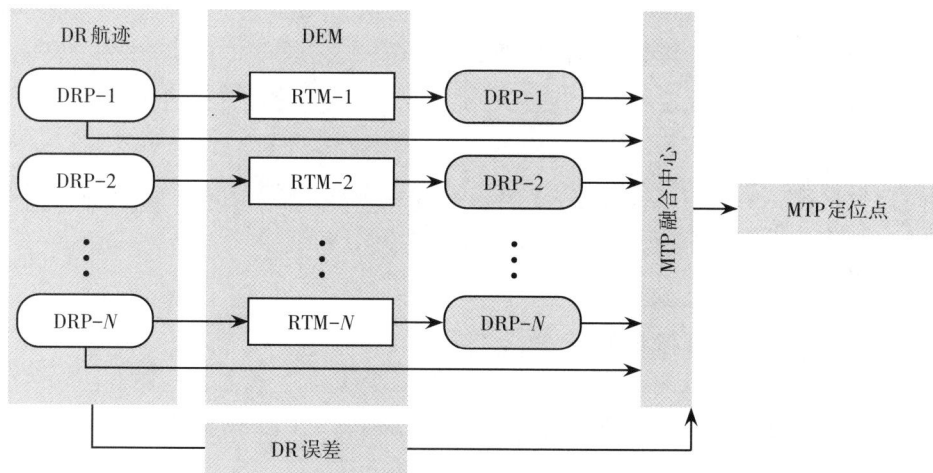

图5-5 MTP定位的数据流示意图

匹配定位：当AUV到达第一个导航规划点并获得DR定位点（DRP-1）后，MTP算法开始执行；同时，AUV获得测量地形，通过测量地形RTM-1与DEM匹配得到地形匹配定位点TRP-1；随后，AUV基于向前航行，分别到达DRP-2，DRP-3，…，DRP-N并获得对应的地形匹配的定位位置TRP-2，TRP-3，…，TRP-N。

多匹配点融合：经过匹配定位后，AUV获得了局部航迹段内的所有规划地形匹配定位点（waypoint）的DR定位信息（DRP-1，DRP-2，…，DRP-N）和地形匹配定位信息（TRP-1，TRP-2，…，TRP-N）；然后，执行融合定位程序，考虑到地形匹配定位点之间不存在相关性，因此，TRP-1，TRP-2，…，TRP-N点具有很强的跳变性，但TRP-1，TRP-2，…，TRP-N的定位误差是有界的，其跳变位置始终在真实位置附近。相应地，TRP-1，TRP-2，…，TRP-N对应的DR位置DRP-1，DRP-2，…，DRP-N具有很强的相关性，其形成的局部航迹与真实航迹比较接近。因此，可以借助DR的强相关性来关联局部航迹段内的各个地形匹配定位点，从而利用TRP-1，TRP-2，…，TRP-N和DRP-1，DRP-2，…，DRP-N的定位信息对当前DR航迹段的位置进行估计，即估计DR位置DRP-N的修正位置。

接下来将对MTP算法进行更为详细的描述，主要分为五个部分展开。

① 建立MTP算法的数学模型，该模型就是利用地形匹配定位信息TRP-1，TRP-2，…，TRP-N和DR定位信息DRP-1，DRP-2，…，DRP-N对当前位置DRP-N的估计模型，最终的模型实际上就是各种信息的加权求和。

② 重点讨论数学模型中各信息权值的求解问题，这里将权值分为地形匹配定位信息权值和DR信息权值，分别讨论两个权值的求解，最后给出融合定位结果的求解方法。

③ 通过实际的船载测量数据进行算法的验证。

④ 考虑到地形匹配定位的伪波峰问题，利用非线性滤波方法进行多地形匹配定位点的定位信息融合。

⑤ 利用定位估计结果进行粒子初始化试验验证，检验算法在初始定位阶段的对准效果已经具有初始定位模块的粒子滤波算法的执行效果。

5.2.1 多匹配点线性融合数学模型

假设AUV执行超长航程或大深度下潜等任务后，其DR系统出现了很大的积累误差，此时，AUV的DR定位输出为X_1^d。以此为起点，AUV向前航行一段距离并获得DR得到航迹段f_d，如图5-6所示，假设沿航迹段f_d上的N个地形匹配导航规划点的DR定位为$X_i^d(i=1,2,\cdots,N)$，称其为航迹段f_d的位置控制点；与DR定位点$X_i^d(i=1,2,\cdots,N)$对应的地形匹配定位点分别记为$X_i^t(i=1,2,\cdots,N)$，称其为航迹段f_d的位置控制点的观测点。由于DR定位点存在较大的时间累计误差，DR的航迹f_d与真实航迹f_t相比必然存在较大的位置偏移，但DR的航迹f_d的几何形状未产生较大畸变。而对于地形匹配定位点$X_i^t(i=1,2,\cdots,N)$，由于其定位误差是有界的，则地形匹配定位点将随机地分布在真实航迹的附近，因此，地形匹配定位形成的航迹与真实值相比存在较大的变形（图5-6中的蓝色折线）。接下来要考虑的问题就是如何利用沿局部航迹段f_t分布的N个地形匹配定位点

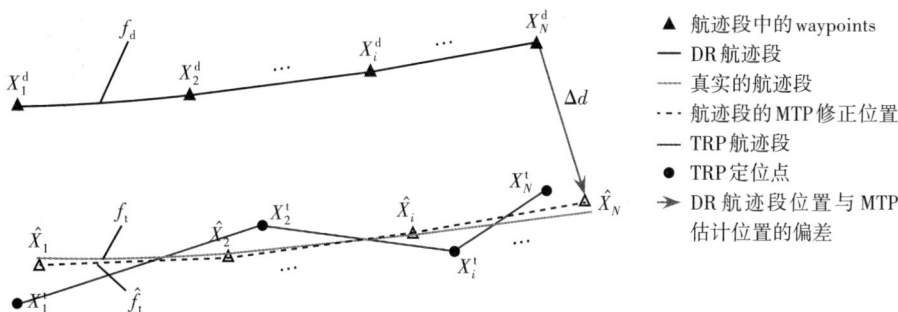

图5-6 MTP定位示意图

$X_i^t (i = 1, 2, \cdots, N)$估计 AUV 的当前位置 $\hat{X}_1$，这里也假设当前位置的 DR 定位值 X_1^d 与估计 $\hat{X}_1$ 的偏差为 Δd，修正后的位置 $\hat{X}_1$ 对应的航迹为 $\hat{f}_t$，此时，$X_i^d (i = 1, 2, \cdots, N)$对应的位置也将得到修正，并将其修正值定位为 $\hat{X} = \left[\hat{X}_1, \hat{X}_2, \cdots, \hat{X}_i, \cdots, \hat{X}_N, \right]$，由于估计偏差 Δd 也是整个航迹段 f_d 的定位偏差，所以估计位置 $\hat{X}_i (i = 1, 2, \cdots, N)$ 与 DR 定位位置 $X_i^d (i = 1, 2, \cdots, N)$ 之间存在如式（5-1）的关系：

$$\hat{X}_i = X_i^d + \Delta d, \ i = 1, 2, \cdots, N \tag{5-1}$$

式中，$\hat{X}_i \in \hat{X}$ 表示基于 MTP 定位的 DR 航迹段 f_d 的位置控制点的 MTP 定位点序列；Δd 表示基于 MTP 获得的航迹段 f_d 的定位偏差，同时，Δd 也是航迹 f_d 的起点 X_1^d 的 DR 定位偏差。

由于地形匹配定位点 $X_i^t (i = 1, 2, \cdots, N)$ 是对 DR 航迹段 f_d 的位置控制点 X_i^d $(i = 1, 2, \cdots, N)$ 的定位观测值，这些观测点对应的 MTP 估计值为 $\hat{X} = \left[\hat{X}_1, \hat{X}_2, \cdots, \hat{X}_i, \cdots, \hat{X}_N \right]$，则可以建立位置估计的代价函数 J：

$$J = \sum_{i=1}^{N} \lambda^i \left(X_i^t - \hat{X}_i \right)^2 \tag{5-2}$$

把式（5-1）代入式（5-2），得到

$$J = \sum_{i=1}^{N} \lambda^i \left[X_i^t - \left(X_i^d + \Delta d \right) \right]^2 \tag{5-3}$$

式中，$\lambda^i \in \left[\lambda^1, \lambda^2, \cdots, \lambda^i, \cdots, \lambda^N \right]$ 表示位置观测值 X_i^t 和 X_i^d 在估计 $\hat{X}_N$ 时的权重。在等式（5-4）中，$X_i^t \in X^t$ 和 $X_i^d \in X^d$ 为已知观测序列，将 $X_i^t - X_i^d$ 表示成 ΔX_i^{td}：

$$\Delta X_i^{td} = X_i^t - X_i^d \tag{5-4}$$

将式（5-4）代入式（5-3）中，得

$$J = \sum_{i=1}^{N} \lambda^i \left(\Delta X_i^{\text{td}} - \Delta d \right)^2 \tag{5-5}$$

式中，ΔX_i^{td}表示航迹f_d的DR定位值与地形匹配定位值之间的位置偏差，它可以分解到x方向和y方向上，可得$\Delta X_i^{\text{td}} = \left[\Delta x_i^{\text{td}}, \Delta y_i^{\text{td}} \right]$。

值得注意的是，权值λ^i的取值与地形匹配定位的定位精度和DR的定位精度有关，若代价函数中的定位信息的权值λ^i已知，并令$\partial J / \partial \Delta d = 0$，则当前位置的DR系统定位偏差$\Delta d$可以求解。

5.2.2　多匹配点融合定位模型参数求解

根据前文分析可知，求解式（5-5）的关键是得到定位信息的权值λ^i，而权值λ^i与DR定位信息（假设DR采用DR导航）$X^d = \left[X_1^d, X_2^d, \cdots, X_i^d, \cdots, X_N^d \right]$和地形匹配定位信息$X^t = \left[X_1^t, X_2^t, \cdots, X_i^t, \cdots, X_N^t \right]$的定位精度有关。接下来将讨论如何利用DR和地形匹配的定位信息计算式（5-5）中的权重λ^i。

5.2.2.1　主导航局部航迹误差

图5-7为MTP定位算法模型中各种重要参数的示意图，MTP通过融合DR定位信息$X^d = \left[X_1^d, X_2^d, \cdots, X_i^d, \cdots, X_N^d \right]$和地形匹配定位信息$X^t = \left[X_1^t, X_2^t, \cdots, X_i^t, \cdots, X_N^t \right]$来修正TRN起点的DR定位点$X_1^d$的累计误差，得到DR定位点$X_1^d$的修正位置$\hat{X}_1$。图5-7中黑色虚线表示DR航迹，黑色实线表示经过MTP定位修正后的航迹。由于DR定位点$\left[X_2^d, X_3^d, \cdots, X_i^d, \cdots, X_N^d \right]$与$X_1^d$之间存在递推关系，而且DR定位存在累计误差，因此，X_1^d与$\left[X_2^d, X_3^d, \cdots, X_i^d, \cdots, X_N^d \right]$之间存在相对位置的误差$\Delta X_{1,i}^d$（图5-7中虚线椭圆区域），$\Delta X_{1,i}^d$是由DR系统的累计误差引起的，假设DR系统的输入误差为高斯白噪声并且满足高斯分布$N(0, Q_k)$，Q_k表示主导航系统的噪声输入协方差矩阵，那么，X_1^d与$\left[X_2^d, X_3^d, \cdots, X_i^d, \cdots, X_N^d \right]$之间的相对位置误差可以由推算导航的误差传播方程得：

$$P_{1,i}^d = \sum_{k=1}^{i} F^{\mathrm{T}} Q_k F \tag{5-6}$$

式中，F表示主导航系统的系统状态转移矩阵；$P_{1,i}^d = \left[P_{1,i}^{\text{dx}}, P_{1,i}^{\text{dy}} \right]$分别表示相对位

置误差在 x 方向和 y 方向的分量。

由于MTP过程相当于将航迹段平移了 Δd 的距离，所以，对于 $\boldsymbol{X}^{\mathrm{d}} = \left[\boldsymbol{X}_1^{\mathrm{d}}, \boldsymbol{X}_2^{\mathrm{d}}, \cdots, \boldsymbol{X}_i^{\mathrm{d}}, \cdots, \boldsymbol{X}_N^{\mathrm{d}}\right]$ 的修正位置 $\hat{\boldsymbol{X}} = \left[\hat{\boldsymbol{X}}_1, \hat{\boldsymbol{X}}_2, \cdots, \hat{\boldsymbol{X}}_i, \cdots, \hat{\boldsymbol{X}}_N\right]$，最终的修正位置 $\hat{\boldsymbol{X}}_N$ 与修正航迹中的 $\left[\hat{\boldsymbol{X}}_2, \hat{\boldsymbol{X}}_3, \cdots, \hat{\boldsymbol{X}}_i, \cdots, \hat{\boldsymbol{X}}_N\right]$ 同样存在相对位置误差（图5-7中虚线椭圆区域），而且其取值也是 $\Delta\boldsymbol{X}_{1,i}^{\mathrm{d}} \sim \left(0, \boldsymbol{P}_{1,i}^{\mathrm{d}}\right)$。图5-7显示了TRN起点的DR定位点 $\boldsymbol{X}_1^{\mathrm{d}}$ 对应的局部DR航迹。DR点之间的位置不确定导致了航迹段存在几何形态的不确定区域（图5-7中黑色实线附近的灰色区域）。同样，位置修正后的航迹也存在几何形态的不确定区域（图5-7中黑色虚线附近的灰色区域）。黑色虚线表示DR系统得到的局部航迹，黑色实线表示利用MTP得到的位置修正后的DR航迹。MTP得到的DR航迹偏差为 Δd，DR航迹附近的灰色区域表示DR航迹相对于TRN起点的DR定位点 $\boldsymbol{X}_1^{\mathrm{d}}$ 的相对定位不确定区间，该不确定性由DR导航误差引起。至此，我们得到了由DR累计引起的局部航迹位置偏移误差 Δd 的数学描述。总体来说，在地形匹配导航初始阶段DR累积误差较大的情况下，局部航迹段各DR定位点之间的相对误差远小于航迹段整体位置偏移误差，而MTP则是利用这一特点将DR定位点 $\boldsymbol{X}_1^{\mathrm{d}}$ 的累计定位偏差估计问题等价为以 $\boldsymbol{X}_1^{\mathrm{d}}$ 为起点的局部DR航迹定位问题，而待估计的局部DR航迹位置则可以通过融合沿该航迹段连续获得的多个地形匹配定位点信息得到更加精确的估计。这些由地形匹配定位点构成的观测信息对于提高 $\boldsymbol{X}_1^{\mathrm{d}}$ 点定位偏差的估计精度和稳定性至关重要。

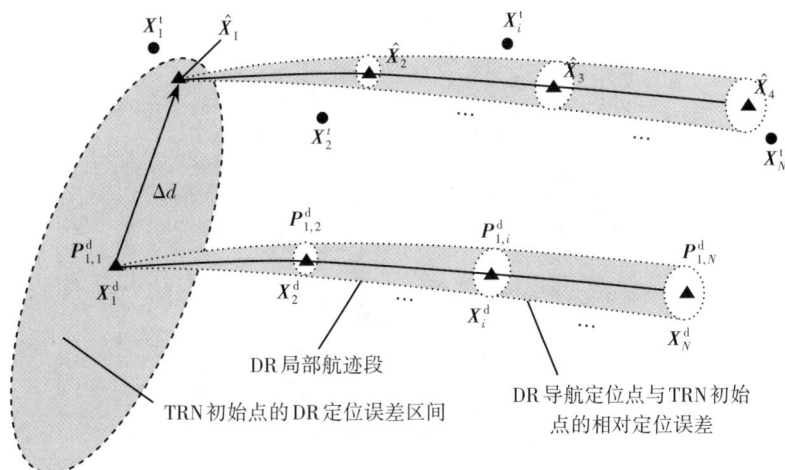

图5-7　DR航迹的形状不确定性示意图

5.2.2.2　地形匹配定位误差

地形匹配定位误差的求解与DR误差求解有很大的区别，前文也提到过地形匹配定位的特点，由于地形匹配定位误差与局部测量地形的特征和测量误差有关，在求解地形匹配定位误差时需要考虑地形的测量误差和地形的梯度特征。根据文献［12］的研究结论，当测量波束足够多时，地形测量误差将渐进高斯分布，并且地形匹配定位误差的估计可以由 CRLB（Cramer-Rao lower bound）来描述，这是一个包含了测量误差和地形特征的参数，其表达式为

$$\boldsymbol{P}_{ij}^{\text{t}} = \left(I_{ij}\left(\boldsymbol{X}^{\text{t}}\right)\right)^{-1} = \left[\left(\frac{1}{(mn-1)\sigma_{\text{p}_i}^2}\right)\sum_{k=1}^{m}\sum_{l=1}^{n}\frac{\left(\hat{h}_{kl}\left(\boldsymbol{X}^{\text{t}}\right) - \hat{h}_{kl}\left(\boldsymbol{X}^{\text{t}} + d\cdot\boldsymbol{e}_j\right)\right)^2}{d^2}\right]^{-1} \tag{5-7}$$

式中，$I_{ij}\left(\boldsymbol{X}^{\text{t}}\right)$ 表示实时测量地形的 Fisher 信息量；$\sigma_{\text{p}_i}^2$ 表示地形的测量误差方差，在第 2 章中有详细的描述；$\hat{h}\left(\boldsymbol{X}^{\text{t}}\right)$ 表示测量地形节点在 DEM 中位置 $\boldsymbol{X}^{\text{t}}$ 处的插值高度序列；$\hat{h}\left(\boldsymbol{X}^{\text{t}} + d\cdot\boldsymbol{e}_j\right)$ 表示测量地形节点在 DEM 中位置 $\boldsymbol{X}^{\text{t}} + d\cdot\boldsymbol{e}_j$ 处的插值高度序列，且 $\hat{h}\left(\boldsymbol{X}^{\text{t}}\right)$ 和 $\hat{h}\left(\boldsymbol{X}^{\text{t}} + d\cdot\boldsymbol{e}_j\right)$ 是大小为 $m\times n$ 的矩阵；m 和 n 分别表示测量地形节点坐标矩阵的行数和列数；k 和 l 表示插值节点的索引号；d 表示假设偏差，该偏差是指从地形匹配定位点 $\boldsymbol{X}_i^{\text{t}}$ 沿方向 $\boldsymbol{e}_j$ 的定位偏移距离；$\boldsymbol{e}_j = \left[e_j^x, e_j^y\right]^{\text{T}}$ 表示单位方向向量；e_j^x 和 e_j^y 分别表示其在导航坐标系 x 方向和 y 方向的分量。

从式（5-7）中也可以看到地形匹配定位的误差分布是与方向有关的，式（5-7）中提到的所有变量都描述在图 5-8 中，RTM-i 表示与 TRP 点 $\boldsymbol{X}_i^{\text{d}}$ 对应的

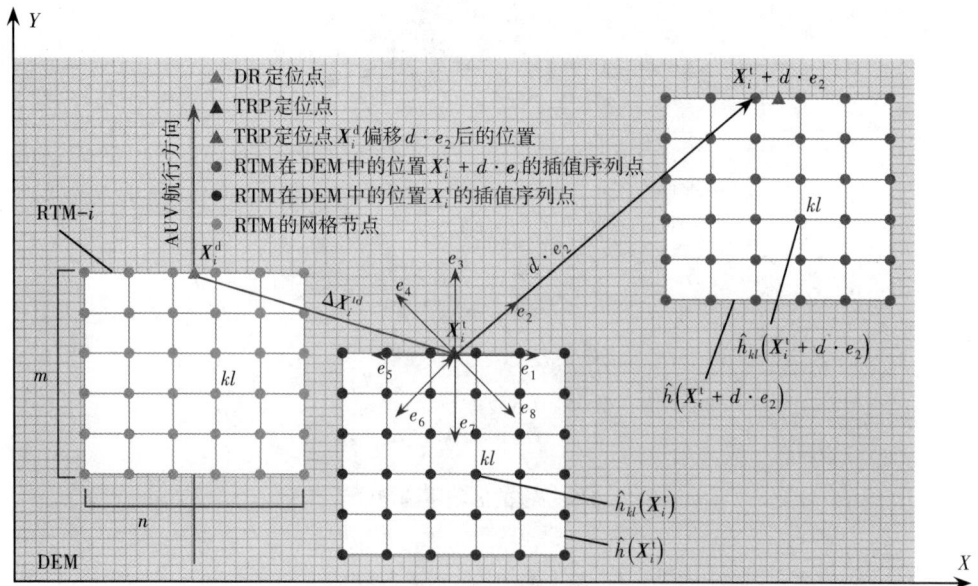

图5-8　计算 TRP 定位误差时的插值过程示意图

RTM，它包括三个分量信息 rtm_iX，rtm_iY，rtm_iZ，分别对应 X 轴坐标矩阵、Y 轴坐标矩阵和 Z 轴坐标矩阵。并且坐标矩阵的大小为 $m \times n$，坐标矩阵 rtm_iX 和 rtm_iY 是通过 DR 导航信息得到的，如里将 RTM-i 数据转换到以 TRP 点 X_i^t 为基点的坐标下，则转换后的坐标矩阵与原矩阵之间会有偏差 ΔX_i^{td}，此时，RTM-i 在 X_i^t 点对应的插值高度序列为 $\hat{h}(X^t)$。同理，在位置 $X^t + d \cdot e_j$ 对应的差值序列为 $\hat{h}(X^t + d \cdot e_j)$。

在式（5-7）中有一个十分重要的项，将其单独列出并写成：

$$G_j = \sum_{k=1}^{m} \sum_{l=1}^{n} \left| \frac{\hat{h}_{kl}(X^t) - \hat{h}_{kl}(X^t + d \cdot e_j)}{d} \right| \tag{5-8}$$

至此可以得到以下两个关于定位误差的重要结论。

① 当测量波束数足够多时测量误差渐进高斯分布，可以使用 CRLB 参数作为地形匹配定位精度的估计。

② 地形匹配定位的误差具有方向性，所以各个方向上的 CRLB 不同，各个方向上最大的 CRLB 对地形匹配定位精度起主导作用。

基于以上的分析，地形匹配定位的误差在各方向上的取值的极大值对地形匹配定位的精度起到决定性作用，同前面章节的分析，将地形匹配定位的误差离散化到 8 个方向，对于第 i 个地形匹配定位点可由式（5-9）得到其 8 个方向的地形匹配定位误差 P_{ij}^t，则该点的地形匹配定位误差 P_i^t 为

$$P_i^{tm} = \max\left(P_{ij}^t\right), j = 1, 2, \cdots, 8 \tag{5-9}$$

式中，误差 P_i^{tm} 的方向由 e_m 表示；P_i^t 在导航坐标系 x 方向和 y 方向的分量分别为 P_i^{tx}，P_i^{ty}，这两个分量可以通过式（5-10）得到：

$$\begin{cases} \begin{cases} P_i^{tx} = P_i^{tm} \cdot e_m^x \\ P_i^{ty} = P_i^{tm} \cdot e_m^y \end{cases} \\ P_i^t = \begin{bmatrix} P_i^{tx} & \\ & P_i^{ty} \end{bmatrix} \end{cases} \tag{5-10}$$

由定位误差的第一条结论可知，假设匹配定位过程中得到的测量波束足够多，对于具有单峰值的地形匹配定位概率分布函数在定位点附近可近似高斯函数，地形匹配定位误差近似分布 $X_i^t \sim (0, P_i^t)$。值得注意的是，P_i^t 包含了两个重要的信息，一个是地形的测量误差 σ，另一个是反映地形梯度特征的量 G_j，这两个参数是影

响地形匹配定位精度的主要参数。

5.2.2.3 信息融合权重系数求解

到目前为止，已经得到了地形匹配定位的精度估计 $\boldsymbol{P}_i^{\mathrm{t}}$ 和 DR 的航迹误差 $\boldsymbol{P}_{1,\,i}^{\mathrm{d}}$，下面从另一个方向来考虑 Δd 的估计问题。图 5-9 表示 DR 航迹的偏差估计 Δd 对应的航迹估计位置 $[\hat{\boldsymbol{X}}_1,\ \hat{\boldsymbol{X}}_2,\ \cdots,\ \hat{\boldsymbol{X}}_i,\ \cdots,\ \hat{\boldsymbol{X}}_N]$，$J$ 实际上是表示 $\boldsymbol{X}^{\mathrm{t}} = [\boldsymbol{X}_1^{\mathrm{t}},\ \boldsymbol{X}_2^{\mathrm{t}},\ \cdots,\ \boldsymbol{X}_i^{\mathrm{t}},\ \cdots,\ \boldsymbol{X}_N^{\mathrm{t}}]$ 与 $[\hat{\boldsymbol{X}}_1,\ \hat{\boldsymbol{X}}_2,\ \cdots,\ \hat{\boldsymbol{X}}_i,\ \cdots,\ \hat{\boldsymbol{X}}_N]$ 序列中对应的定位点距离的平方加权求和。由第 2 章的分析，对于任意一个偏差估计 $\Delta d'$，其对应的估计序列 $[\hat{\boldsymbol{X}}_2',\ \hat{\boldsymbol{X}}_3',\ \cdots,\ \hat{\boldsymbol{X}}_i',\ \cdots,\ \hat{\boldsymbol{X}}_N']$ 相对于 $\hat{\boldsymbol{X}}_N$ 都存在相对位置偏差 $\boldsymbol{X}_{1,\,i} \sim N\left(0,\ \boldsymbol{P}_{1,\,i}^{\mathrm{d}}\right)$。由 5.2.2.2 小节的分析可知，对应的地形匹配定位序列误差 $[\boldsymbol{X}_1^{\mathrm{t}},\ \boldsymbol{X}_2^{\mathrm{t}},\ \cdots,\ \boldsymbol{X}_i^{\mathrm{t}},\ \cdots,\ \boldsymbol{X}_N^{\mathrm{t}}]$ 具有分布 $\boldsymbol{X}_i^{\mathrm{t}} \sim N\left(0,\ \boldsymbol{P}_i^{\mathrm{t}}\right)$，并且 DR 定位点与地形匹配定位点之间相互独立。对于两个服从高斯分布的参数 $\boldsymbol{X}_i^{\mathrm{d}} \in \boldsymbol{X}^{\mathrm{d}}$ 和 $\boldsymbol{X}_i^{\mathrm{t}} \in \boldsymbol{X}^{\mathrm{t}}$，其 Mahalanobis 距离函数可以表示为式（5-11）。如图 5-9 所示，这实际上就像是加权最小二乘原理，当航迹存在位置偏差时航迹上的每一个 TRP 点和对应的 DR 点存在位置偏差，而 $\Delta d'$ 就是对航迹的位置修正，以修正后的 TRP 点与DR 点之间的距离评价修正值，但由于定位点的误差不同需要对其进行加权处理，在偏差估计为 Δd 时距离取得最小值。

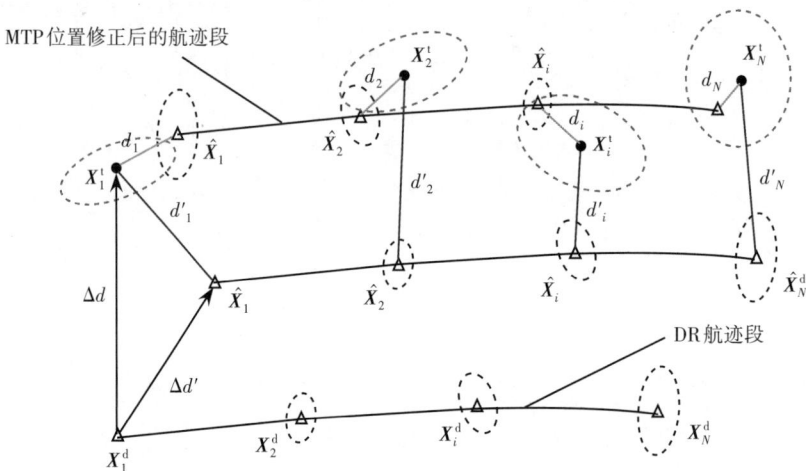

图 5-9　MTP 算法定位过程的示意图

$$
\begin{aligned}
M_i^2 &= \left(\boldsymbol{X}_i^{\mathrm{t}} - \hat{\boldsymbol{X}}_i\right)^{\mathrm{T}} \left(\boldsymbol{P}_i^{\mathrm{t}} + \boldsymbol{P}_{1,\,i}^{\mathrm{d}}\right)^{-1} \left(\boldsymbol{X}_i^{\mathrm{t}} - \hat{\boldsymbol{X}}_i\right) \\
&= \left(\Delta \boldsymbol{X}_i^{\mathrm{td}} - \Delta d\right)^{\mathrm{T}} \left(\boldsymbol{P}_i^{\mathrm{t}} + \boldsymbol{P}_{1,\,i}^{\mathrm{d}}\right)^{-1} \left(\Delta \boldsymbol{X}_i^{\mathrm{td}} - \Delta d\right)
\end{aligned}
\tag{5-11}
$$

因此，定位点序列 $\boldsymbol{X}^{\mathrm{d}}$ 与 $\boldsymbol{X}^{\mathrm{t}}$ 的 Mahalanobis 距离可以表示为

$$M^2 = \sum_{i=1}^{N} M_i^2 = \sum_{i=1}^{N} \left(\Delta \boldsymbol{X}_i^{\mathrm{td}} - \Delta d\right)^{\mathrm{T}} \left(\boldsymbol{P}_i^{\mathrm{t}} + \boldsymbol{P}_{1,i}^{\mathrm{d}}\right)^{-1} \left(\Delta \boldsymbol{X}_i^{\mathrm{td}} - \Delta d\right) \tag{5-12}$$

比较式（5-5）和式（5-12），定位点的权值 $\boldsymbol{\lambda}^i$ 可以表示为

$$\begin{cases} \boldsymbol{P}_i^{\mathrm{td}} = \boldsymbol{P}_i^{\mathrm{t}} + \boldsymbol{P}_{1,i}^{\mathrm{d}} \\ \boldsymbol{\lambda}^i = \boldsymbol{\alpha}\left(\boldsymbol{P}_i^{\mathrm{td}}\right)^{-1} \\ \bar{\boldsymbol{E}} = \boldsymbol{\alpha} \sum_{i=1}^{N} \left(\boldsymbol{P}_i^{\mathrm{td}}\right)^{-1} \end{cases} \tag{5-13}$$

式中，$\boldsymbol{\alpha}$ 表示归一化参数矩阵，$\boldsymbol{\alpha} = \left[\sum_{i=1}^{N}\left(\boldsymbol{P}_i^{\mathrm{td}}\right)^{-1}\right]^{-1}$；$\boldsymbol{P}_i^{\mathrm{t}} = \begin{bmatrix} P_i^{\mathrm{tx}} & \\ & P_i^{\mathrm{ty}} \end{bmatrix}$ 表示 5.2.2.2 节中讨论过的地形匹配定位误差；$\boldsymbol{P}_{1,i}^{\mathrm{d}} = \begin{bmatrix} P_{1,i}^{\mathrm{dx}} & P_{1,i}^{\mathrm{dxy}} \\ P_{1,i}^{\mathrm{dxy}} & P_{1,i}^{\mathrm{dy}} \end{bmatrix}$ 表示 5.2.2.1 节中讨论过的 DR 航迹误差；$\bar{\boldsymbol{E}}$ 表示单位矩阵。同样地，$\boldsymbol{\lambda}^i$ 也可以分解为 x 轴和 y 轴上的分量：

$$\boldsymbol{\lambda}^i = \boldsymbol{P}_i^{\mathrm{td}} \left[\sum_{i=1}^{N}\left(\boldsymbol{P}_i^{\mathrm{td}}\right)^{-1}\right]^{-1} \tag{5-14}$$

此外，$\boldsymbol{\lambda}^i = \begin{bmatrix} \lambda_x^i & 0 \\ 0 & \lambda_y^i \end{bmatrix}$ 的分量 λ_x^i 和 λ_y^i 满足 $\sum_{i=1}^{N} \lambda_x^i = 1$ 和 $\sum_{i=1}^{N} \lambda_y^i = 1$。

基于 MTP 模型的定位解算，至此已经获得了式（5-5）中除 Δd 以外的全部未知参数。为得到代价函数取得最小值时 Δd 的取值，只需要求解式（5-15）即可：

$$\frac{\partial \boldsymbol{J}}{\partial \Delta d} = 0 \tag{5-15}$$

式（5-15）对应式（5-16）：

$$\sum_{i=1}^{N} \left(\boldsymbol{\lambda}^i\right)^{\mathrm{T}} \left(\Delta \boldsymbol{X}_i^{\mathrm{td}} - \Delta d\right) = 0 \tag{5-16}$$

考虑到 $\sum_{i=1}^{N} \left(\boldsymbol{\lambda}^i\right)^{\mathrm{T}} = \bar{\boldsymbol{E}}$，求解式（5-16）得到 Δd 的估计值，并将 Δd 分解到 x 方向和 y 方向：

$$\Delta d = \sum_{i=1}^{N} \boldsymbol{\lambda}^i \Delta \boldsymbol{X}^{\mathrm{td}} \tag{5-17}$$

式中，$\Delta \boldsymbol{X}_i^{\mathrm{td}} = \left[\Delta x_i^{\mathrm{td}}, \Delta y_i^{\mathrm{td}} \right]$。$\Delta x_i^{\mathrm{td}}$ 和 Δy_i^{td} 表示 $\Delta \boldsymbol{X}_i^{\mathrm{td}}$ 在 x 方向和 y 方向上的分量。最后，DR 航迹段初始位置估计 $\hat{\boldsymbol{X}}_1$ 的解可以写成

$$\hat{\boldsymbol{X}}_1 = \boldsymbol{X}_1^{\mathrm{d}} + \Delta d \tag{5-18}$$

$\hat{\boldsymbol{X}}_1$ 位置估计的整个过程写成伪代码的形式如下，其中输入参数为已知数据或者可以通过已知数据得到。

Algorithm：$\left[\hat{x}_N, \hat{y}_N \right] =$ Multi_TRP_Fusion_Positioning（输入）

输入：

DEM：$\left[dtm.\boldsymbol{X}, dtm.\boldsymbol{Y}, dtm.\boldsymbol{Z} \right]$

   （注：$dtm.\boldsymbol{X}, dtm.\boldsymbol{Y}, dtm.\boldsymbol{Z}$ 分别表示地形网格节点的 X 坐标矩阵、Y 坐标矩阵、Z 坐标矩阵）

RTM-i：$rtm\_i.\boldsymbol{X}, rtm\_i.\boldsymbol{Y}, rtm\_i.\boldsymbol{Z}, = 1, 2, \cdots, N$

   （注：$rtm\_i.\boldsymbol{X}, rtm\_i.\boldsymbol{Y}, rtm\_i.\boldsymbol{Z}$ 分别表示第 i 个地形匹配点测量地形 RTM-i 网格节点的 X 坐标矩阵、Y 坐标矩阵、Z 坐标矩阵，假设网格大小 $m \times n$）

TRP-i：$\boldsymbol{X}_i^{\mathrm{t}}, i = 1, 2, \cdots, N$；$\boldsymbol{X}_i^{\mathrm{t}} = \left[x_i^{\mathrm{t}}, y_i^{\mathrm{t}} \right]$（注：地形匹配定位模块获得）

DR-i：$\boldsymbol{X}_i^{\mathrm{d}}, i = 1, 2, \cdots, N$；$\boldsymbol{X}_i^{\mathrm{d}} = \left[x_i^{\mathrm{d}}, y_i^{\mathrm{d}} \right]$（注：DR 系统获得）

$\boldsymbol{P}_{N,i}^{\mathrm{d}}, i = 1, 2, \cdots, N$：$\boldsymbol{P}_{N,i}^{\mathrm{d}} = \left[\boldsymbol{P}_{N,i}^{\mathrm{dx}}, \boldsymbol{P}_{N,i}^{\mathrm{dy}} \right]$（注：5.2.2.1 小节）

$\boldsymbol{e}_j, j = 1, 2, \cdots, 8$：$\boldsymbol{e}_j = \left[e_j^x, e_j^y \right]$

$\Delta \boldsymbol{X}_i^{\mathrm{td}}, i = 1, 2, \cdots, N$：$\Delta \boldsymbol{X}_i^{\mathrm{td}} = \left[\Delta x_i^{\mathrm{td}}, \Delta y_i^{\mathrm{td}} \right]$

$\sigma_i, i = 1, 2, \cdots, N$（注：地形测量误差的标准差）

d：（注：计算地形梯度时的步长）

主程序：

   for $i = 1$ to N do

$$\boldsymbol{X} = \begin{bmatrix} rtm\_i.\boldsymbol{X} \\ rtm\_i.\boldsymbol{Y} \end{bmatrix} + \begin{bmatrix} \Delta x_i^{\mathrm{td}} \\ \Delta y_i^{\mathrm{td}} \end{bmatrix}$$

（注：计算测量地形平移到地形匹配定位点 $\boldsymbol{X}_i^{\mathrm{t}}$ 后的地形节点坐标矩阵 X 如图 5-8 所示）

   $\hat{h}(\boldsymbol{X}^{\mathrm{t}}) = f(X, dtm.\boldsymbol{X}, dtm.\boldsymbol{Y}, dtm.\boldsymbol{Z})$

（注：计算测量地形网格节点在 DEM 中的 $\boldsymbol{X}^{\mathrm{t}}$ 点的插值高度序列 $\hat{h}(\boldsymbol{X}^{\mathrm{t}})$，如图 5-8 所示，其中，$f(\cdot)$ 表示双线性插值方法）

   for $j = 1$ to 8 do

$$X = \begin{bmatrix} rtm\_i.\textbf{X} \\ rtm\_i.\textbf{Y} \end{bmatrix} + \begin{bmatrix} \Delta x_i^{td} \\ \Delta y_i^{td} \end{bmatrix} + \begin{bmatrix} d \cdot e_j^x \\ d \cdot e_j^y \end{bmatrix}$$

（注：计算实时测量地形平移到 $\textbf{X}^t + d \cdot e_j$ 位置后的地形节点坐标矩阵 X，如图 5-8 所示）

$$\hat{h}\left(\textbf{X}^t + d \cdot e_j\right) = f\left(X, dtm.\textbf{X}, dtm.\textbf{Y}, dtm.\textbf{Z}\right)$$

（注：计算测量地形节点在 DEM 中的 $\textbf{X}^t + d \cdot e_j$ 位置获得的插值高度序列 $\hat{h}(\textbf{X}^t)$，如图 5-8 所示）

for $k = 1$ to m do

　　for $l = 1$ to n do

　　　　$$\Delta \hat{h}_{kl}(\textbf{X}^t) = \Delta \hat{h}_{kl}(\textbf{X}^t) - \Delta \hat{h}_{kl}\left(\textbf{X}^t + d \cdot e_j\right)$$

　　end for

　　end for

$$\textbf{P}_{ij}^t = \left[\left(\frac{1}{(mn-1)\sigma_{p_i}^2} \right) \sum_{k=1}^m \sum_{l=1}^n \frac{\left(\Delta \hat{h}_{kl}\right)^2}{d^2} \right]^{-1} \quad （注：5.2.2.2 小节）$$

end for

$$P_i^{tm} = \max\left(P_{ij}^t\right)$$

$$e_m = \left[e_m^x, e_m^y \right]$$

$$P_i^{tx} = P_i^{tm} \cdot e_m^x; \ \ P_i^{ty} = P_i^{tm} \cdot e_m^y; \ \ \textbf{P}_i^t = \begin{bmatrix} P_i^{tx} & \\ & P_i^{ty} \end{bmatrix}$$

$$\textbf{P}_i^{td} = \textbf{P}_i^t + \textbf{P}_{1,i}^d$$

$$\boldsymbol{\alpha} = \left[\sum_{i=1}^N \left(\textbf{P}_i^{td}\right)^{-1} \right]^{-1}$$

$$\boldsymbol{\lambda}^i = \textbf{P}_i^{td} \left[\sum_{i=1}^N \left(\textbf{P}_i^{td}\right)^{-1} \right]^{-1} \quad （注：5.2.2.3 小节）$$

　　end for

$$\Delta d = \sum_{i=1}^N \boldsymbol{\lambda}^i \Delta \textbf{X}^{td}$$

$$\hat{\textbf{X}}_1 = \textbf{X}_1^d + \Delta d$$

5.2.3 多匹配定位点定位误差估计

根据式（5-17），MTP 定位误差的协方差矩阵表示为 $\textbf{P}^{\Delta d}$，$\textbf{P}^{\Delta d} = \sum \boldsymbol{\lambda}^i \textbf{P}_i^{td}$。

假设

$$P^{\Delta d} = \left(\sum_{i=1}^{N} \left(P_i^{td} \right)^{-1} \right)^{-1} \qquad (5-19)$$

$P_m^{td} = \min \left(P_i^{td} \right) (i = 1, 2, \cdots, N)$，表示最小值由单个地形匹配定位点的定位融合误差构成的序列中的最小值。此外，又有

$$\left(P^{\Delta d} \right)^{-1} = \sum_{i=1}^{N} \left(P_i^{td} \right)^{-1} = \left(P_m^{td} \right)^{-1} + \sum_{i=1, i \neq m}^{N} \left(P_i^{td} \right)^{-1} \qquad (5-20)$$

因此

$$\left(P^{\Delta d} \right)^{-1} = \sum_{i=1}^{N} \left(P_i^{td} \right)^{-1} > \left(P_m^{td} \right)^{-1} \qquad (5-21)$$

因此

$$P^{\Delta d} < P_m^{td} \qquad (5-22)$$

所以，基于MTP融合后得到的地形匹配定位误差比融合前各单独定位点的融合定位误差中的极小值要小。

5.2.4 多匹配点线性融合定位试验

图5-10表示数据采集设备及其连接图，图5-11表示回放式仿真试验的先验地形图、数据采集GPS航迹、DR航迹及地形匹配导航的规划点。

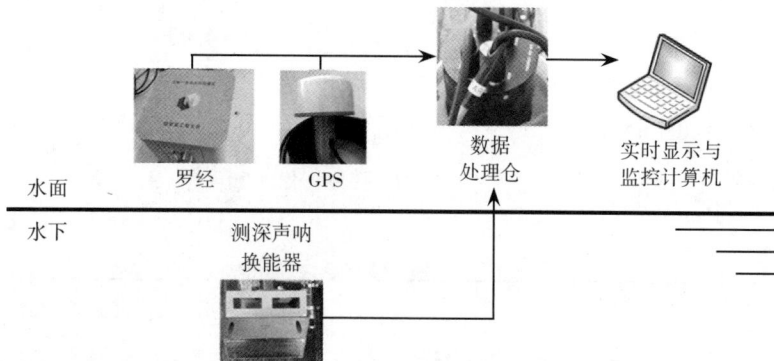

图5-10 水下地形测量设备及其连接图

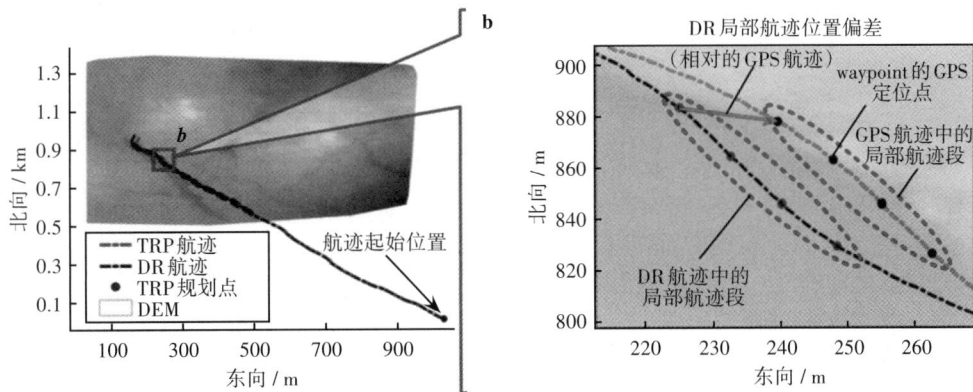

图5-11 先验地形图、路径点、GPS导航航迹及DR导航航迹

试验分为地形匹配定位（TRP）与多点融合定位（MTP）两个部分，每次地形匹配定位用到20个pings的测量波束，每个测量波束的脚点数为80，一个航迹段中的两个相邻WP之间间隔10个测量帧，试验参数在表5-1中列出。MTP定位过程采用4个地形匹配定位点进行融合定位，MTP的定位模式如图5-12所示。

表5-1 试验参数设置

试验	Ping数	测点数/pings	定位点间隔/pings	DEM网格边长/m
TRP	20	80	10	1
MTP	20	80	10	

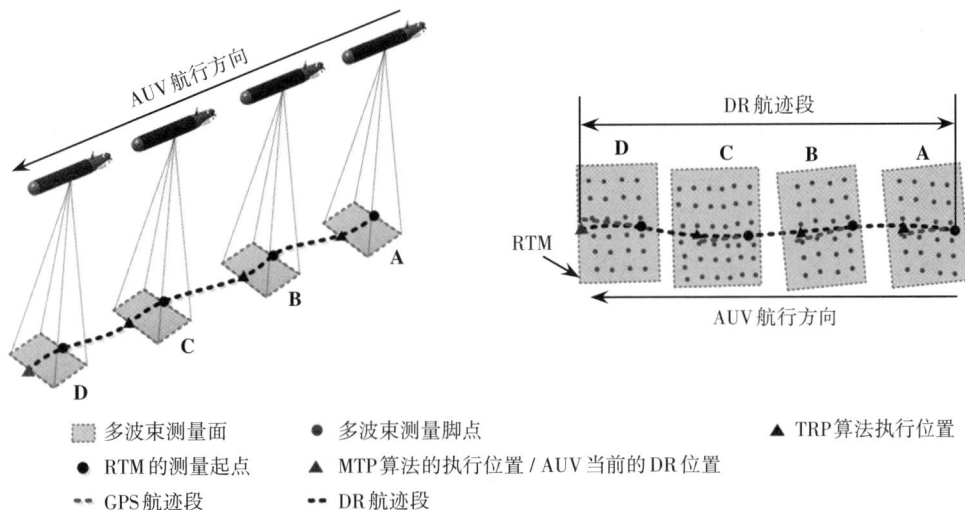

图5-12 使用4个地形匹配定位点进行MTP定位的模型图

地形匹配定位结果和MTP定位结果在图5-13中表示，可以看到，地形匹配定位结果（黑色点画线）的跳变性非常严重，个别地形匹配定位点的匹配结果产生了较大的定位偏差，最大的定位偏差达到了22.6 m，而MTP定位结果明显要比TRP定位结果稳定且精度要高于TRP，MTP的最大定位偏差在10 m。图5-14为TRP定位结果与MTP定位结果的对比图，可以看到，MTP的定位偏差的均值在2.1 m，而TRP的定位偏差的均值在4.4 m，MTP的定位精度要高于TRP；MTP的定位偏差的标准差为3.95 m，而TRP的定位偏差的标准差为7 m，标准差的对比结果表明MTP的定位稳定性要比TRP高。

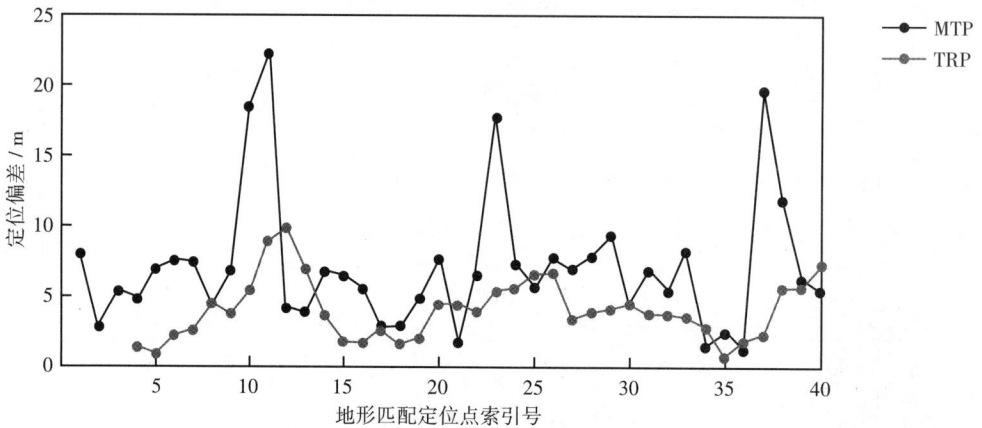

图5-13　MTP定位偏差与TRP定位偏差的比较

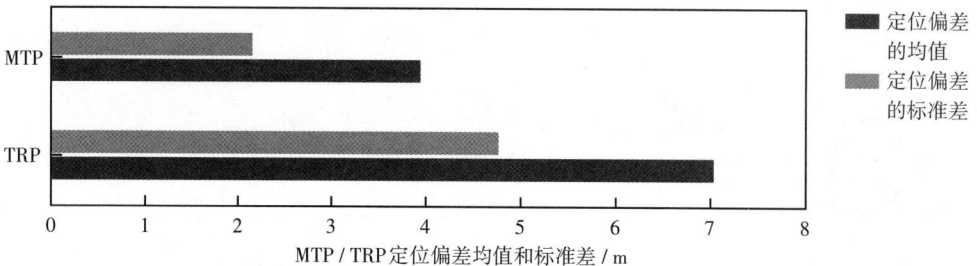

图5-14　MTP和TRP定位偏差的统计结果比较

图5-15所示为某一个MTP定位结果的图像输出，它显示了各定位点（GPS，DR，TRP，MTP）的位置标记、各定位系统的航迹（GPS航迹、DR航迹、TRP航迹、MTP航迹）及各TRP定位结果的似然函数云图，可以看到TRP定位点的跳变性很强且单个地形匹配定位点的定位偏差很大。图5-16表示MTP定位结果的定位点和定位航迹输出，从图中可以看到MTP算法可以抑制TRP的跳变，得到偏差较小的定位结果，虽然也有个别定位点的偏差较融合前有所增加，但整体的稳定性

有很大的提高。

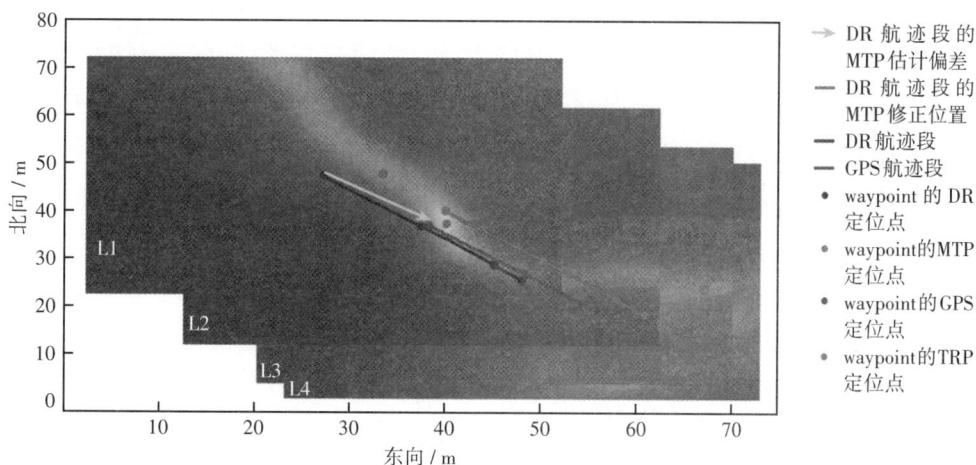

图5-15 TRP定位点、TRP似然函数、各导航系统航迹、MTP定位点及其分布

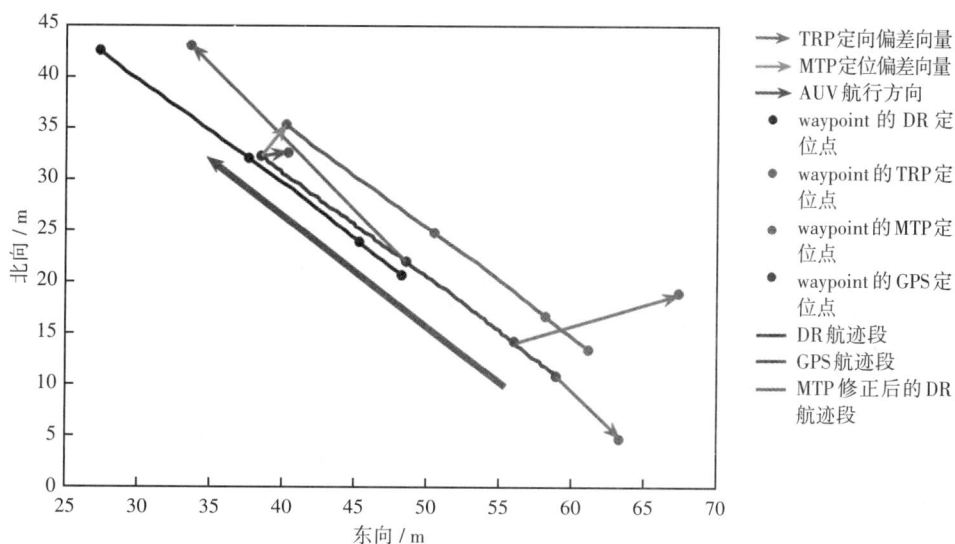

图5-16 利用4个TRP点进行MTP定位得到的航迹

5.3 考虑伪波峰干扰下的多匹配点融合

由于地形本身的自相似性、地形测量误差的非高斯性及地形缺乏足够的特征等原因，地形匹配定位似然函数往往会存在伪波峰现象。伪波峰的峰值一般较真实定位点低，但也存在峰值较真实定位点高的情况而造成误匹配。一般地，地形

匹配定位的搜索区间越大，则地形匹配定位似然函数出现伪波峰的可能性越大。其一，在匹配似然函数伪波峰成因中，地形自相似是地形本身固有特征，由此造成的伪波峰是不可避免的；其二，测量地形误差的非高斯性，由此造成的伪波峰在第3章3.2节中已有说明，在此不再赘述。在地形匹配定位中，我们认为局部地形特征是唯一的，因此，排除两个搜索点的地形完全一样的可能性。也就是说，在不存在地形测量误差的情况下，可以根据采用极大值原则（认为地形匹配定位似然函数峰值的极大值位置为定位点）确定唯一的 TRP 定位点，而误匹配（离真实定位点较近的峰值比距离真实定位点远的峰值要低）则主要是由测量误差引起。实际上，AUV 实际定位点是唯一的，而伪波峰的出现使得地形匹配定位结果出现了多值性，地形测量误差（尤其是测量误差引起的地形畸变）是造成误匹配的主要原因。此外，伪波峰和误匹配也是导致地形匹配定位序列存在跳变的主要原因。

基于 MTP 模型可知，连续的多个地形匹配定位点构成了地形匹配导航的局部航迹段位置约束。但如果每一个地形匹配定位点都存在多个伪波峰，则局部航迹段的位置就存在多值性，势必会造成伪航迹现象。接下来的内容将重点研究存在多伪波峰干扰条件下如何进行多匹配定位点融合估计。

5.3.1 伪波峰干扰下的最优航迹估计

伪波峰即表明 AUV 在该峰值点及其附近有存在的可能性，其中，峰值最大的位置具有最大的可能性，而这种可能性也随着伪波峰峰值的降低而降低。根据前文的分析，误匹配是由地形测量误差造成的，则由于测量误差的存在而导致似然函数峰值向伪波峰跳变。由于地形测量误差的取值范围可以确定，则似然函数峰值点向伪波峰跳变的概率下确界也是可以确定的。这个似然函数峰值的下确界 $L_{1-\alpha}$ 的求解方法在2.2.4小节中已经推导过，在此不再赘述。在伪波峰干扰条件下，地形匹配定位点可能存在多个有效的定位结果，导致基于多匹配点融合定位结果存在多值问题或存在多个有效航迹。为解决此问题，接下来的内容将介绍通过建立一个最优 MTP 定位的代价函数来确定最优定位点（航迹）。伪波峰干扰下的 MTP 定位方法流程图如下。

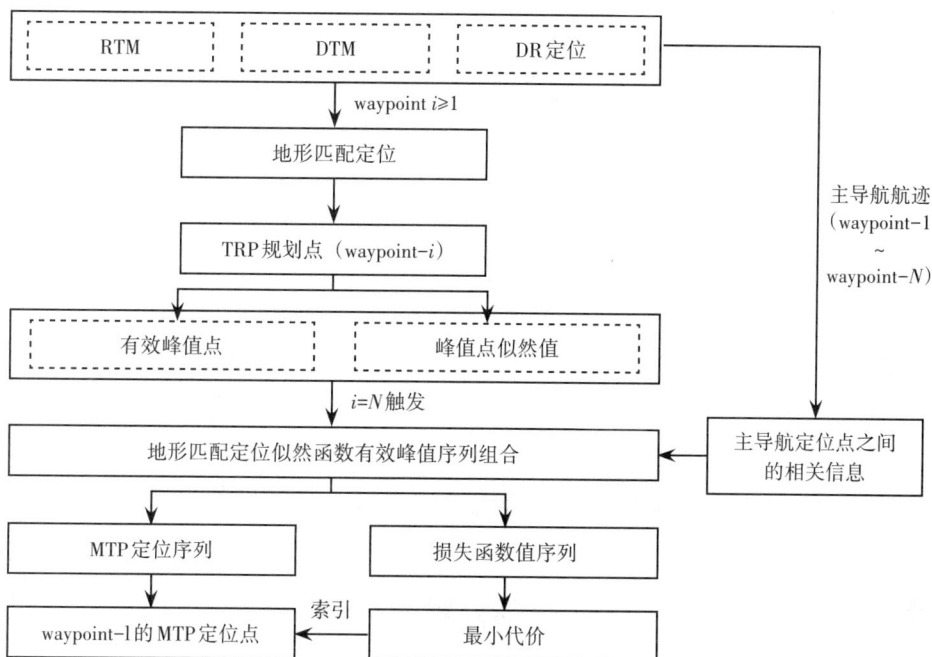

图5-17 伪波峰条件下的MTP定位流程图

5.3.1.1 定位似然函数的有效波峰识别

地形匹配定位似然函数的有效峰值即满足某一检验概率条件下的伪波峰峰值点。文献［2-3，5］研究了地形匹配定位点的置信区间估计问题，提出了地形匹配定位点的跳变模型和利用地形匹配定位似然函数极值的下确界估计定位置信区间的方法，本书第4章也提到了地形匹配定位的有效定位点问题。水下地形匹配定位似然函数有效峰值的检验原理与有效定位点检验类似，借鉴水下地形匹配定位置信区间估计方法，水下地形匹配定位似然函数有效峰值检验方法叙述如下。

首先，根据第2章和第4章的内容计算地形匹配定位似然函数极值的下确界：

$$
\begin{cases}
S(\boldsymbol{X})_{1-\alpha} \approx S(\boldsymbol{X}^{\mathrm{p}}) \left[1 + \dfrac{\chi_{1-\alpha}^{2}(m \cdot n - 1)}{m \cdot n - 1} \right] \\[3mm]
L_{1-\alpha} = \dfrac{1}{\sqrt{2\pi}\,\sigma_{\mathrm{p}}} \cdot \exp\left(-\dfrac{S(\boldsymbol{X})_{1-\alpha}}{2\left(\sigma_{\mathrm{p}}\right)^{2}} \right)
\end{cases}
\tag{5-23}
$$

其中，$1-\alpha$ 表示置信度；$S(\boldsymbol{X})_{1-\alpha}$ 表示 $1-\alpha$ 置信度下，地形匹配定位点残差的方差下确界；$S(\boldsymbol{X}^{\mathrm{p}})$ 表示地形匹配定位点残差的方差估计；m 和 n 分别表示地形测量数据的行数和列数；σ_{p}^{2} 表示测量地形高程误差的方差；$\chi_{1-\alpha}^{2}(m \cdot n - 1)$ 表示自由

度为$(m \cdot n - 1)$的卡方分布。

然后，根据式（5-24）识别似然函数峰值中的有效峰值点，对于满足式（5-24）的搜索点$\boldsymbol{X}_{ij}^s$，将其存入有效峰值序列$\boldsymbol{X}^{avi}$。图5-18绘制出了某一地形匹配定位似然函数极值点、似然函数极值的下确界面、置信区间和有效峰值。

$$\begin{cases} L\left(\boldsymbol{X}_{ij}^s\right) - L\left(\boldsymbol{X}_{i+k,j+l}^s\right) > 0 & k = \{-1, 0, 1\}, l = \{-1, 0, 1\}, (k, l) \neq (0, 0) \\ L\left(\boldsymbol{X}_{ij}^s\right) \geqslant L_{1-\alpha} \end{cases} \tag{5-24}$$

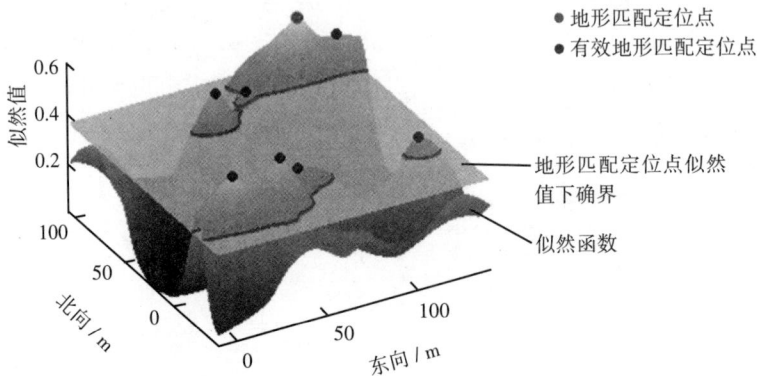

图5-18 地形匹配定位似然函数的有效峰值点和定位点（极值点）

5.3.1.2 伪波峰干扰下的有效航迹识别

假设在第i个地形匹配导航规划点获得$M^i(i = 1, 2, \cdots, N)$个有效的地形匹配定位似然函数有效峰值，其中，N表示地形匹配导航规划点总数。利用5.2节的MTP模型进行定位时，在每一个地形匹配定位点取一个地形匹配定位似然函数有效峰值，构成MTP定位的地形匹配定位信息序列。因此，在考虑存在伪波峰的情况下，一共可以获得$\prod\limits_{i=1}^{N} M^i$个地形匹配定位点组合，并记其对应的MTP估计为$\Delta d_I\left(I = 1, 2, \cdots, \prod\limits_{i=1}^{N} M^i\right)$，则对于每一个$\Delta d_I\left(I = 1, 2, \cdots, \prod\limits_{i=1}^{N} M^i\right)$，其对应的定位估计损失函数可以表示为

$$\boldsymbol{J}_I = \sum_{i=1}^{N}\left(\Delta \boldsymbol{X}_{I,i}^{td} - \Delta d_I\right)\boldsymbol{\lambda}_i^i\left(\Delta \boldsymbol{X}_{I,i}^{td} - \Delta d_I\right)^{\mathrm{T}} \tag{5-25}$$

式中，$I = 1, 2, \cdots, \prod\limits_{i=1}^{N} M^i$表示根据地形匹配定位点的有效峰值构成的地形匹配定位点组合的索引序列；$\boldsymbol{\lambda}_i^i$代表索引号I对应的地形匹配定位点序列的权值序列。

为了直观地理解前文中提到的内容，下面以一个计算实例进行说明。图 5-19（a）表示利用地形匹配定位置信区间估计方法得到的地形匹配定位置信区间和地形匹配定位似然函数有效峰值。从图中可以看到，在地形匹配导航运行初始阶段共获得了四个地形匹配定位点，每一个地形匹配定位点都存在伪波峰问题。图 5-19（b）表示根据地形匹配定位似然函数有效峰值点和 MTFP 方法得到局部航迹的有效估计值。在图 5-19（a）中，L1～L4 分别表示 1～4 航路点的似然函数和似然函数的有效峰值点，可以看出，所有似然函数都出现伪峰值，而 L3 和 L4 则出现误匹配。

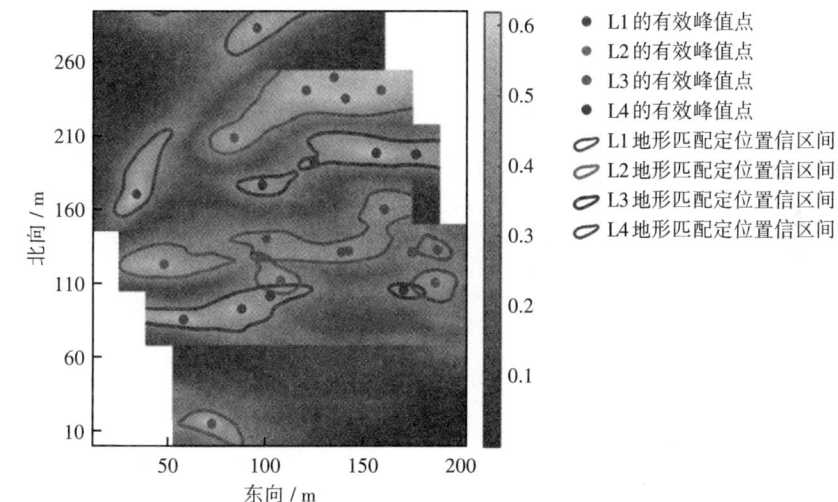

（a）似然函数云图和有效定位点及其定位置信区间

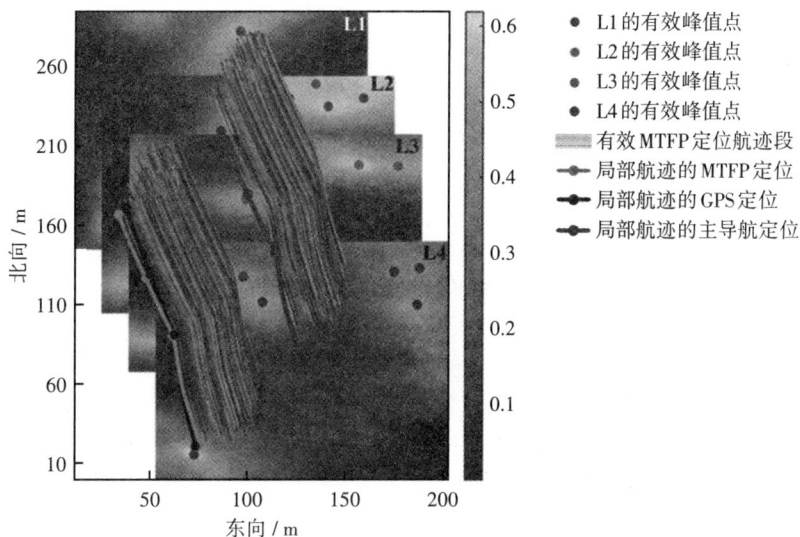

（b）局部航迹有效定位点和 MTP 定位点

图 5-19 地形匹配定位似然函数有效峰值及其对应的 MTP 估计

每一组地形匹配定位似然函数有效峰值点组合可以得到一个代价函数值，则最优的MTP定位结果对应最小的代价值。图5-20（a）表示图5-19中有效航迹的代价函数，一共产生了960个有效航迹定位结果，其代价函数通过式（5-25）计算。图5-20（b）绘出了四个地形匹配定位点的搜索匹配区间、地形匹配定位点（地形匹配定位似然函数极值点）、地形匹配定位似然函数对应的有效峰值点、MTP获得的航迹定位位置。可以看到，基于最小代价的筛选，最终得到的MTP航迹段定位结果非常接近实际航迹。

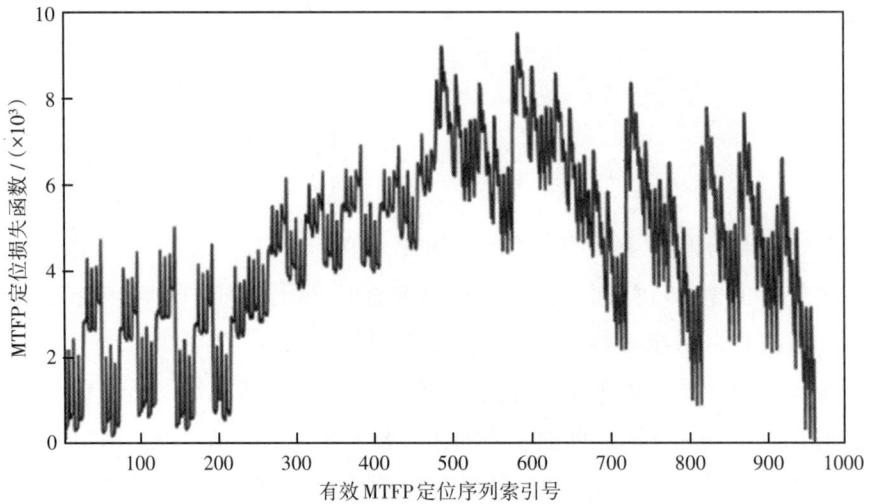

（a）图5-18（b）中局部有效定位点的定位代价

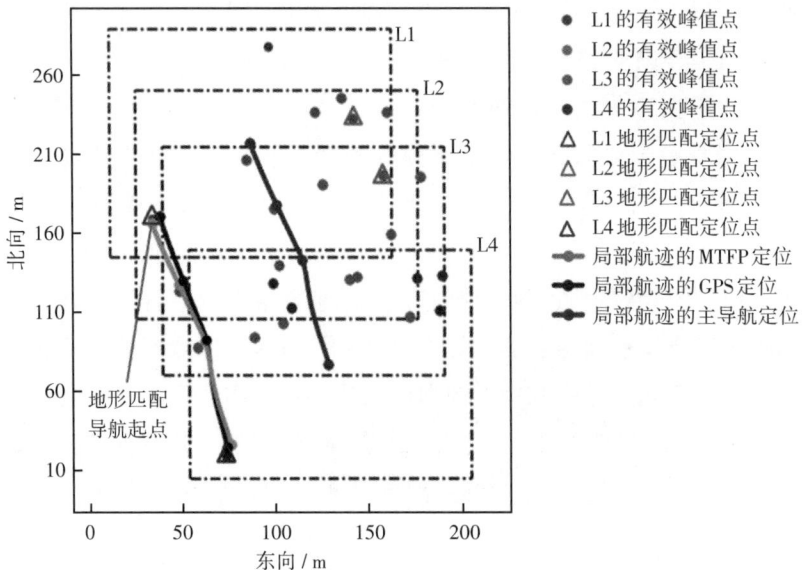

（b）MTP定位过程中产生的有效定位点和航迹定位

图5-20 伪波峰条件下的MTP定位代价函数和定位点

5.3.2 伪波峰干扰下的多匹配点融合试验

本节将进行多次匹配定位试验，同时，将MTP方法与TERCOM方法（目前常用的地形匹配导航初始定位方法）进行对比。试验中在一条DR航迹上执行连续的MTP定位，其流程如图5-21所示。

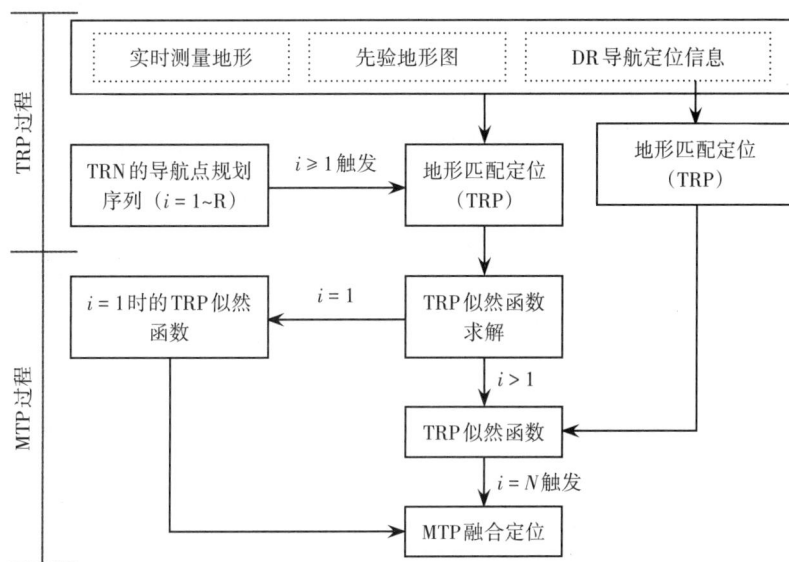

图5-21 MTP定位流程图

5.3.2.1 TERCOM与MTP定位对比试验

试验中采用的先验地形图和实时测量地形如图5-22所示。船载测量航迹和航线在图5-22（a）和图5-22（b）中绘出，船载测量航迹和对应的多波束测点信息在图5-22（b）中绘出。

试验中所用数据为船载实时多波束测量系统获得，采用回放式仿真试验进行算法验证。仿真试验中采用的先验地形图如图5-23（a）所示，船载实时多波束的测量航迹如图5-23（a）中的绿色实线所示，其中，TRN的规划导航点用黑色实心点表示，船载实时多波束测量地形如图5-23（b）所示。回放试验中，每一个TRN规划导航点执行一次TERCOM定位，TERCOM定位中采用30pings测量地形数据，每4个TRN规划导航点执行一次MTP融合定位，以此估计4个导航点构成的局部航迹的位置。图5-23表示在连续的4个TRN规划点获得的TERCOM定位结果及MTP定位结果。其中，从TERCOM定位似然函数云图中可以看到，TERCOM定

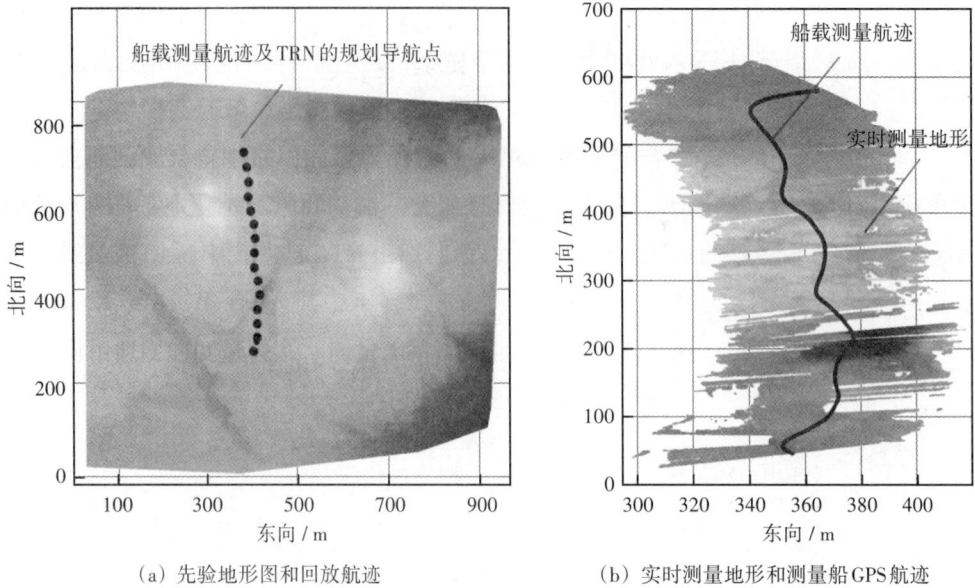

（a）先验地形图和回放航迹　　　　　（b）实时测量地形和测量船GPS航迹

图5-22　先验地形图和实时测量地形图

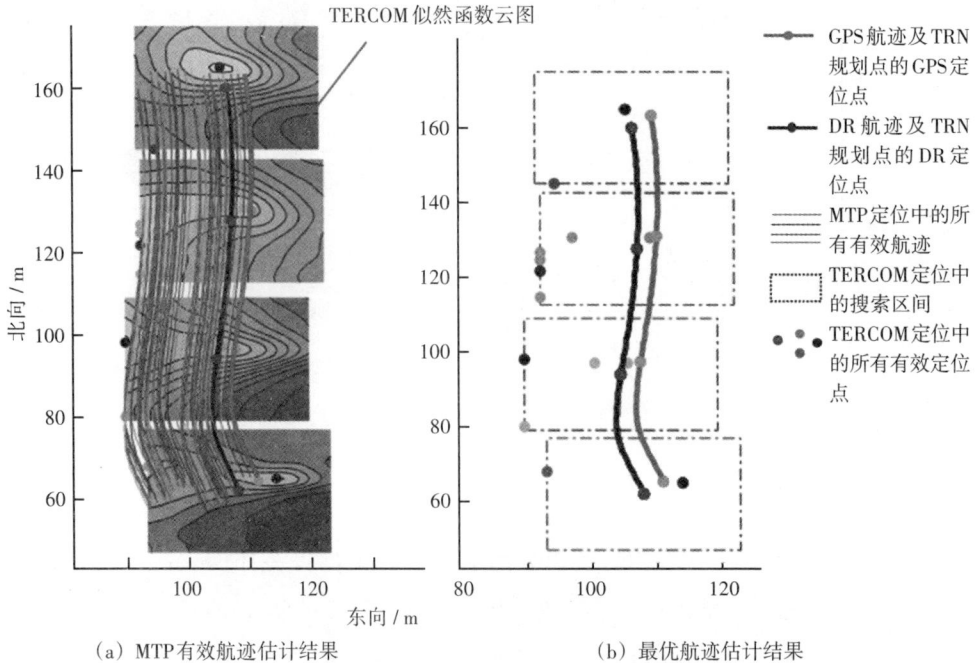

（a）MTP有效航迹估计结果　　　　　（b）最优航迹估计结果

图5-23　TERCOM定位、MTP航迹定位结果对比

位存在伪波峰现象，似然函数出现多个有效的TRP定位点。因此，在MTP定位过程中产生了多条有效的MTP定位航迹，这些有效航迹随机分布在实际航迹（GPS航迹）附近，该航迹用黑色实线标记。MTP定位最终选定的最优航迹为

图5-23（a）中红色实线标记的有效航迹。图5-23（b）为仅保留了TERCOM有效定位点、GPS航迹和MTP最优航迹的试验结果，从图中可以看到TERCOM定位有较多的伪定位点，但MTP定位有效地筛选出了较靠近真实位置的定位航迹段，从而抑制了TERCOM伪定位点造成的定位跳变和不稳定现象。

图5-24表示TERCOM定位偏差与MTP定位偏差的对比结果，TERCOM定位偏差的均值为7.82、方差为4.28，MTP定位偏差的均值为4.95、方差为2.41。MTP定位偏差的均值较TERCOM方法降低了36.7%，定位偏差的标准差较TERCOM方法降低了43.7%。此外，MTP最大的优势在于可以在TERCOM定位存在严重伪波峰和误匹配的情况下，通过计算有效定位航迹的损失函数得到航迹段位置的最优估计。

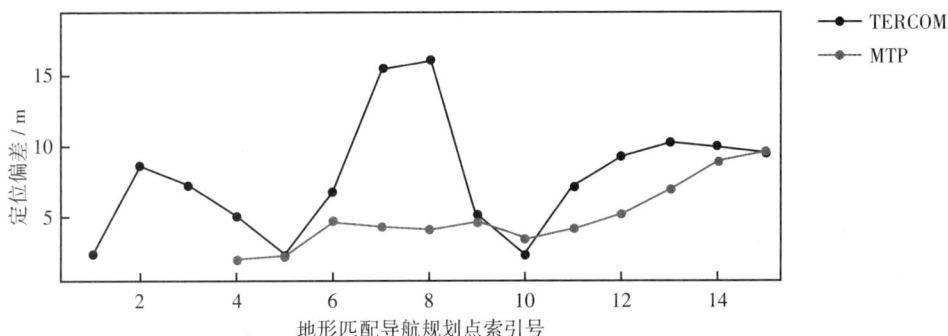

图5-24　TERCOM定位偏差与MTP定位偏差对比

深海地形匹配导航初始定位误差区间较大，易导致水下地形导航初始定位存在较多的伪波峰，造成水下地形匹配导航系统长时间无法完成初始位置估计。MTP定位方法采用局部航迹段作为定位单元，利用DR导航的强相关性构建多个水下地形匹配定位点的约束关系，把初始点位置估计问题扩展为初始航迹段定位问题，可提高水下地形匹配导航系统初始定位的精度和稳定性。在回放式仿真试验中，MTP定位偏差均值较传统TERCOM定位降低了36.7%，定位偏差的标准差较传统TERCOM定位降低了43.7%。

5.3.2.2　TERCOM与MTP初始定位试验

本研究所用的TRN系统以松耦合模式工作。DR导航系统输出位置点和位置变化，并将它们输入TRN系统。数据采集过程从轨道起始位置开始，包括从车载GPS记录实际导航路径。船舶航迹下的RTM数据由多波束声呐获得。DEM数据来自胶州湾（图2-41），采集数据时记录GPS定位和多波束数据，并根据姿态传感器数据解算实时测深数据。同时，利用GPS定位信息对MTP定位、TERCOM定位、

TERCOM偏差一致性测试定位的精度进行了评价。水下TRN的回放式仿真流程如图5-25所示，采用MTP开始位置，通用粒子滤波方法（particle filtering，PF）用于迭代地更新TRN的位置和估计跟踪相位。一般PF的伪代码和采样方法可在其他文献中找到。

船载数据获取部分　　　　　　　回放式仿真部分

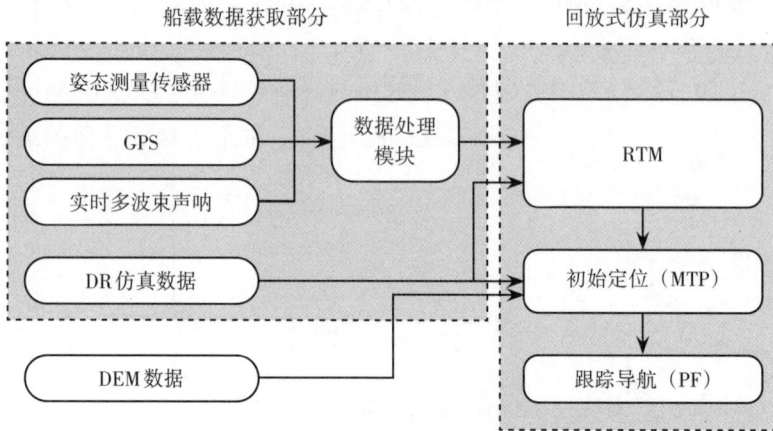

图5-25　粒子滤波地形匹配导航的流程图

　　图5-26为TRN模拟测试的数据流图。首先，从起始点到航路点1位置采用主导航（模拟DR导航）定位。AUV到达航路点1后，开始初始定位和PF初始化。然后利用PF进行递推位置估计，引导水下机器人到达目标位置。以GPS数据为参考，测试TRN的导航精度。同时，在GPS数据中加入噪声，模拟DR导航误差。一般水下DR导航精度约为行驶距离的0.01%～5%。在试验中，将模拟DR导航系统的误差设置为行驶距离的5%，以验证MTP算法在DR导航误差较大情况下的性能。从起始点到地形匹配导航规划点1（waypoint-1）的模拟DR导航距离约为1276.94 m，测量船的平均速度约为2 m/s。文献［15］讨论了"蛟龙"号载人水下航行器的DR导航，方程式（5-6）中模拟DR导航的输入方差矩阵 $Q_k = \begin{bmatrix} 0.8 & 0 \\ 0 & 0.8 \end{bmatrix}$ 在TRN起始点，

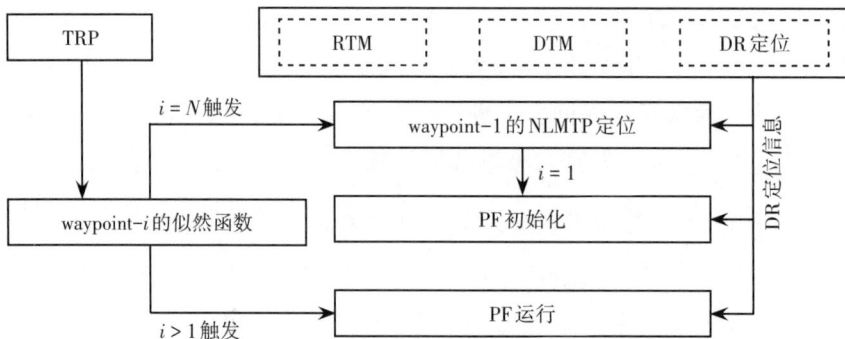

图5-26　基于MTP初始定位的水下地形匹配导航流程图

模拟 DR 导航偏差为 70.24 m，DR 导航误差的协方差约为 $\begin{bmatrix} 1021.6 & 0 \\ 0 & 1021.6 \end{bmatrix}$。表 5-2 列出了与测试相关的关键参数，有关数据收集过程的其他相关信息在文献 [16] 中有详细的描述。

表 5-2 MTP 初始定位试验的参数设置

参与 MTP 的地形匹配定位点数	4
数据采集船的航速	≈ 2 m/s
相邻测量帧之间的时间间隔	0.25 s
每一帧获得的测量点数	192
MTP 执行区域地形的 SNR 值均值	> 0.02
主导航（DR）累积误差与航程的百分比	5% DT
每次匹配所用的帧数	15
TRN 初始点 DR 定位的总偏差	70.24 m
DR 定位误差的协方差矩阵 $\boldsymbol{Q}_k$	$\begin{bmatrix} 0.8 & 0 \\ 0 & 0.8 \end{bmatrix}$
TRN 初始点（waypoint-1）的 DR 定位误差的协方差矩阵	$\begin{bmatrix} 1021.6 & 0 \\ 0 & 1021.6 \end{bmatrix}$
试验总航程	1600.03 m
试验过程中 DR 航程	1276.94 m
试验过程中 TRN 航程	323.09 m
TRN 初始定位搜索区间大小	200 m × 200 m
TRN 粒子滤波器粒子数量	40000

图 5-27 显示 TRN 系统的 DEM、GPS 轨道、DR 导航轨道和航路点。DR 导航在第一个航路点的 95% 置信区间表明在起始点存在明显的定位误差。航路点是实际应用中轨道交通规划路径上的一系列点。TRN 输出航路点 DR 和 TRP 的融合位置信息，以及航路点之间的 DR 位置信息。在回放模拟试验中，由于 DR 导航信息是回放信息，易于索引，所以我们将 DR 航迹中的一些点设置为航路点（如图 5-28 • 所示）。

首先，通过 DR 导航、TERCOM 定位和 MTP 定位获得 TRN 的起始位置点。其次，从初始定位概率分布中选取初始粒子。起始位置的搜索间隔为 200 m × 200 m，

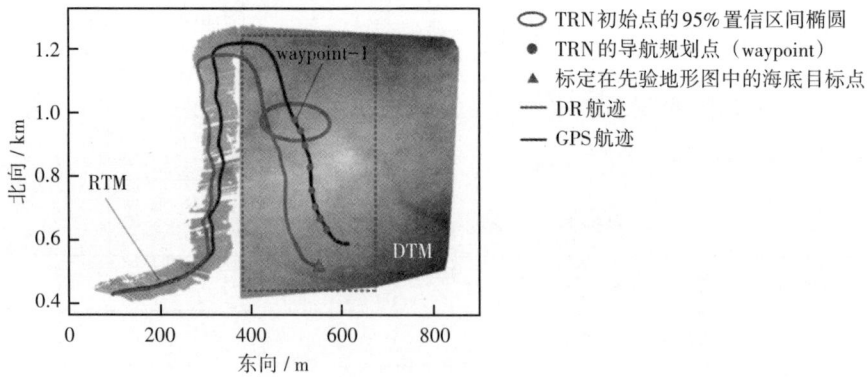

图5-27 水下地形匹配导航试验中的初始输入数据

网格边长 1 m。因此，搜索总数为 40000，为了保证比较测试结果不受粒子数的影响，从 MTFP 起始位置和 DR 导航起始位置对样本使用 40000 个初始粒子。粒子的初始分布如图 5-28 所示。

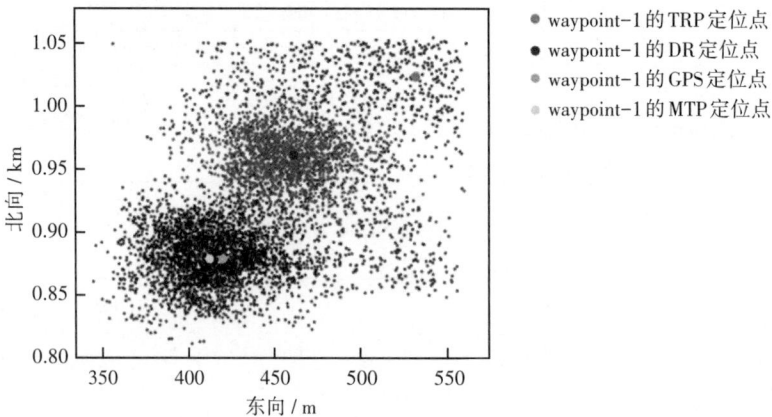

图5-28 三种初始定位方法得到的初始化粒子集（MTP ●；DR ●；TERCOM ●）

图 5-29 绘出了 MTP 初始定位、DR 导航初始定位和 TERCOM 初始定位得到的 TRN 粒子滤波收敛速度和精度的比较。图 5-29（a）绘出了以 DR/MTP/TERCOM 为初始定位得到的粒子滤波 TRN 航迹，可以看到，MTP 初始定位方法得到的 TRN 航迹快速收敛到真实轨迹；相比之下，DR 初始定位得到的 TRN 航迹，具有最慢的收敛速度。基于 TERCOM 初始定位的粒子滤波 TRN 算法虽然最终收敛了，但系统跟踪导航阶段仍然存在较大的跟踪偏差。我们计算了 DEM 的适应性，如图 5-29（a）的背景所示，对于位于匹配适应性较差区域的 6 ~ 10 号航路点，其所在区域的地形适配性较低，无法保证 PF 的持续收敛。然而，通过 MTP 初始定位后，TRN 的粒子滤波器可以在起始阶段保持较高的定位精度，PF 滤波器可以快速跟踪到真实航迹。因此，在地形图的低适配性区域，采用 MTP 初始定位方法后粒子滤波器仍能

有效地跟踪真实航迹，从而准确地引导水下航行器到达海底目标点（标记为▲）。图5-29（c）绘出了使用三种初始定位方法（DR、TERCOM和MTP）获得的TRN系统导航偏差。可以看出，由于DR导航产生的累积误差，TRN的起始点存在约62.50 m的定位偏差，导航终端的定位误差为75.09 m。TERCOM可以提高TRN在起始阶段的定位精度、跟踪精度和稳定性，但是TERCOM算法具有伪峰值和误匹配信息，这导致初始定位点存在高度的不确定性 ［如图5-29（a）和图5-29（b）所示］，其导航终点定位误差为19.85 m。MTP初始定位可提高TRN初始定位精度，确保TRN快速收敛到实际航迹，并在跟踪阶段保持较高的稳定性，导航终点的定位偏差为8.23 m。由此可见，提高TRN初始点的定位精度可以使TRN在有限的先验地形图区和有限的高适配性地图区域内快速收敛，从而保证TRN在低适配区保持较高的定位精度和稳定性。

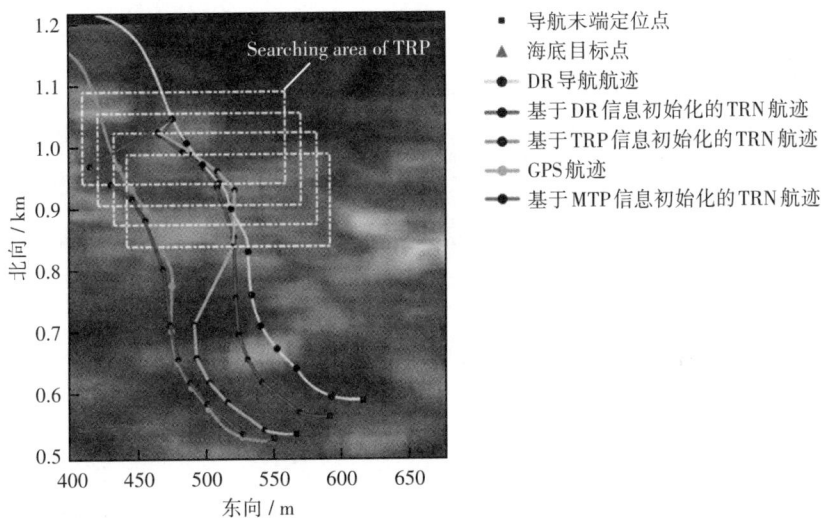

（a）三种不同初始化方法得到的导航路径

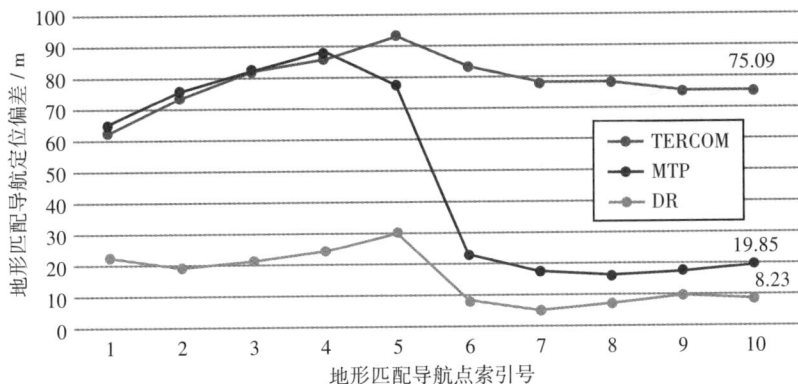

（b）三种不同初始定位方法得到的导航偏差

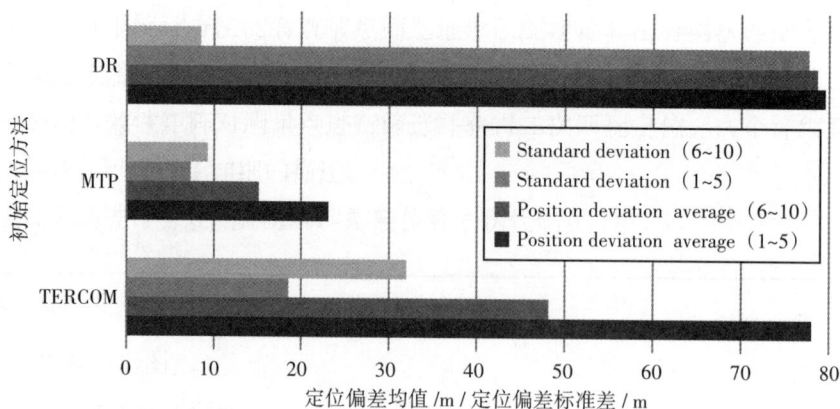

（c）导航精度统计结果

图5-29　DR、MTP和TERCOM信息初始定位得到的地形匹配导航精度对比

多点一致性测试定位与MTP定位的对比试验结果表明，前者可以在TRP似然函数只有一个峰值的情况下使用，后者可以处理TRP似然函数存在多个伪峰值和不匹配的情况。同时，MTP具有比其他方法更高的位置信息利用率，并且能够显著地提高TRN的起始位置的精度和稳定性。此外，TRN初始定位的精度不仅影响TRN初始阶段滤波的收敛速度和稳定性，而且对TRN末端定位的精度和稳定性也有相当大的影响。因此，高精度的起始定位方法有待进一步研究。

5.4　多匹配点非线性融合定位方法

本章前面的内容讨论了MTP定位算法的建模、MTP定位模型的求解，这些分析是假设TRP定位点为单峰值函数，而且在求解MTP算法的过程假设TRP的定位误差为高斯分布。本节将问题扩展到更加一般的情况，讨论考虑TRP定位误差的非高斯性，以及因为搜索定位区间过大或地形的适配性较差而引起的伪波峰情况下的MTP融合问题。在该问题的求解过程中将用到多匹配点非线性融合方法（nonlinear MTP，NLMTP），接下来对模型的建立、模型的求解及利用NLMTP进行初始定位和粒子初始化三个部分进行详细的分析和说明。需要说明的是，本节NLMTP定位输出的是定位概率分布函数，而5.2节和5.3节MTP定位输出的是定位点。

5.4.1　多匹配点贝叶斯融合数学模型

图5-30为多匹配点非线性融合（NLMTP）示意图。假设第 $N-1$ 个导航点的定

位估计为$\boldsymbol{X}_{N-1}$，设$\boldsymbol{X}_{N-1}$的概率分布为$P\left(\boldsymbol{X}_{N-1}\right)$，假设$\boldsymbol{X}_{N(1)}^{\mathrm{d}}$表示地形匹配导航的第$N$（如果是在初始阶段则$N=1$）个航迹段内的第一个地形匹配导航规划点$\boldsymbol{X}_{N(1)}$的推算导航位置。经过地形匹配导航规划点$\left[\boldsymbol{X}_{N(1)},\boldsymbol{X}_{N(2)},\cdots,\boldsymbol{X}_{N(i)},\cdots,\boldsymbol{X}_{N(n)}\right]$后获得地形匹配定位点序列$\left[\boldsymbol{X}_{N(1)}^{\mathrm{t}},\boldsymbol{X}_{N(2)}^{\mathrm{t}},\cdots,\boldsymbol{X}_{N(i)}^{\mathrm{t}},\cdots,\boldsymbol{X}_{N(n)}^{\mathrm{t}}\right]$和推算导航点$\left[\boldsymbol{X}_{N(1)}^{\mathrm{d}},\boldsymbol{X}_{N(2)}^{\mathrm{d}},\cdots,\boldsymbol{X}_{N(i)}^{\mathrm{d}},\cdots,\boldsymbol{X}_{N(n)}^{\mathrm{d}}\right]$。下面将讨论如何利用$\left[\boldsymbol{X}_{N(1)}^{\mathrm{t}},\boldsymbol{X}_{N(2)}^{\mathrm{t}},\cdots,\boldsymbol{X}_{N(i)}^{\mathrm{t}},\cdots,\boldsymbol{X}_{N(n)}^{\mathrm{t}}\right]$和$\left[\boldsymbol{X}_{N(1)}^{\mathrm{d}},\boldsymbol{X}_{N(2)}^{\mathrm{d}},\cdots,\boldsymbol{X}_{N(i)}^{\mathrm{d}},\cdots,\boldsymbol{X}_{N(n)}^{\mathrm{d}}\right]$估计第$N$（如果是在初始阶段则$N=1$）个航迹段的位置，即估计$\boldsymbol{X}_{N(1)}$的位置$\boldsymbol{X}_N$。

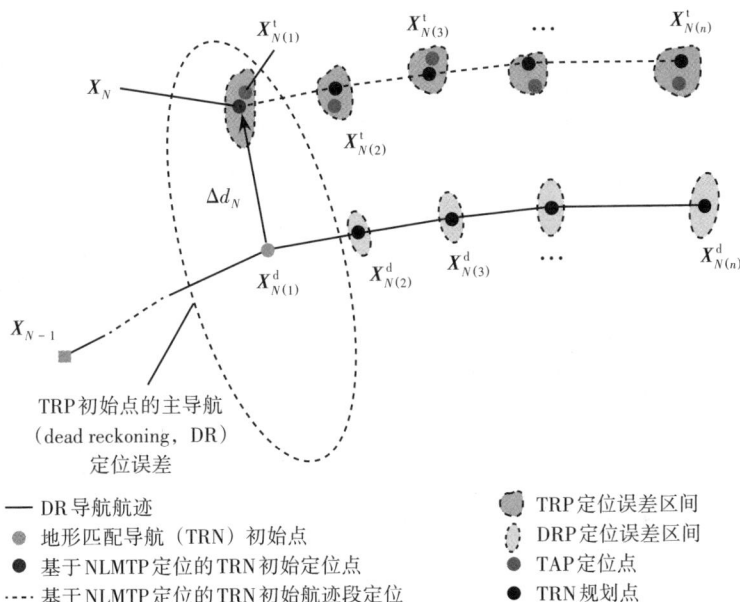

图5-30 非线性MTP模型示意图

根据贝叶斯定理，点$\boldsymbol{X}_{N(1)}$的先验概率简记成式（5-26），如果是在地形匹配导航初始点，则$N=1$。$\boldsymbol{X}_{N(1)}$的先验概率为推算导航定位概率，假设航迹起点即航迹位置，则$P\left(\boldsymbol{X}_N\right)=P\left(\boldsymbol{X}_{N(1)}\right)$，$P\left(\boldsymbol{X}_N\right)$和$P\left(\boldsymbol{X}_{N(1)}\right)$可由式（5-26）描述：

$$P\left(\boldsymbol{X}_N\right)=P\left(\boldsymbol{X}_{N(1)}\right)=P\left(\boldsymbol{X}_{N(1)}^{\mathrm{d}}\big|\boldsymbol{X}_{N-1}\right)P\left(\boldsymbol{X}_{N-1}\right) \tag{5-26}$$

在获得观测值$\left[\boldsymbol{X}_{N(1)}^{\mathrm{t}},\boldsymbol{X}_{N(2)}^{\mathrm{t}},\cdots,\boldsymbol{X}_{N(i)}^{\mathrm{t}},\cdots,\boldsymbol{X}_{N(n)}^{\mathrm{t}}\right]$后可对$\boldsymbol{X}_{N(1)}^{\mathrm{d}}$进行后验估计，得到$\boldsymbol{X}_{N(1)}^{\mathrm{d}}$的后验概率方程：

$$P\left(\boldsymbol{X}_N\right)=P\left(\boldsymbol{X}_{N(1)}\right)=\frac{P\left(\boldsymbol{X}_{N(1:n)}^{\mathrm{t}}\big|\boldsymbol{X}_{N(1)}^{\mathrm{d}}\right)P\left(\boldsymbol{X}_{N(1)}^{\mathrm{d}}\right)}{P\left(\boldsymbol{X}_{N(1:N)}^{\mathrm{t}}\right)} \tag{5-27}$$

由于 $\boldsymbol{X}_{N(1)}^{\mathrm{d}}$ 与 $\left[\boldsymbol{X}_{N(2)}^{\mathrm{d}},\ \boldsymbol{X}_{N(3)}^{\mathrm{d}},\ \cdots,\ \boldsymbol{X}_{N(i)}^{\mathrm{d}},\ \cdots,\ \boldsymbol{X}_{N(n)}^{\mathrm{d}}\right]$ 之间存在递推关系，可以得到

$$P\left(\boldsymbol{X}_{N}\right) = \frac{P\left(\boldsymbol{X}_{N(1\,:\,n)}^{\mathrm{t}}\middle|\boldsymbol{X}_{N(1\,:\,n)}^{\mathrm{d}}\right)P\left(\boldsymbol{X}_{N(1)}^{\mathrm{d}}\right)}{P\left(\boldsymbol{X}_{N(1\,:\,N)}^{\mathrm{t}}\right)} \tag{5-28}$$

由于地形的随机性和强非线性，各个地形匹配定位点的测量地形几乎没有相关性，则地形匹配定位点 $\left[\boldsymbol{X}_{N(1)}^{\mathrm{t}},\ \boldsymbol{X}_{N(2)}^{\mathrm{t}},\ \cdots,\ \boldsymbol{X}_{N(i)}^{\mathrm{t}},\ \cdots,\ \boldsymbol{X}_{N(n)}^{\mathrm{t}}\right]$ 可认为是相互独立的，那么，$P\left(\boldsymbol{X}_{N(1\,:\,n)}^{\mathrm{t}}\middle|\boldsymbol{X}_{N(1\,:\,n)}^{\mathrm{d}}\right)$ 可以表示为

$$P\left(\boldsymbol{X}_{N(1\,:\,n)}^{\mathrm{t}}\middle|\boldsymbol{X}_{N(1\,:\,n)}^{\mathrm{d}}\right)P\left(\boldsymbol{X}_{N(1)}^{\mathrm{d}}\right) = P\left(\boldsymbol{X}_{N(1)}^{\mathrm{d}}\right)\prod_{k=1}^{n}P\left(\boldsymbol{X}_{N(k)}^{\mathrm{t}}\middle|\boldsymbol{X}_{N(k)}^{\mathrm{d}}\right) \tag{5-29}$$

求解式（5-29）的关键是求解 $P\left(\boldsymbol{X}_{N(1)}^{\mathrm{d}}\right)P\left(\boldsymbol{X}_{N(1)}^{\mathrm{t}}\middle|\boldsymbol{X}_{N(1)}^{\mathrm{d}}\right)\prod_{k=2}^{n}P\left(\boldsymbol{X}_{N(k)}^{\mathrm{t}}\middle|\boldsymbol{X}_{N(k)}^{\mathrm{d}}\right)$。将 DR 航迹段 $\boldsymbol{X}_{N}$ 绘出，如图 5-31 所示。DR 导航从 $\boldsymbol{X}_{N(1)}^{\mathrm{d}}$ 到达 $\boldsymbol{X}_{N(n)}^{\mathrm{d}}$ 的过程中，定位不确定性随着时间增加，航迹段 $\boldsymbol{X}_{N}$ 的不确定性不仅受上一时刻 $\boldsymbol{X}_{N-1}$ 传递过来的定位不确定性影响，而且还有由推算导航误差导致的航迹段内 DR 定位点之间的相对位置不确定性。

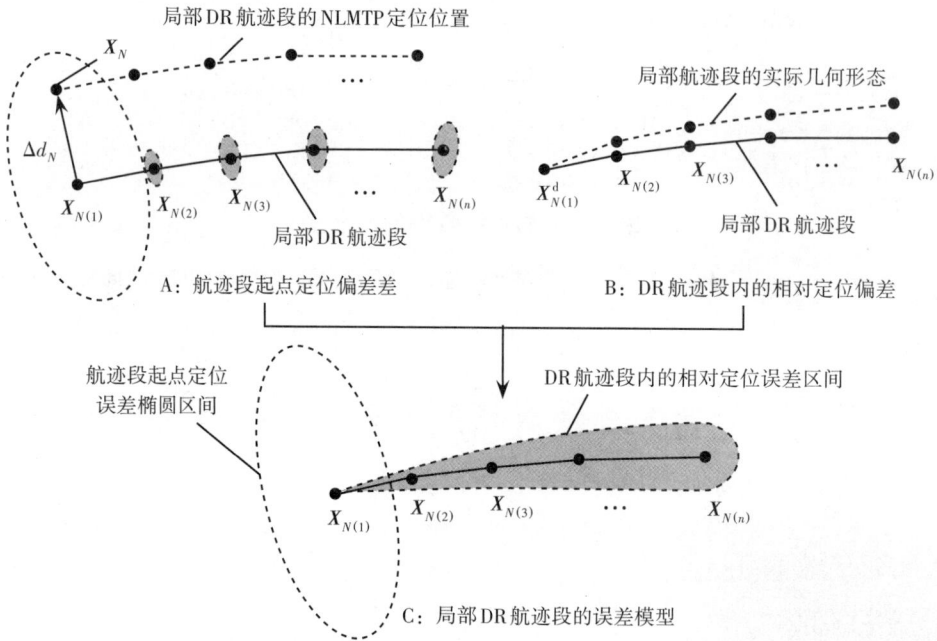

图 5-31 DR 航迹的局部航迹段时间累积误差和局部变形误差

考虑 $\boldsymbol{X}_{N(k)}^{\mathrm{d}}$ 和 $\boldsymbol{X}_{N(1)}^{\mathrm{d}}$ 之间的相对位置误差，根据推算导航定位点之间的递推关系，

可推算导航点之间的相对位置误差：

$$\begin{cases} P\left(\boldsymbol{X}_{N(k)}^{\mathrm{t}} \middle| \boldsymbol{X}_{N(1)}^{\mathrm{d}}\right) = P\left(\boldsymbol{X}_{N(k)}^{\mathrm{t}} \middle| \boldsymbol{X}_{N(k,1)}^{\mathrm{d}}\right) P\left(\boldsymbol{X}_{N(k,1)}^{\mathrm{d}} \middle| \boldsymbol{X}_{N(1)}^{\mathrm{d}}\right) \\ k = 2, 3, \cdots, n \end{cases} \tag{5-30}$$

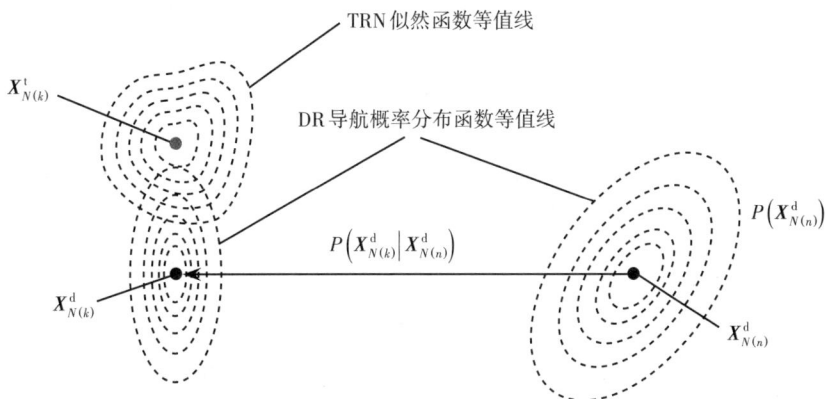

图 5-32　两个 DR 导航点之间的相对位置不确定性及其不确定概率求解示意图

$$P\left(\boldsymbol{X}_{N(1)}^{\mathrm{d}} \middle| \boldsymbol{X}_{N(k)}^{\mathrm{t}}\right) = P\left(\boldsymbol{X}_{N(1)}^{\mathrm{t}} \middle| \boldsymbol{X}_{N(1)}^{\mathrm{d}}\right) \prod_{k=2}^{n} P\left(\boldsymbol{X}_{N(k)}^{\mathrm{t}} \middle| \boldsymbol{X}_{N(k,1)}^{\mathrm{d}}\right) P\left(\boldsymbol{X}_{N(k,1)}^{\mathrm{d}} \middle| \boldsymbol{X}_{N(1)}^{\mathrm{d}}\right) \tag{5-31}$$

将式（5-31）代入式（5-32），得到

$$P\left(\boldsymbol{X}_{N}\right) = \frac{P\left(\boldsymbol{X}_{N(1)}^{\mathrm{t}} \middle| \boldsymbol{X}_{N(1)}^{\mathrm{d}}\right) P\left(\boldsymbol{X}_{N(1)}^{\mathrm{d}}\right) \prod_{k=2}^{n} P\left(\boldsymbol{X}_{N(k)}^{\mathrm{t}} \middle| \boldsymbol{X}_{N(k,1)}^{\mathrm{d}}\right) P\left(\boldsymbol{X}_{N(k,1)}^{\mathrm{d}} \middle| \boldsymbol{X}_{N(1)}^{\mathrm{d}}\right)}{P\left(\boldsymbol{X}_{N(1:n)}^{\mathrm{t}}\right)} \tag{5-32}$$

$P\left(\boldsymbol{X}_{N}^{\mathrm{d}}\right)$ 表示在航迹一致性约束下利用地形匹配定位结果 $\left[\boldsymbol{X}_{N(1)}^{\mathrm{t}}, \boldsymbol{X}_{N(2)}^{\mathrm{t}}, \cdots, \boldsymbol{X}_{N(n)}^{\mathrm{t}}\right]$ 得到的 $\boldsymbol{X}_{N(1)}^{\mathrm{d}}$ 的后验估计值。如式（5-33）描述式（5-27）中包含两个部分，式（5-34）包括贝叶斯估计部分和多 TRP 点修正部分。

$$P\left(\boldsymbol{X}_{N}\right) = \frac{\overbrace{P\left(\boldsymbol{X}_{N(1)}^{\mathrm{t}} \middle| \boldsymbol{X}_{N(1)}^{\mathrm{d}}\right) P\left(\boldsymbol{X}_{N(1)}^{\mathrm{d}}\right)}^{\text{修正}} \prod_{k=2}^{n} P\left(\boldsymbol{X}_{N(k)}^{\mathrm{t}} \middle| \boldsymbol{X}_{N(k,1)}^{\mathrm{d}}\right) P\left(\boldsymbol{X}_{N(K,1)}^{\mathrm{d}} \middle| \boldsymbol{X}_{N(1)}^{\mathrm{d}}\right)}{P\left(\boldsymbol{X}_{N(1:n)}^{\mathrm{t}}\right)}$$

$$\tag{5-33}$$

$$\begin{cases} P\big(\hat{X}_N\big) = \dfrac{P\big(X_{N(1)}^{t}\big|X_{N(1)}^{d}\big)P\big(X_{N(1)}^{d}\big)}{P\big(X_{N(1\,:\,n)}^{t}\big)} & \text{后验贝叶斯估计} \\[3mm] P\big(X_N^{C}\big) = \displaystyle\prod_{k=2}^{n} P\big(X_{N(k)}^{t}\big|X_{N(k,1)}^{d}\big)P\big(X_{N(k,1)}^{d}\big|X_{N(1)}^{d}\big) & \text{多匹配点修正项} \end{cases} \tag{5-34}$$

通过上述分析和推导得到了 NLMTP 的数学模型。式（5-32）表示了在有航迹一致性约束情况下，利用沿推算导航路径获得的 n 个连续地形匹配定位点进行地形匹配导航初始点定位的数学模型。然而，$P\big(X_{N(k)}^{t}\big|X_{N(k,1)}^{d}\big)$，$P\big(X_{N(1\,:\,n)}^{t}\big)$ 等不具有解析形式，需要借助于数值方法求解。等式（5-33）由两部分组成，这两部分在等式（5-34）中定义。接下来，采用有限网格法求解方程式（5-32）。

如上所述，假设第 n 个航迹段有沿航迹段的 n 个地形匹配定位点 $X_{N(1\,:\,n)}^{t}$ 和 n 个 DR 定位点 $X_{N(1\,:\,n)}^{d}$，X_{N-1} 表示第 N 个航迹段的前一时刻位置估计值。接下来，讨论式（5-35）中 $P\big(\hat{X}_{N(1)}\big)$ 和 $P\big(X_{N(k,1)}\big)$ 的求解，在此基础上再求解 $P\big(X_N\big)$。

$$\begin{cases} P\big(\hat{X}_{N(1)}\big) = \dfrac{P\big(X_{N(1)}^{t}\big|X_{N(1)}^{d}\big)P\big(X_{N(1)}^{d}\big)}{P\big(X_{N(1)}^{t}\big)} \\[3mm] P\big(X_{N(k,1)}\big) = \dfrac{P\big(X_{N(k)}^{t}\big|X_{N(k,1)}^{d}\big)P\big(X_{N(k,1)}^{d}\big|X_{N(1)}^{d}\big)}{P\big(X_{N(2\,:\,n)}^{t}\big)},\ k \geq 2 \end{cases} \tag{5-35}$$

5.4.2　多匹配点非线性融合模型数值解

5.4.2.1　$P\big(X_{N(1)}^{d}\big)$ 和 $P\big(X_{N(k,1)}^{d}\big|X_{N(1)}^{d}\big)$ 数值求解

AUV 从上一个定位点 X_{N-1} 运动到当前位置 $X_{N(1)}^{d}$ 的过程是一个推算导航误差的扩散过程（图 5-33），扩散过程的输入误差为 $P_{N-1}^{N(1)}$，设 $P_{N-1}^{N(1)} = \begin{bmatrix} \sigma_x^2 & \sigma_{xy}^2 \\ \sigma_{xy}^2 & \sigma_y^2 \end{bmatrix}$，该扩散过程可视为一个 Itô 随机系统，该系统产生的二维 Fokker-Planck 方程为

$$\begin{aligned} \frac{\partial p(X,t)}{\partial t} = {} & -\frac{\partial p(X,t)}{\partial x_t}\Delta X_t - \\ & \frac{\partial p(X,t)}{\partial y_t}\Delta X_t \frac{1}{2}\left[\frac{\partial^2 p(X,t)}{\partial x_t \partial y_t}\sigma_{xy}^2 + \frac{\partial^2 p(X,t)}{\partial x_t^2}\sigma_x^2 + \frac{\partial^2 p(X,t)}{\partial y_t^2}\sigma_y^2\right] \end{aligned} \tag{5-36}$$

利用有限网格方法对式（5-36）进行求解。X_{N-1}^{ij} 表示 $P(X_{N-1})$ 网格化概率空间中的一个点，$X_{N(1)}^{d\ ij}$ 表示 $P(X_{N(1)}^{d})$ 网格化概率空间中的一个点，$\Delta X_{N-1}^{N(1)}$ 表示由 X_{N-1}^{ij} 到 $X_{N(1)}^{d}$ 的 DR 系统航程，$P_{N-1}^{N(1)} = \begin{bmatrix} \sigma_x^2 & \sigma_{xy}^2 \\ \sigma_{xy}^2 & \sigma_y^2 \end{bmatrix}$ 为 DR 系统的输入误差。

$$\begin{cases} X_{N(1)}^{d\ ij} = X_{N-1}^{ij} + \Delta X_{N-1}^{N(1)} \\ P(X_{N(1)}^{d\ ij}) = P(X_{N-1}^{ij}) + \dfrac{\Delta t}{8h^2}\Big[\sigma_x^2\big(P(X_{N-1}^{i-1,j}) + P(X_{N-1}^{i+1,j}) - 2 \cdot P(X_{N-1}^{i,j})\big) + \\ \qquad \sigma_y^2\big(P(X_{N-1}^{i,j-1}) + P(X_{N-1}^{i,j+1}) - 2 \cdot P(X_{N-1}^{i,j})\big)\cdots \\ \qquad \sigma_{xy}^2\big[P(X_{N-1}^{i+1,j+1}) + P(X_{N-1}^{i-1,j-1}) - P(X_{N-1}^{i-1,j+1}) - P(X_{N-1}^{i+1,j-1})\big]\Big] \end{cases} \tag{5-37}$$

$X_{N(1)}^{d}$ 表示 AUV 的 DR 航迹的第 N 航迹段起点，$P(X_{N(1)}^{d})$ 表示其概率分布；$X_{N(1)}^{d\ ij}$ 表示 $P(X_{N(1)}^{d})$ 网格化概率空间中的索引为 (i,j) 点。考虑到从 X_{N-1} 到 $X_{N(1)}^{d}$ 的推算航迹长度较短，$X_{N(1)}^{d}$ 的网格化状态空间范围与 X_{N-1} 相同，此时 $X_{N(1)}^{d\ ij}$ 的概率 $P(X_{N(1)}^{d\ ij})$ 可以通过式（5-33）求解得到。

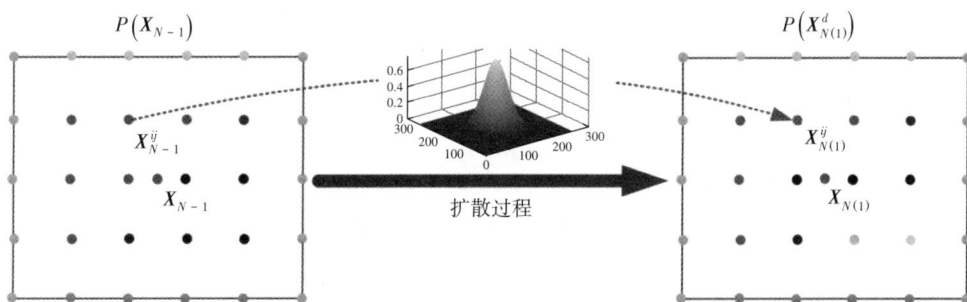

图5-33 定位概率函数的前向传播可以用高斯扩散模型描述

对于 N 航迹段上的其他 DR 定位点，同样可以通过式（5-36）进行求解。在得到 $X_{N(1)}^{d}$ 的网格后，只需要将式（5-37）中的 X_{N-1}^{ij} 换成 $X_{N(1)}^{d\ ij}$，$P(X_{N-1}^{ij})$ 换成 $P(X_{N(1)}^{d\ ij})$，就可以求解 $P(X_{N(k)}^{d\ ij})$。

5.4.2.2 $P(X_{N(1)}^{t}|X_{N(1)}^{d})$ 和 $P(X_{N(k)}^{t}|X_{N(k,1)}^{d})$ 求解

计算 N 航迹段内 2~n 号地形匹配定位点 $\big[X_{N(2)}^{t}, X_{N(3)}^{t}, \cdots, X_{N(n)}^{t}\big]$ 的概率分布 $\big[P(X_{N(2)}^{t}), P(X_{N(3)}^{t}), \cdots, P(X_{N(n)}^{t})\big]$，用离散网格的方法可以得到

$$\begin{cases} P\left(X_{N(k)}^{t}{}^{ij}\right) = C \cdot \exp\left(\frac{1}{2\sigma_{p}^{2}} \sum_{q=1}^{Q} \sum_{r=1}^{R} \left(h_{qr}\left(X_{N(k)}^{d}{}^{ij}\right) - z_{qr}\right)^{2}\right) \\ k = 2, 3, \cdots, n \end{cases} \tag{5-38}$$

式中，$P\left(X_{N(k)}^{t}{}^{ij}\right)$ 表示搜索网格点 $X_{N(k)}^{t}{}^{ij}$ 的地形匹配似然函数值；$X_{N(k)}^{d}{}^{ij}$ 表示 N 航迹段中第 k 个推算位置对应的搜索网格中的 (i, j) 搜索点坐标；$h_{qr}\left(X_{N(k)}^{d}{}^{ij}\right)$ 表示 (i, j) 搜索点对应的插值地形面中地形节点 (q, r) 的插值高度；z_{qr} 表示测量地形的地形节点 (q, r) 的高度；C 表示似然函数的归一化常数；σ_{p}^{2} 表示地形的测量误差的方差；Q, R 分别表示测量地形的行数和列数。

5.4.2.3 $P\left(\hat{X}_{N(1)}\right)$ 的数值求解

根据式（5-33）就可以得到提前预测位置 $X_{N(1)}^{d}$ 概率分布 $P\left(X_{N(1)}^{d}\right)$ 的离散化网格，接下来计算后验观测概率 $P\left(\hat{X}_{N(1)}\right)$。后验估计实际上是根据观测结果对预测的网格进行加权修正的过程，类似于 PMF 滤波（图5-34），通过式（5-39）可以得到。

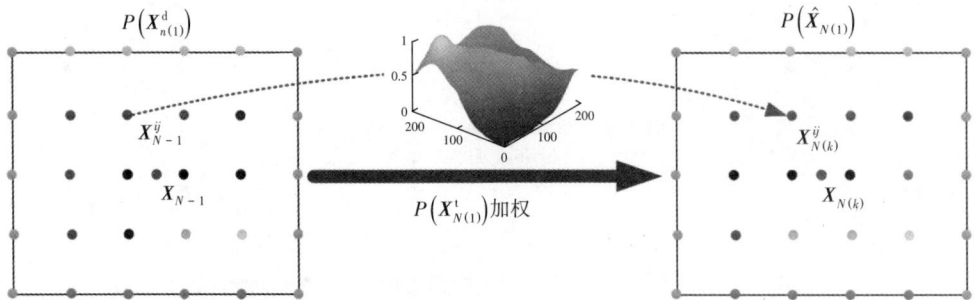

图5-34　地形匹配定位结果作为观测信息用于修正 $X_{N(n)}^{d}$

$$P\left(\hat{X}_{N(1)}^{ij}\right) = \frac{P\left(X_{N(1)}^{d}{}^{ij}\right) P\left(X_{N(1)}^{t}{}^{ij} \middle| X_{N(1)}^{d}{}^{ij}\right)}{P\left(X_{N(1)}^{t}\right)} \tag{5-39}$$

式中，$\hat{X}_{N(1)}^{ij}$ 表示后验概率分布的离散化网格点中索引号为 (i, j) 的节点；$P\left(\hat{X}_{N(1)}^{ij}\right)$ 表示后验概率分布离散化网格点的概率取值；$X_{N(n)}^{t}{}^{ij}$ 表示地形匹配定位的搜索点；$P\left(X_{N(n)}^{t}{}^{ij} \middle| X_{N(1)}^{d}{}^{ij}\right)$ 表示后验观测概率分布的离散化网格点的概率取值；$P\left(X_{N(1)}^{t}\right)$ 表示地形测量误差的概率分布。

现在得到了式（5-35）中 $P(\mathbf{X}_{N(1)})$ 项的数值解，而（5-35）式中的 $P(\mathbf{X}_{N(k,1)})$ 项表示观测值 $[\mathbf{X}_{N(2)}^{\text{t}}, \mathbf{X}_{N(3)}^{\text{t}}, \cdots, \mathbf{X}_{N(n)}^{\text{t}}]$ 对后验估计 $P(\hat{\mathbf{X}}_{N(1)}^{ij})$ 的修正，同样地，采用离散化网格的方法进行数值求解。

5.4.2.4 $P(\mathbf{X}_{N(k,1)})$ 和 $P(\mathbf{X}_N)$ 的数值求解

式（5-40）中各个参数之间的关系如图5-35所示，通过式（5-40）得到 N 航迹段内 n 个TRP点的似然函数离散化网格。如图5-36所示，由于 $[\mathbf{X}_{N(2)}^{\text{t}}, \mathbf{X}_{N(3)}^{\text{t}}, \cdots, \mathbf{X}_{N(n)}^{\text{t}}]$ 和 $\mathbf{X}_{N(1)}^{\text{t}}$ 是 N 航迹段内的 n 个观测结果，在航迹一致性约束下 $P(\hat{\mathbf{X}}_{N(1)})$ 离散化网格中的点 $\hat{\mathbf{X}}_{N(1)}^{ij}$ 对应着一条航迹段，该航迹段上的 $[\mathbf{X}_{N(2)}^{\text{d}}, \mathbf{X}_{N(3)}^{\text{d}}, \cdots, \mathbf{X}_{N(n)}^{\text{d}}]$ 与 $\hat{\mathbf{X}}_{N(1)}^{ij}$ 之间由推算导航误差确定的软约束，椭圆表示 $\mathbf{X}_{N(k)}^{ij}(k=1,2,\cdots,n)$ 与 $\mathbf{X}_{N(n)}^{ij}$ 之间的推算导航误差。由DR误差和定位点相关性引起 $[\mathbf{X}_{N(2)}^{\text{t}}, \mathbf{X}_{N(3)}^{\text{t}}, \cdots, \mathbf{X}_{N(n)}^{\text{t}}]$ 定位信息对网格节点 $\hat{\mathbf{X}}_{N(1)}^{ij}$ 的位置软约束时，可以通过利用DR误差对 $[\mathbf{X}_{N(2)}^{\text{t}}, \mathbf{X}_{N(3)}^{\text{t}}, \cdots, \mathbf{X}_{N(n)}^{\text{t}}]$ 定位概率空间的卷积进行求解［卷积过程在式（5-36）中的第四项］。因此，$[P(\mathbf{X}_{N(2)}^{\text{t}}), P(\mathbf{X}_{N(3)}^{\text{t}}), \cdots, P(\mathbf{X}_{N(n)}^{\text{t}})]$ 对网格节点 $\hat{\mathbf{X}}_{N(1)}^{ij}$ 定位概率分布 $P(\hat{\mathbf{X}}_{N(1)}^{ij})$ 的修正 $P(\mathbf{X}_{N(k,1)}^{ij})$ 可直接利用式（5-40）求解。

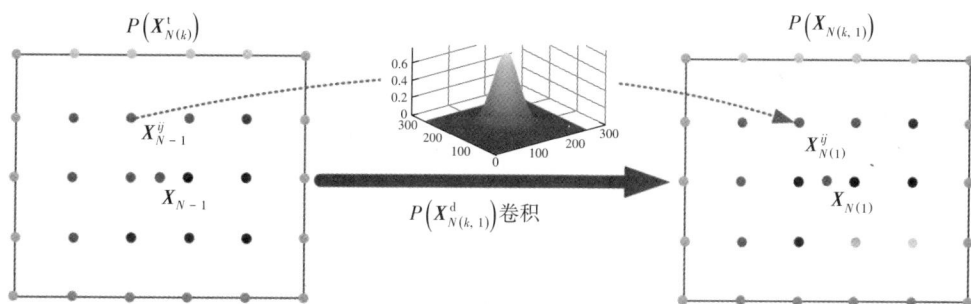

图5-35 地形匹配定位结果作为观测信息用于修正 $\mathbf{X}_{N(n)}^{\text{d}}$

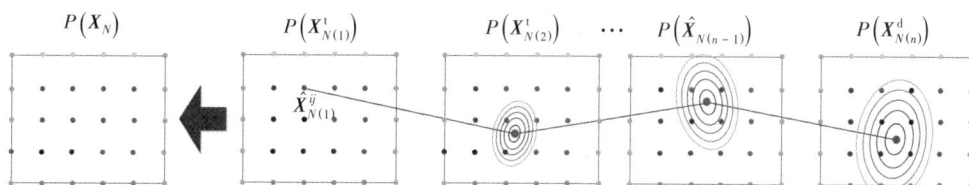

○ 似然函数 $P(\mathbf{X}_{N(1)}^{\text{d}}|\mathbf{X}_{N(k)}^{\text{d}})$ 等值线 　　　　　— 主导航航迹

• $\mathbf{X}_{N(k)}^{\text{d}}$ 和 $\mathbf{X}_{N(1)}^{\text{d}}$ 之间的主导航定位相对定位误差 　　□ 搜索区间

• 搜索区间的网格节点（节点颜色的深浅表示概率值大小）

图5-36 图5-35 $P(\mathbf{X}_N)$ 的网格空间中某一个网格点的数值计算结果

$$
\begin{cases}
\boldsymbol{X}_{N(k)}^{ij} = \boldsymbol{X}_{N(k,\,1)}^{\mathrm{d}} + \boldsymbol{X}_{N(1)}^{ij} \\[2mm]
\Delta \boldsymbol{X}_{N(k)}^{\mathrm{t}\,qr} = \boldsymbol{X}_{N(k)}^{\mathrm{t}\,qr} - \boldsymbol{X}_{N(k)}^{ij} \\[2mm]
\boldsymbol{A} = -\dfrac{1}{2} \Delta \boldsymbol{X}_{N(k)}^{\mathrm{t}\,qr} \boldsymbol{P}_{N(k,\,n)}^{-1} \left[\Delta \boldsymbol{X}_{N(k)}^{\mathrm{t}\,qr} \right]^{\mathrm{T}} \\[2mm]
P\left(\boldsymbol{X}_{N(k,\,1)}^{ij} \right) = \displaystyle\sum_{q=1}^{Q} \sum_{r=1}^{R} P\left(\boldsymbol{X}_{N(k)}^{\mathrm{t}\,qr} \right) C' \exp(\boldsymbol{A}) \\[2mm]
C' = \dfrac{1}{\sqrt{2\pi \left| \boldsymbol{P}_{N(k,\,1)} \right|}} \\[2mm]
k = 1,\,2,\,\cdots,\,n
\end{cases}
\tag{5-40}
$$

式中，$\boldsymbol{X}_{N(k,\,1)}^{ij}$ 表示 AUV 当前位置后验估计的网格化概率分布；$\boldsymbol{X}_{N(k,\,1)}^{\mathrm{d}}$ 表示航迹段 N 中推算导航位置 $\boldsymbol{X}_{N(k)}^{\mathrm{d}}$ 与 $\boldsymbol{X}_{N(n)}^{\mathrm{d}}$ 的相对位置；$\hat{\boldsymbol{X}}_{N(k)}$ 表示当 AUV 位于网格点 $\hat{\boldsymbol{X}}_{N(k)}^{ij}$ 时，航迹段内的推算导航点 $\left[\boldsymbol{X}_{N(1)}^{\mathrm{d}},\, \boldsymbol{X}_{N(2)}^{\mathrm{d}},\, \cdots,\, \boldsymbol{X}_{N(n)}^{\mathrm{d}} \right]$ 的位置；$\boldsymbol{X}_{N(k)}^{\mathrm{t}\,qr}$ 表示地形匹配定位点 $\boldsymbol{X}_{N(k)}^{\mathrm{t}}$ 的概率空间内的点；$\boldsymbol{P}_{N(k,\,1)}$ 表示航迹段内推算导航点 $\boldsymbol{X}_{N(k)}^{\mathrm{d}}$（$k = 1,\,2,\,\cdots,\,n$）与 $\boldsymbol{X}_{N(1)}^{\mathrm{d}}$ 的相对误差。

基于以上的求解过程，得到了式（5-35）中 $P\left(\hat{\boldsymbol{X}}_{N(1)} \right)$ 和 $P\left(\boldsymbol{X}_{N(k,\,1)} \right)$ 的数值解，则 $P\left(\boldsymbol{X}_{N} \right)$ 的网格化概率分布可由式（5-41）求解，其网格如图 5-36 最左侧所示。

$$
P\left(\boldsymbol{X}_{N}^{ij} \right) = C \cdot P\left(\hat{\boldsymbol{X}}_{N(1)}^{ij} \right) \prod_{k=2}^{n} P\left(\boldsymbol{X}_{N(k,\,1)}^{ij} \right)
\tag{5-41}
$$

式中，$\boldsymbol{X}_{N}^{ij}$ 表示航迹段 N 或 AUV 当前位置 $\boldsymbol{X}_{N(1)}^{\mathrm{d}}$ 的定位概率分布网格点；$P\left(\boldsymbol{X}_{N}^{ij} \right)$ 表示网格节点 $\boldsymbol{X}_{N}^{ij}$ 的概率取值；$P\left(\boldsymbol{X}_{N(n)}^{ij} \right)$ 和 $P\left(\boldsymbol{X}_{N(k,\,n)}^{ij} \right)$ 在前面的计算中已经求解；C 表示对 $P\left(\boldsymbol{X}_{N}^{ij} \right)$ 的归一化常数。

5.4.3　多匹配点非线性融合定位试验

试验背景假设为：AUV 长时间采用 DR 定位或执行大深度下潜而积累较大定位误差后，在 AUV 地形匹配导航的起点，AUV 的 DR 系统出现了较大的位置偏差。为修正地形匹配导航初始点的 DR 定位误差，并获得高精度初始定位概率分布函数，试验中采用 NLMTP 进行初始定位，NLMTP 定位如图 5-37 所示，NLMTP 数学模型如式（5-42）所列。此外，为体现 NLMTP 方法具有抑制地形匹配定位概率分布函数的伪波峰的优势，试验中还包括其他两种初始定位方法——TERCOM 初始定位和置信区间约束方法——作为对比试验。试验分别采用NLMTP初始定位、TERCOM初始定位及置信区间约束方法对水下地形匹配导航系统的粒子滤波器进行初始化，比较采用三种初始定位方法获得的导航结果的精度和稳定性。

$$P\left(X_1\right) = \frac{P\left(X_{1(1)}^t \big| X_{1(1)}^d\right) P\left(X_{1(1)}^d\right) \prod_{k=2}^{n} P\left(X_{1(k)}^t \big| X_{1(k,1)}^d\right) P\left(X_{1(k,1)}^d \big| X_{1(1)}^d\right)}{P\left(X_{1(1:n)}^t\right)} \tag{5-42}$$

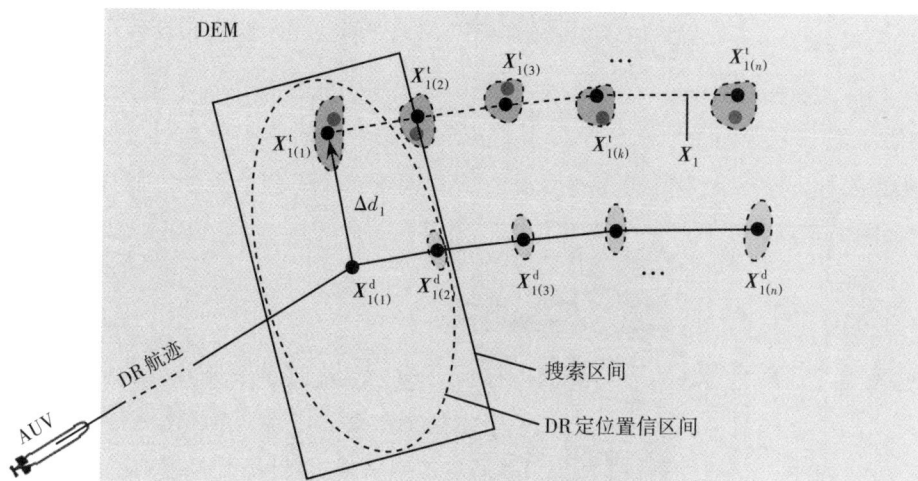

图5-37 NLMTP初始定位的示意图

试验将采用3个TRP点进行NLMTP融合估计初始位置，利用粒子滤波方法进行地形匹配导航定位估计。假设经过长时间的推算导航后，AUV到达第一个地形匹配导航规划点，并连续获得了3个地形匹配定位点$\left[X_{1(1)}^t, X_{1(2)}^t, X_{1(3)}^t\right]$，其对应的DR定位点为$\left[X_{1(1)}^d, X_{1(2)}^d, X_{1(3)}^d\right]$，根据DR的累积误差和式（5-38）确定矩形搜索区间。试验的先验地形图如图5-38所示，导航初始阶段的前3个航路点将参与NLMTP定位估计（用绿色实心圆点表示）。本次试验中，参与NLMTP定位的地形匹配导航规划点位于适配性较低的区域，其适配性为0.0080。试验总航程为2107.78 m，DR系统的导航距离为1316.47 m，DR系统的误差约为其航程（DT）的5%，最终计算得到的水下地形匹配导航起点的搜索区间为200 m×200 m。

试验中所采用的测量数据来自图5-10所示的实时多波束测深系统，其中每一组匹配数据使用15个多波束测量帧，每个多波束测量帧包含192个测量点，TRN回放式仿真的主要参数如表5-3所列。图5-38绘出了试验所用的DEM及其对应的适配性地图、DR航迹及DR航迹对应的GPS航迹、地形匹配导航规划点，地形匹配导航起点的DR定位误差椭圆，沿DR航迹获得的实时测量地形（RTM）。

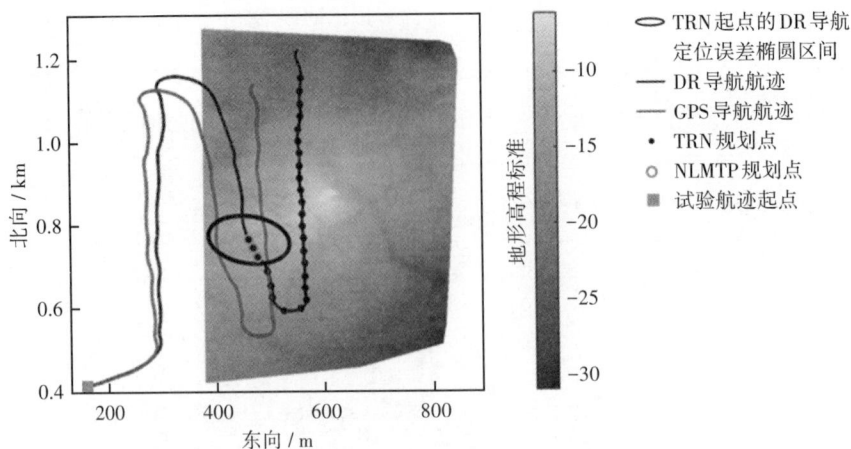

（a）先验地形图、MTP规划点和航迹信息

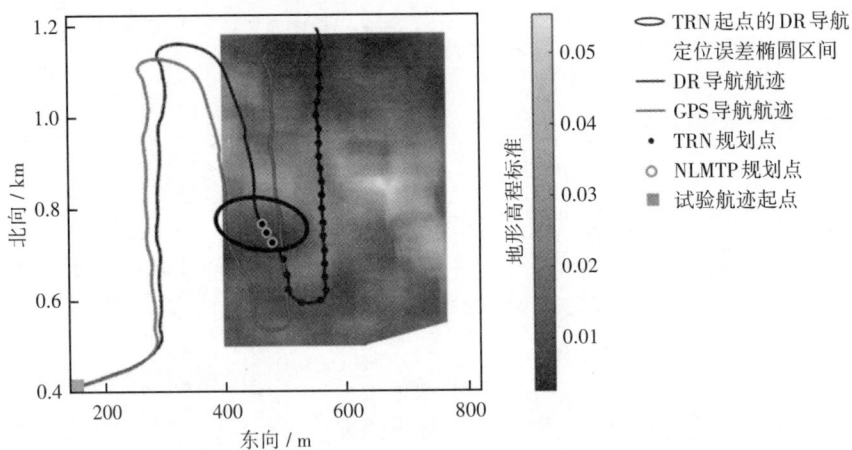

（b）先验地形图适配性和MTP规划点

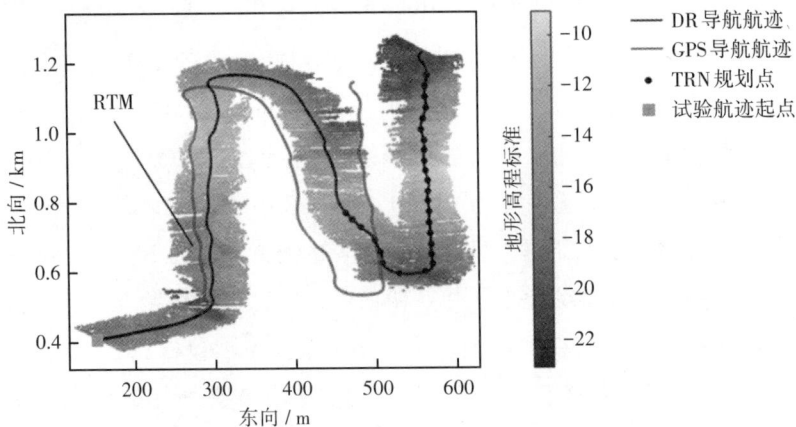

（c）航迹信息和实时测量地形（RTM）

图5-38　地形匹配导航试验中的回放数据和初始输入数据

表5-3　NLMTP初始定位试验的参数设置

参与NLMTP的TRP点数	3
数据采集船航速	1 ~ 2 m/s
相邻两个测量帧之间的时间间隔	0.25 s
每次匹配采用的帧数	15 pings
多波束每一帧测量点数	192
TRP匹配地形的每两帧之间的间隔帧	4 pings
NLMTP执行区域地形的SNR值	0.0080
主导航（DR）误差累积与航程百分比	5% DT
试验路径总航程	2107.78 m
主导航（DR）航程	1316.47 m
TRN导航航程	791.30 m
TRN规划点（waypoint）的间隔帧数	80 pings
TRN初始定位的搜索区间	200 m × 200 m

试验过程的总流程如图5-39所示。首先，在地形匹配导航初始定位，根据第1章中1.4.1节的公式计算搜索区间，取 $\gamma = 1.2$，解算出的搜索区间为矩形区间，假设水下地形匹配导航初始点的搜索区间大小为 $l_r \times l_c$。由于导航误差估计存在不确定性，因此并不能保证估计的误差区间覆盖到AUV实际定位点，为了使最终得到的TRP搜索区间能覆盖AUV的真实位置，需要人为地加大搜索区间范围。由于初始搜索范围较大，此时DR定位概率分布函数在搜索区间的边缘接近"0"，实际上，DR定位概率分布函数峰值已经严重偏离了实际AUV定位点。为了避免DR定位对水下地形匹配导航系统的粒子滤波器初始化精度造成负面影响，这里假设AUV的真实位置在由推算导航时间累计误差确定的搜索区间内是等概率分布的，在此基础上，将搜索区间进行网格化，假设网格化后的搜索点个数为 $\left[\left(l_r/d\right) + 1\right] \times \left[\left(l_c/d\right) + 1\right]$，$d$ 表示搜索步长，则TRN初始点的初始定位概率分布为

$$P\left(X_{1(k)}^{d}\right) = \frac{1}{\left[\left(l_r/d\right) + 1\right] \times \left[\left(l_c/d\right) + 1\right]}, \; k = 1, 2, \cdots, n \qquad (5-43)$$

根据式（5-43）得到TRN初始时刻的搜索区间和定位概率分布。然后，基于

5.4.2.1节计算$P\left(X_{1(k)}^{d}\right)$，利用5.4.2.1，5.4.2.2，5.4.2.3节所述步骤和方法计算基于初始3个地形匹配定位点的NLMTP定位概率分布，在此基础上，执行TRN粒子滤波初始化，并启动执行粒子滤波程序进行水下地形匹配导航定位的迭代估计。

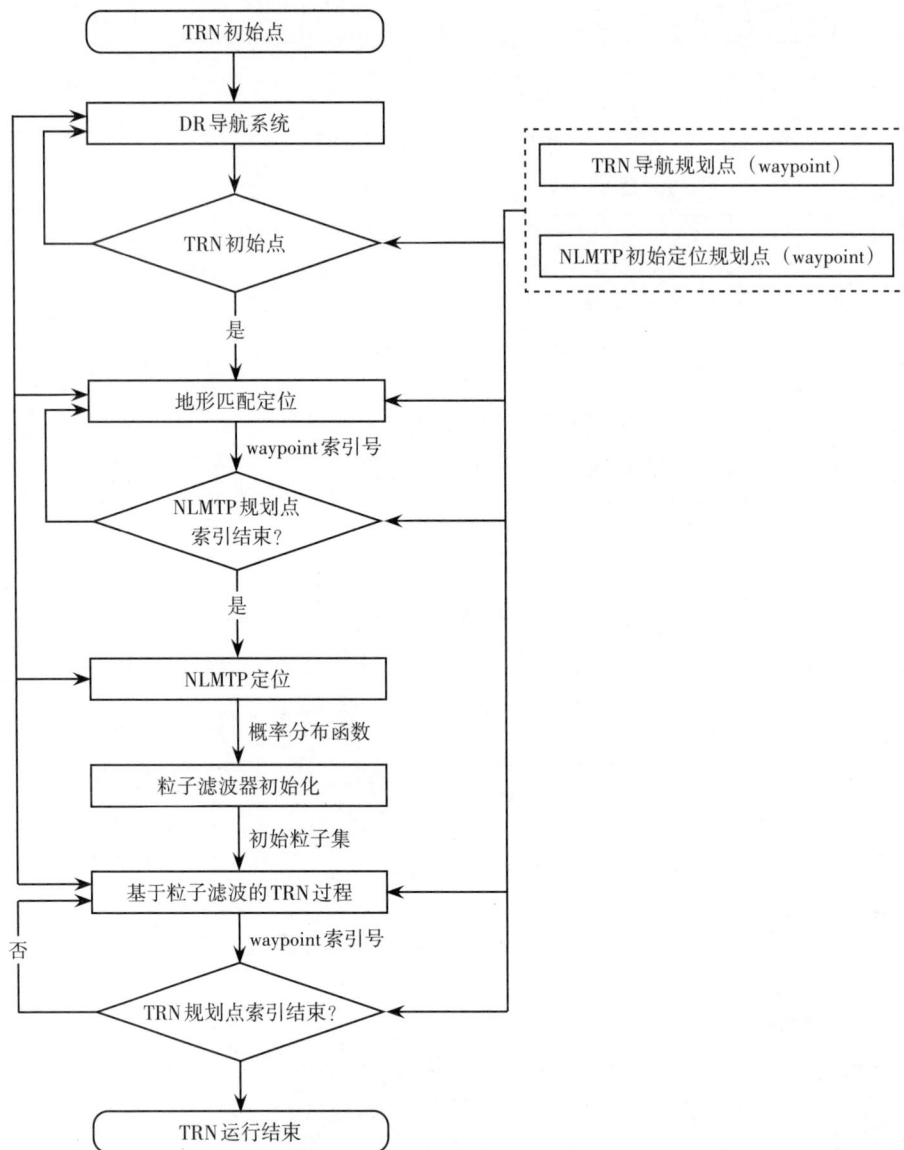

图5-39　NLMTP试验流程图

图5-40表示试验中应用的实时测量地形及测量航迹的GPS导航航迹和DR航迹，Ⅰ～Ⅲ表示每一段实时测量地形对应的GPS航迹，A～C表示每一段实时测量地形（RTM）对应的DR航迹。如图5-41（a）所示，在地形适配性较低的区域，

TERCOM 的似然函数存在多个伪波峰，并存在误匹配情况，似然函数表现出严重的拖尾现象，初始化粒子分布在整个搜索范围内。图5-41（b）绘出了使用地形匹配定位置信区间约束获得的粒子初始化结果，该方法通过TRP定位的置信区间约束初始采样粒子集的分布，减少了初始粒子的分布区间。图5-41（c）显示了通过NLMTP方法获得的初始化粒子，NLMTP方法通过主动融合估计，使初始定位概率分布函数更加精确。在此基础上，利用四叉树分解对似然函数进行离散化和粒子滤波器初始化。通过对图5-41（a）~（c）的比较可以明显地看到：① NLMTP定位可以有效地抑制似然函数的伪峰值；② 通过 NLMTP 初始化获得的初始化粒子分布范围小于通过 TERCOM 方法获得的初始化粒子分布范围；③ 权重较大的粒子分布更接近实际位置。

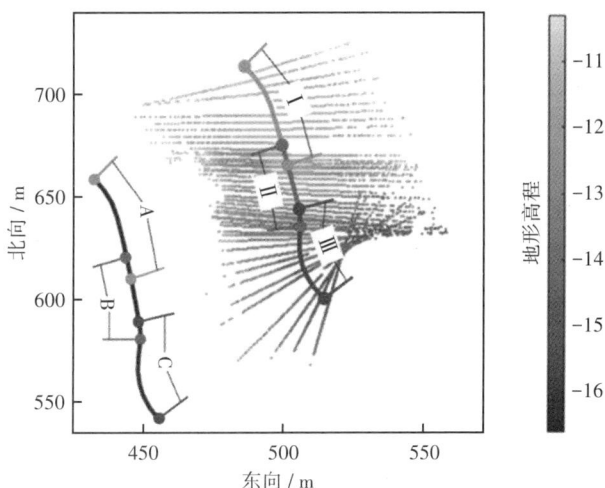

图5-40 TERCOM 和 NLMTP 一次执行中用到的实时测量地形（RTM）

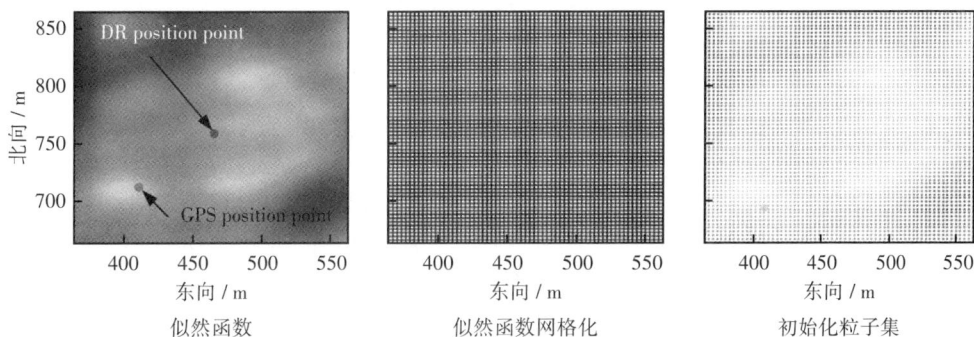

似然函数 似然函数网格化 初始化粒子集

（a）TERCOM初始定位和粒子滤波器初始化

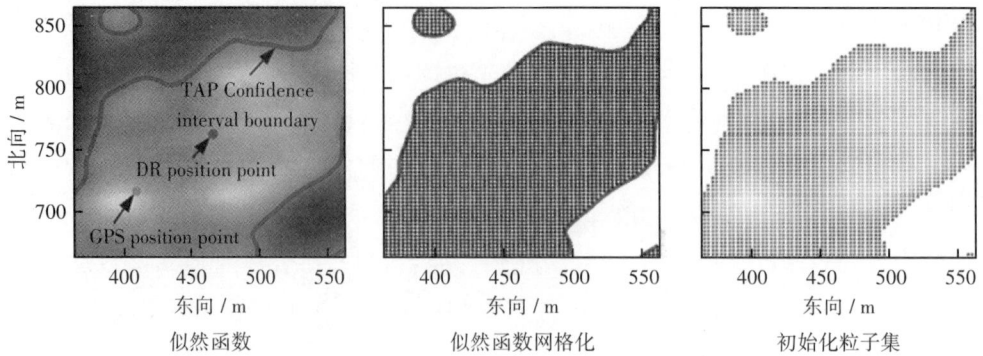

（b）地形匹配定位置信区间约束和粒子滤波器初始化

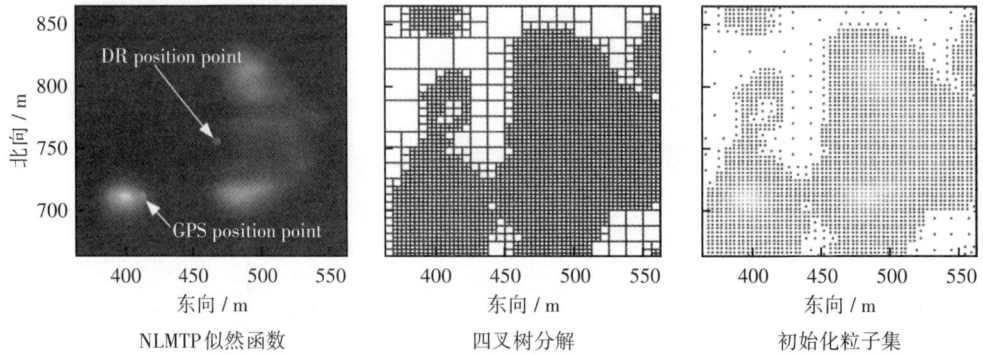

（c）NLMTP初始定位和粒子滤波器初始化

图5-41　地形匹配导航初始定位似然函数和滤波器初始化粒子集

图5-42显示了通过TERCOM定位、地形匹配定位置信区间约束和NLMTP定位进行粒子滤波器初始化获得的TRN路径规划点的粒子集分布，以及试验路径对应的GPS航迹、DR航迹和TRN定位点。图5-41（a）和图5-41（b）显示TERCOM和置信区间约束所得初始化粒子集分布范围大，导致进入低地形适应性区域后，伪波峰附近的粒子被大量复制（图5-42中红色虚线矩形），地形匹配导航轨迹（–●–）偏离实际轨迹（—●—）。而通过NLMTP初始定位得到的初始粒子分布更为集中，在实际位置附近的粒子具有更高的权值，初始化粒子集在滤波的初始阶段快速收敛［图5-42（c）］，地形匹配导航航迹（–●–）快速收敛至实际航迹（—●—）。NLMTP初始化粒子集在地形适应性低的区域（红色虚线矩形覆盖的区域）表现出较高的收敛性，从而抑制了伪波峰附近粒子复制速度。因此，在适应性较差的地区仍能保持稳定的产量。为了量化比较粒子滤波过程的收敛速度，采用方程式（5-44）所列的参数对粒子集分布的分散程度进行描述，S实际上为粒子集的标准偏差，它反映了粒子集分布的集中程度。

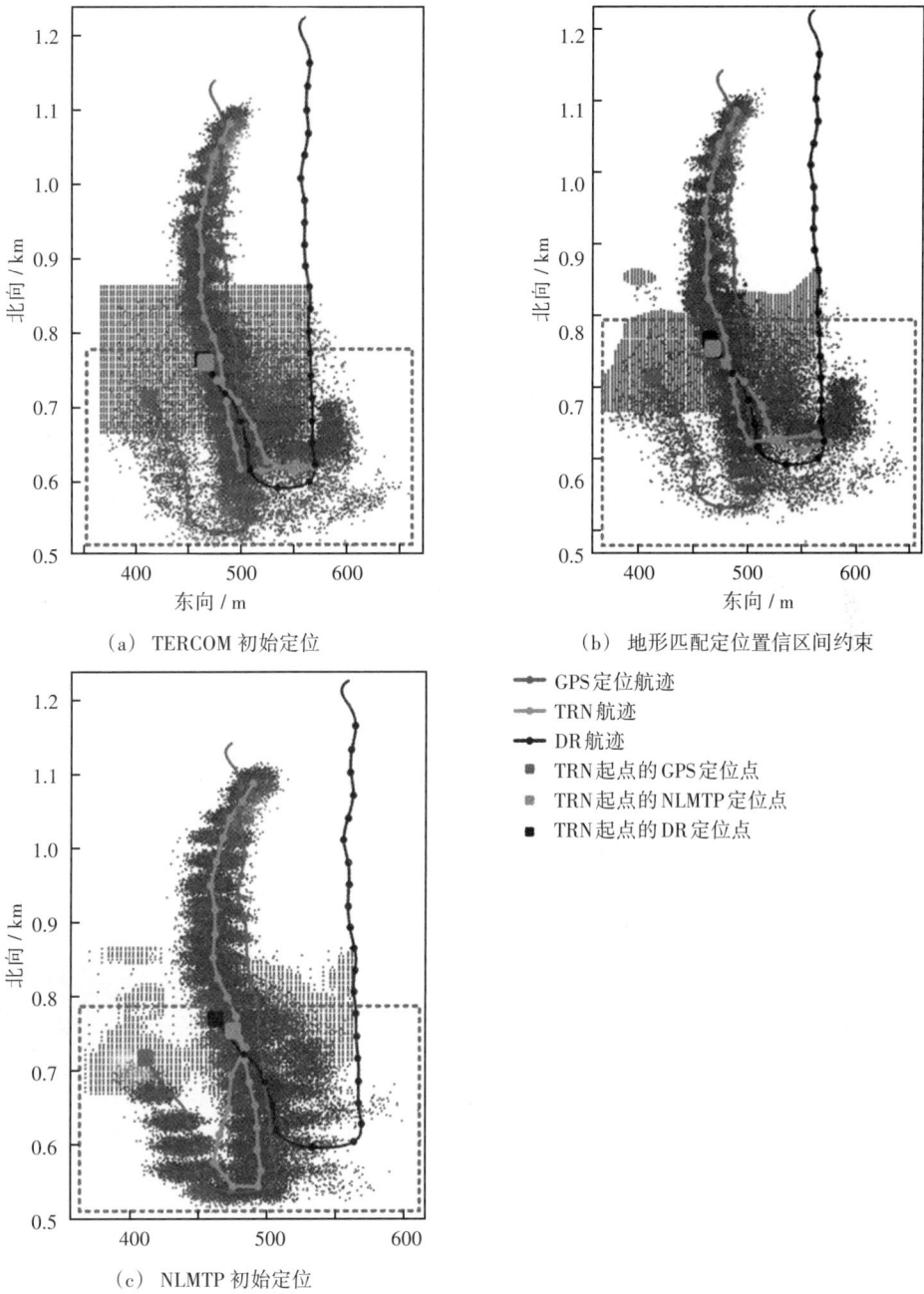

（a） TERCOM 初始定位

（b） 地形匹配定位置信区间约束

    ━●━ GPS定位航迹
    ━●━ TRN航迹
    ━●━ DR航迹
    ■ TRN起点的GPS定位点
    ■ TRN起点的NLMTP定位点
    ■ TRN起点的DR定位点

（c） NLMTP 初始定位

图 5-42　地形匹配导航系统规划点的粒子集分布

$$\begin{cases} x^P = \sum_{i=1}^{N} L_i \cdot x_i \\[2mm] y^P = \sum_{i=1}^{N} L_i \cdot y_i \\[2mm] S = \sum_{i=1}^{N} L_i \left[\left(x_i - x^P \right)^2 + \left(y_i - y^P \right)^2 \right] \end{cases} \tag{5-44}$$

式中，x 和 y 分别表示粒子位置的横坐标和纵坐标；L_i 表示粒子权值；x^p 和 y^p 表示粒子集输出的定位点。

图 5-43（a）绘出了 TRN 每个航路点的 PF 估计偏差和地形适配性，图 5-43（b）显示了 TRN 每个航路点的粒子集标准偏差和每个航路点的地形适配性。水下地形匹配导航初始阶段，基于 TERCOM 初始定位的粒子滤波地形匹配导航定位偏差（—●—）和基于地形匹配定位置信区间初始化的粒子滤波地形匹配导航定位偏差（—●—）呈上升趋势 [图 5-43（a）]，最大定位偏差分别为 111.13 m 和 110.01 m。而基于 TERCOM 初始定位的粒子滤波地形匹配导航定位偏差（—●—）和基于地形匹配定位置信区间初始化的粒子滤波地形匹配导航定位偏差（—●—）在导航初始阶段呈现收敛趋势 [图 5-43（b）]。也就是说，基于 TERCOM 初始定位的粒子滤波地形匹配导航和基于地形匹配定位置信区间初始化的粒子滤波地形匹配导航在初始阶段收敛到错误的位置，从而呈现逐渐发散的趋势。虽然基于地形匹配定位置信区间初始化的粒子滤波地形匹配导航发散趋势小于基于 TERCOM 初始定位的粒子滤波地形匹配导航，但其对发散趋势的抑制作用并不明显。主要原因是地形适配性很低，导致置信区间的约束范围过大，初始粒子的覆盖范围和伪波峰附近粒子的权重没有明显降低。

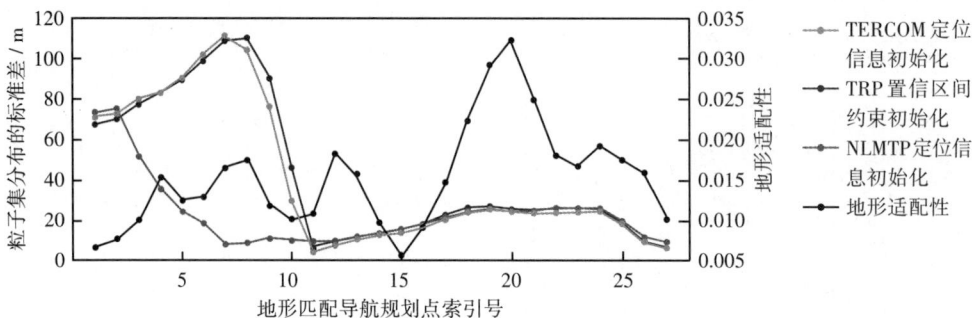

（a）TRN 定位偏差

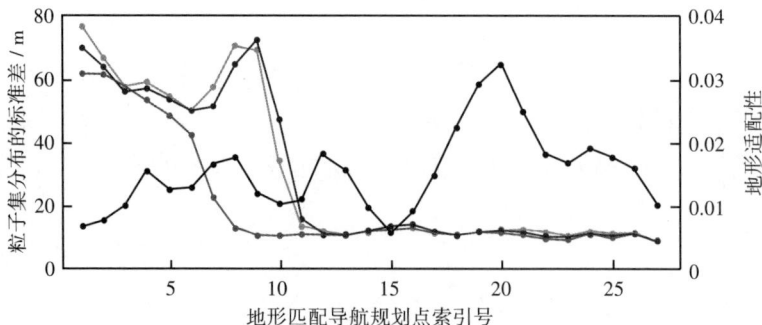

图 5-43　TRN 规划点的地形适配性和粒子集分布情况

图5-44（a）和图5-44（b）绘出基于TERCOM初始定位的粒子滤波地形匹配导航和基于地形匹配定位置信区间初始化粒子滤波地形匹配导航的收敛过程的粒子分布。粒子滤波算法在收敛过程中存在大量的伪定位点，导致粒子向伪定位点复制，影响了算法的收敛速度。而基于NLMTP初始定位的粒子滤波地形匹配导航（图5-43）的收敛性与基于TERCOM初始定位的粒子滤波地形匹配导航和基于地形匹配定位置信区间初始化粒子滤波地形匹配导航有很大的不同。基于NLMTP初始定位的粒子滤波地形匹配导航在导航初始阶段开始快速收敛［图5-44（a）和（b）］。NLMTP初始定位及初始化得到的粒子分布范围接近基于地形匹配定位置信区间约束得到的初始化粒子分布范围［图5-44（c）］，但是在实际定位点附近，NLMTP初始定位和初始化粒子可以获得更大的权值。因此，在基于NLMTP初始定位的粒子滤波地形匹配导航的初始阶段，粒子集收敛速度很快，且定位点的粒子数明显小于前两种初始化方法。

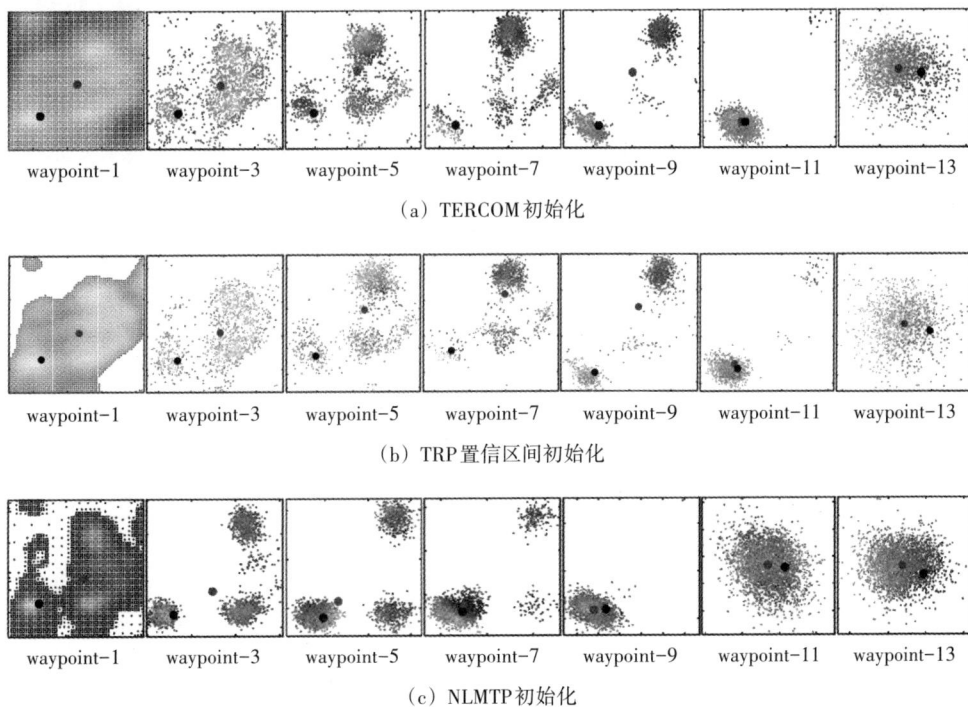

（a）TERCOM初始化

（b）TRP置信区间初始化

（c）NLMTP初始化

图5-44 TRN初始阶段的粒子集分布情况

图5-43和图5-44表明，基于NLMTP初始定位的粒子滤波地形匹配导航方法可以获得高精度的初始定位概率分布函数，使得初始化粒子逼近AUV实际位置，从而减少伪定位点附近的粒子数目和权重。在粒子滤波器初始阶段可保证粒子集分布具有较好的集中度，因此，AUV到达地形适配性较低区域时可以降低粒子集

的发散速度，从而提高粒子滤波器在低地形适应性地区的稳定性和精确性。此外，基于粒子滤波方法的地形匹配导航系统输出状态一旦达到稳定，则基于以上三种初始定位方法（TERCOM初始定位、地形匹配定位置信区间初始化和NLMTP初始定位）粒子滤波地形匹配导航的滤波性能几乎相同。这说明，基于粒子滤波的地形匹配导航系统，其粒子滤波初始化结果主要影响系统运行初始阶段的收敛性和稳定性，系统滤波器一旦收敛，则初始定位结果对系统滤波器的影响也将结束。基于TERCOM初始定位的粒子滤波地形匹配导航、基于地形匹配定位置信区间初始化粒子滤波地形匹配导航和基于NLMTP初始定位的粒子滤波地形匹配导航在每个航路点的定位偏差和粒子集分布标准偏差如表5-4所列，其中，I：TRN航路点索引；S：粒子集的标准差；D：定位偏差。

表5-4　三种初始定位方法获得导航精度对比

I	TERCOM		TRP置信区间约束		NLMTP	
	S	D	S	D	S	D
1	76.37	71.14	69.90	67.40	61.57	73.36
3	58.12	79.61	55.97	77.30	57.41	51.13
5	54.48	90.45	53.45	89.41	48.21	23.90
7	57.31	111.13	51.19	108.89	22.48	7.89
9	69.12	76.12	72.32	90.14	10.55	11.14
11	13.46	4.34	15.49	6.07	10.89	9.27
13	11.08	10.43	10.61	11.89	10.49	12.02
15	13.08	13.87	13.52	15.46	12.49	15.14
17	11.70	20.03	11.79	22.45	11.24	21.42
19	11.20	25.37	11.71	26.72	11.69	25.62
21	12.39	23.32	11.34	24.70	10.42	24.29
23	10.41	23.93	9.77	25.79	9.21	26.13
25	10.92	17.75	10.76	18.88	9.85	19.75
27	8.58	6.85	8.60	6.56	8.86	9.25

5.5 本章小结

在 TRN 的初始时刻，DR 系统往往存在较大的定位偏差，此时的 DR 定位信息严重偏离 AUV 的实际定位点，不能作为粒子滤波初始化的参考信息。本章主要研究了基于多 TRP 点融合的初始位置估计方法，同时介绍了多 TRP 点线性融合（MTP）和多 TRP 点非线性融合（NLMTP）方法。多 TRP 点融合思路是利用局部航迹信息的强相关性约束地形匹配定位的跳变性，同时，利用地形匹配定位误差的有界误差性质修正 DR 局部航迹的时间累计误差，将点定位问题等价为局部航迹段定位问题，其中 NLMTP 为考虑 TRP 定位误差的非高斯性而设计的非线性数值解法，较线性融合算法有更加广泛的适用性。多地形匹配定位点融合初始定位方法可以使定位似然函数的峰值逼近真实位置，从而提高滤波收敛速度和滤波精度。

参考文献

［1］ WANG R，CHEN Y，LI Y，et al. High-precision initialization and acceleration of particle filter convergence to improve the accuracy and stability of terrain aided navigation［J］. ISA transactions，2020，110（3）：172-197.

［2］ WANG R，LI Y，MA T，et al. A new model and method of terrain-aided positioning confidence interval estimation［J］. Journal of marine science and technology，2021（4）：1-13.

［3］ WANG R P，LI Y，MA T，et al.Improvements to terrain aided navigation accuracy in deep-sea space by high precision particle filter initialization［J］. IEEE access，2020，8：13029-13042.

［4］ MEDUNA D K. Terrain relation navigation for sensor-limited systems with application to underwater vehicles［D］. Stanford：Stanford university，2011.

［5］ 王汝鹏. AUV 地形匹配导航初始定位研究［D］. 哈尔滨：哈尔滨工程大学，2019.

［6］ 王汝鹏，李晔，马腾，等. 水下地形匹配定位置信区间估计［J］. 武汉大学学报（信息科学版），2019（6）：830-836.

［7］ ANONSEN K B，HALLINGSTAD O. Terrain aided underwater navigation using point mass and particle filters [C]. IEEE/ION Position, Location and Navigation Symposium, 2006: 1027-1035.

[8]　KARLSSON R, GUSTAFSSON F. Particle filter for underwater terrain navigation [C]. IEEE Workshop on Statistical Signal Processing, 2003: 526-529.

[9]　MORAL D. Measure valued processes and interacting particle systems. application to non linear filtering problems [J]. Annals of applied probability, 1998, 8 (2): 438-495.

[10]　TEIXEIRA F C, PASCOAL A, MAURYA P. A Novel particle filter formulation with application to terrain-aided navigation [J]. IFAC Proceedings, 2012, 45 (5): 132-139.

[11]　TEIXEIRA F C, QUINTAS J, MAVRYA P, et al. Robust particle filter formulations with application to terrain-aided navigation: robust particle filter for terrain-aided navigation [J]. Adaptive control and signal processing in marine systems, 2016, 31(4): 608-651.

[12]　KARLSSON R, GUSTAFSSON F. Particle filter for underwater terrain navigation [C]. IEEE Workshop on Statistical Signal Processing, 2003: 526-529.

[13]　WANG R P, LI Y, MA T, et al. Underwater digital elevation map gridding method based on optimal partition of suitable matching area [J]. International journal of advanced robotic systems, 2019, 16 (2): 1-16.

[14]　ARULAMPALAM M S, MASKELL S, GORDON N et al. A tutorial on particle filters for online nonlinear/non-Gaussian Bayesian tracking [J]. IEEE transactions on signal processing, 2002, 50 (2): 174-188.

[15]　LIU K Z, LI J, GUO W, et al. Navigation system of a class of underwater vehicle based on adaptive unscented Kalman fiter algorithm[J]. Journal of central south university, 2014, 21 (2): 550-557.

[16]　MA T, LI Y, ZHAO Y, et al. Robust bathymetric SLAM algorithm considering invalid loop closures [J]. Applied ocean research, 2020, 102: 1-10.